De Zevende Poort

Heel de Wereld

Ton van der Kroon

De Zevende Poort

De Zevende Poort
ISBN: 9789402106183
© 2013 Ton van der Kroon

Fotografie en omslagontwerp
Sandra van Elewout, Amsterdam
www.sandravanelewout.kunstinzicht.nl
Beeld cover: Sebastian Holzhuber
www.sebastianholzhuber.com

Voor mijn ouders

'Wat een rups het einde van de wereld noemt,
noemt de meester een vlinder.'
Richard Bach

Inhoud

Proloog

DE PROFETIE

Sophia lag op sterven. Tante Sophie, noemden we haar, ook al was ze geen echte tante. Ze was een oude kennis van mijn moeder. Buizen gingen in en uit haar lijf. Naast haar bed stonden machines met lichtjes en knopjes. Haar gezicht was vredig. Haar witgrijze haar, dat anders warrig omhooggestoken zat, lag los op het kussen naast haar gezicht.

Ze was nu drie dagen buiten bewustzijn. Gekke tante Sophie. Ze droeg altijd lange gewaden, had een bril op waarin haar ogen veel te groot leken en haar huis stond vol met stenen kikkers.

We hadden haar gevonden na een telefoontje van mijn moeder. Of we wilden gaan kijken. Ze woonde in Zuid Frankrijk en David en ik waren in de buurt op vakantie. David was negentien en ik zestien. We hadden elkaar leren kennen op de welpen en waren vrienden geworden. David was als een oudere broer voor me. Hij was lang, stil en verlegen en was half Indonesisch. Zijn gitzwarte haren staken wild alle kanten uit. Uren konden we filosoferen over het leven, totdat hij opeens stil werd en zich terugtrok in zichzelf. Dan werd hij onbereikbaar en tuurde in de verte. We hadden besloten samen twee weken door de Pyreneeën te trekken, maar opeens werden we in onze vakantie opgezadeld met een oude tante die ik al jaren vergeten was.

'Je moet erheen.'

'Ja, mam.'

'Beloof het me.'

'Ja, mam.'

'Ik ben er niet gerust op. Ze klinkt helemaal niet goed.'

'Ja, mam.'

We reden door de heuvels van de Montaigne Noir naar het afgelegen dorpje waar ze woonde; een kerk, twee straten, een pleintje en het oude en vervallen huis van tante Sophie. Daar zat ze, pontificaal, midden in haar bibliotheek, rustig dood te gaan. Ze hijgde als een ossenkar en iedere ademstoot kon de laatste zijn. De boeken om haar heen roken muf en vochtig. Het was er veel te koud.

'Sophia, tante Sophie! Ik ben het. Ton.'

Ze reageerde niet en keek wazig voor zich uit. David belde de dokter en toen die na een half uur aankwam en haar onderzocht, stond zijn gezicht bedenkelijk.

'Ze moet direct naar het ziekenhuis.'

Als ze nog langer in haar huis zou zitten zou ze doodgaan. Haar bloeddruk was veel te laag en ze had een zware longontsteking.

'Is ze familie?' vroeg de dokter en hij nam me mee richting de keuken.

'Nee, een oude kennis,' zei ik in mijn beste Frans.

'Ik weet niet of ze het haalt. Ze is zeer verzwakt. Ik moet haar een middel geven om haar aderen te versmallen, zodat de bloeddruk stijgt. Anders overleeft ze de rit niet. Waar is de telefoon?'

De dokter belde de ambulance en David en ik bogen ons weer over tante Sophie.

'Je moet naar het ziekenhuis,' spelden we haar voor, zoals je met hardhorende mensen doet.

'Chris, ben je daar?' vroeg ze.

'Chris is er niet, Tante Sophie,' zei ik. Chris was haar man die al vijf jaar daarvoor overleden was. 'U moet opgenomen worden.'

Opeens werd haar blik helderder en haar ogen lichtten op.

'De poort, de zevende poort,' zei ze met grote ernst.

'Het is goed,' zei David, 'Rust maar, Sophia. De ambulance komt eraan.'

Tante Sophie was altijd een beetje gek. Een soort hippie die op jonge leeftijd naar Zuid Frankrijk was verhuisd en daar te midden van haar enorme verzameling boeken haar tijd doorbracht. Haar tuin keek uit op een grote wijngaard.

'Pak m'n tas,' zei ze gedecideerd.

'Rustig, tante Sophie.'

'Misschien wil ze spullen mee voor in het ziekenhuis?'

David zocht de tas.

Ze keek me verward aan en pakte mijn hand.

'Chris?'

'Nee, Ton.'

'Jullie moeten de zevende poort vinden.'

'Ik weet niet wat u bedoelt, tante Sophie.'

'Luister, ik heb niet lang meer,' en ze hapte naar adem. 'Er zijn zeven poorten, je moet de zevende poort vinden...De profetie.'

'Wat is dat, de zevende poort?'

'In mijn tas...'

David kwam aanlopen met haar tas en op dat moment kwam de ambulance aan. Tante Sophie zeeg achterover en de dokter en het ambulancepersoneel namen de situatie over.

Ze kreeg een verdovend middel dat haar kalmeerde, haar spieren uitschakelde zodat al haar energie bewaard bleef voor haar hart. Ze werd naar het ziekenhuis vervoerd en raakte niet meer bij bewustzijn. Drie dagen lag ze inmiddels buiten westen, en droomde over vrediger zaken.

We kwamen iedere dag even langs om te kijken hoe het met haar ging.
'Jullie moeten wel langs gaan, hè?'
'Ja, mam.'
'Zorgt iemand voor haar eten en drinken?'
'Ja, mam'.
'Arme Sophie...'
Mijn moeder kende Sophie van vroeger. Ze was een soort huisvriendin geworden en kwam regelmatig langs. Op een dag was ze vertrokken naar Zuid Frankrijk.
'Typisch iets voor Sophie,' zei mijn moeder. Ze hadden contact gehouden, maar 'je weet hoe dat gaat,' zei mijn moeder.
Nu was ze oud; een klein, oud mensje, met lang wit haar, lange knokelige vingers en een dunne mond. Haar ogen waren gesloten en ze ademde via een buis in haar keel.
Ik zag haar tas naast haar bed staan en herinnerde me wat ze had gezegd toen we haar aantroffen drie dagen geleden. In mijn tas...
Ik keek in haar tas en vond alleen allerlei rommel. In het achtervak zat een stuk vergeeld papier met Franse tekst. Het leek een soort gedicht. 'Après le mille ans...'
De duizend jaar, na de eerste duizend jaar. Ik keek naar de naam die eronder stond: Jean de Jerusalem, 1096. Dát was oud.
Ik stopte het in mijn zak, kuste tante Sophie op het voorhoofd en vertrok.

    'Wat is dit?' vroeg David.
'Een perkament, een soort Franse voorspelling.'
'Uit Jeruzalem?'
'Nee, de man heet Jerusalem, of-ie daar vandaan komt weet ik niet.'
David pakte de tekst, ging aan tafel zitten en begon te vertalen. Hij las enkele alinea's voor.
Wanneer er duizend jaar verstreken zijn na de eerste duizend jaar
zullen de wegen van de ene kant van de aarde en de hemel
naar de andere kant lopen
De wouden zullen opnieuw bebost zijn
en de woestijnen zullen geïrrigeerd worden
Al het water zal weer zuiver worden
De aarde zal als een tuin zijn
waarin de mens waakt over alles wat leeft
Hij zal alles wat hij vervuild heeft opruimen
De hele aarde zal hij als zijn woonplek beschouwen

en wijselijk zal hij aan de dagen van morgen denken.

Wanneer er duizend jaar verstreken zijn na de eerste duizend jaar
zal de mens het luchtruim veroverd hebben
Hij zal sterren creëren in de grote, donkere blauwe zee
en hij zal op zijn stralende schip uitvaren
als een nieuwe Ulysses, metgezel van de zon, op zijn hemelse Odyssee.
Maar hij zal ook opperleenheer van het water zijn
Hij zal grote nautische steden bouwen
die zullen leven van de oogst van de zee
Hij zal zo in iedere streek van het grote aardvlak wonen
en niets zal hem verboden zijn.

Wanneer er duizend jaar verstreken zijn, na de eerste duizend jaar,
zal de mens op zoek gaan naar de graal, het vrouwelijke principe dat hem
heelheid en verbondenheid zal brengen na de periode van duisternis en
afgescheidenheid.
Hij zal de stem in zijn binnenste horen en volgen.
De zevende poort die gesloten is zal opnieuw geopend worden, en de stralen
van het licht zullen de aarde omhullen.
De zevende poort kan slechts geopend worden door hem die door de zes
poorten is gegaan en het gezicht van de duivel heeft aanschouwd.
Wie de zevende poort opent, zal drie keer sterven en opnieuw geboren worden.
Zo zij het.

1096, Jean de Jerusalem

'Wat moeten we hiermee?' vroeg David.
'Ik weet het niet. Sophie heeft het aan ons gegeven.'
'En heeft ze nog iets gezegd?'
'Dat we de zevende poort moesten vinden. Ze had het over zeven poorten.'
'Dat is toch absurd.'
'Lijkt me ook.'
'Misschien is ze niet helemaal goed bij haar hoofd.'
'Maar die voorspelling dan?'
'Geen idee. Misschien heeft iemand het verzonnen.'
We besloten de zaak te laten rusten, en brachten de vakantie met andere zaken
door. Allengs vergaten we het hele voorval, de voorspelling, de zeven poorten
en tante Sophie.

DE EERSTE POORT

DE EERSTE POORT IS DE POORT VAN ONWETENDHEID. DE MENS IS NOG GEHEEL GESLUIERD MET HET SLUIER DAT TIJDENS DE INDALING VAN DE ZIEL OVER HET LICHAAM WORDT GEWORPEN. DE ONWETENDHEID LEIDT TOT VELE PROBLEMEN EN ILLUSIES EN HOUDT DE ZIEL GEVANGEN IN HET AARDSE SPEL DER DUALITEITEN. DE WERELD IS DE WERELD VAN DE ZINTUIGEN. DIT SLUIER KAN WORDEN OPGELICHT DOOR TWIJFEL EN VRAAGSTELLINGEN. 'IS DIT WAT ER IS? WIE BEN IK? WAT DOE IK HIER? WAAR KOM IK VANDAAN? WAT IS MIJN WARE NAAM?'

De hoogvlakte eindigde abrupt. Voor ons lag een brede, uitgestrekte vallei, droog en kaal. Tot aan de horizon waren er maar twee kleuren te zien: het hardblauw van de lucht en het wit van de vlakte. Heel in de verte, in het midden van ons blikveld en in dezelfde kleur als de vlakte, lag een kleine berg. Het was het einddoel van onze reis.
Ik keek David van opzij aan. Hij tuurde over de vlakte.
'Als we doorlopen zijn we er voor de middag,' zei hij. We vonden een pad naar beneden via een smalle kloof, uitgesleten door een riviertje dat in andere tijden naar de vlakte gestroomd moest hebben. Nu was er niets anders dan rotsen en enige dorre struiken.
Onderaan gekomen leek de berg veel verder weg dan we vanaf het uitzicht boven hadden gedacht. We begonnen zwijgend de tocht over de vlakte die bezaaid lag met stenen, dor hout en enkele restanten die herinnerden aan vroeger tijden. Uren liepen we onder de brandende zon, soms naast elkaar, soms achter elkaar. We hadden onze rugzakken op en twee flessen water bij ons.
Aan het eind van de middag bereikten we de berg met bovenop de resten van een burcht. We klauterden naar boven en namen een moment om terug te kijken over de vallei. Aan de einder zagen we de oprijzende wand van de hoogvlakte die we die ochtend verlaten hadden. Het wit van de stenen was veranderd in een warme pasteltint door de laaghangende middagzon, maar het maakte de vlakte niet minder leeg. Behalve enkele vogels hoog in de lucht was er geen spoor van leven te bekennen. De burcht was, net als de gehele vallei, verlaten en stil. Ooit had hier het leven doorheen gestroomd. Brede oevers met groene weiden, bossen, kleine weggetjes waarover de boeren hun oogst naar de burcht brachten om het daar te verkopen aan de burchtbewoners, of aan de langstrekkende kooplui. De burcht was het hart geweest van dit welvarende en overvloedige land en de rivier was de levensader waaromheen al het leven zich afspeelde. Maar de tijd was veranderd, de rivier was droog komen te liggen en de mensen waren weggetrokken. De zon had uiteindelijk alles veranderd in een droge en lege ruimte. Hier, op deze verlaten plek, liep onze reis ten einde.
Nu we zo dichtbij waren maakte de tijd niet meer uit. Het enige dat we wisten was dat dit de plek moest zijn die ons was opgedragen.
Beiden zochten we onze eigen weg naar binnen, tussen de afgebrokkelde muren en nog bestaande poorten door. Er was niet veel meer over van wat ooit een imposante burcht moest zijn geweest. In het midden van de burcht stond een poort, waaraan drie katrollen en een touw hingen. Het touw, dat boven aan

de poort was vastgemaakt, slingerde zich rond de linker katrol, die het kleinst was, vervolgens over de middelste en grootste katrol en daarna onder de rechterkatrol om daarna weer omhoog te gaan. Ik was gefascineerd door de sierlijke vorm die het touw daardoor aannam, als een symbool of letter uit een alfabet dat ik niet kende. En terwijl ik keek gebeurde waar ik voor gekomen was. Ik voelde plotseling de aanwezigheid van de stem, die me hier naar toe had geleid. Een stem, die vanuit de diepte onder me leek te komen, uit een andere wereld, vormloos maar voelbaar. Zonder woorden, en toch letterlijk te verstaan. Ik hield mijn adem in, en hoorde hoe de woorden door de stenen heen drongen en na-echo-den in mijn hoofd: 'Dit is de eerste poort. laat je leiden door het teken. Het maakt niet uit waar je gaat. De weg ontvouwt zich van binnenuit, niet volgens plan en toch zeer gericht. Laat je leiden. Er valt niets te vrezen. De wereld zal zich stilzetten en omdraaien om opnieuw tot leven te komen. Laat je leiden en kies de weg die ik voor je uitgestippeld heb. Het is je grootste vervulling, je grootste uitdaging en je grootste liefde. Ga op weg en laat je leiden. Onthoud het teken'.

Ik werd wakker en keek verdwaasd op de wekker, die me in één ogenblik uit de roes van de droom haalde. Negen uur. Shit. Te laat. Ik sprong uit bed, trok met mijn ene hand mijn kleren aan en maakte met de andere een boterham klaar. Ik keek uit het raam en zag een natte en koude mist buiten. Groningen kon in de winter grauw, grijs en guur zijn. De wind had vrij spel op de kale weilanden die ten noorden van de stad lagen en blies via de buitenwijken tot in het hart van de stad: de Grote Markt met het stadhuis en de oude Martinitoren.
Ik woonde op een kleine zolderkamer, op tien minuten afstand van het centrum. Het college waar ik naar toe moest was om negen uur begonnen en de weg er naar toe duurde 30 minuten, 20 als ik snel fietste. Ik sprong de trap af, pakte mijn fiets en reed ondergedoken in mijn jas door de mist naar het universiteitscomplex in het noorden van de stad.

Ik rende het universiteitsgebouw binnen en ging door de gangen naar de bovenste ingang van de collegezaal. Daar kon ik ongemerkt op één van de achterste rijen aanschuiven. Ik studeerde Bedrijfskunde en het vak Rechten vormde daar een onderdeel van. Ik schreef enige aantekeningen van mijn buurman over. Ik worstelde me door de eentonige woordenbrij van wetten, rechtsregels en voorbeelden. Casus Hoogeboom versus Scheltema. Het college was net zo stoffig als de wetboeken van mijn vader die ik vroeger in het hok onder de dakrand vond. De betreffende docent, verscholen achter zijn televisiebril met dikke glazen, was de ultieme verpersoonlijking van de grijze, levenloze wereld die ik uit plichtsbesef trachtte te begrijpen, maar die smaakte als een bord droge pap. Ik had de neiging weg te rennen, maar in plaats daarvan bleef ik zitten, want het was mijn enige concrete houvast in die tijd en de wereld van de geheimen en mysteries was nog ver buiten bereik. Ik had mij voorgenomen alle colleges weer te volgen, en me niet over te geven aan dagdromerij. Samen met David, die in Groningen filosofie was gaan studeren, vluchtte ik regelmatig uit de collegezalen. Op zijn motor toerden in het wildeweg door de eindeloze wereld van het Groningse platteland. We lazen 'The Doors of Perception' van Aldous Huxley, rookten joints en verloren ons in wilde plannen over een betere wereld en aan sciencefictionachtige fantasieën. Of we filosofeerden urenlang over de nieuwste natuurkundige ontdekkingen van Fritjof Capra, die oosterse mystiek met westerse quantummechanica in verband bracht. Ik had een onstilbare honger en interesse naar alles wat met metafysica te maken had. Het zette de wereld in een perspectief waar nog geheimen en mysteries waren, waardoor de grijzige realiteit kleur en diepte kreeg, en er een dimensie aan werd toegevoegd. Een dimensie waar ik hevig naar verlangde, maar die geen waarheidsgehalte had in de wereld waarin ik was opgegroeid. Als kind had ik visioenen gehad van een andere wereld en er tekeningen of gedichten over gemaakt, maar langzaamaan was ik het contact met die andere wereld verloren. Ik werd een dromer en tegen de tijd dat ik de middelbare school af had stonden mijn ogen wazig en naar binnen gekeerd. De wereld van de geheimen en de mysteries, die ik ooit zo gewoon had gevonden, was voorgoed verdwenen. Ik herinnerde wat mijn moeder ooit tegen me had gezegd: 'Ik ben altijd bang dat je op een keer met een plof op de aarde terecht gaat komen'. Dat was inmiddels gebeurd, en zou nog vele malen vaker voorkomen.

Toch bleek het dromen niet helemaal voorgoed verdwenen te zijn. Ergens, in een hoekje van mijn geest, was er een kamer die nog gevuld was met beloftes en vervlogen herinneringen, maar de weg er naar toe was allang vergeten. Ik kon er naar kijken, maar ik kon er nog niet bij. Maar vanuit de andere wereld leken er kleine aanwijzingen te komen die als witte steentjes op het pad de weg terug naar huis aangaven. De droom van die nacht leek daar een van te zijn en hield me in de ban.

Ik tekende de kantlijnen van mijn collegeschrift vol met het teken dat ik in mijn droom had gezien: de slingervorm van het touw dat aan de poort hing. *De eerste poort....* Flarden van de droom kwamen terug. De lege vlakte deed me denken aan de leegte die ik op dat moment voelde: ik had net mijn eerste relatie achter de rug. Het had precies een jaar geduurd.

Een jaar lang had ik hard gewerkt, een dubbele studie gevolgd, zat in een studentenbestuur en had mijn eerste relatie. Ik had geprobeerd als een jongleur de verschillende ballen in de lucht te houden en daarbij vooral te blijven glimlachen, maar de glimlach werd steeds pijnlijker en de momenten van machteloosheid steeds groter. Aan het eind van het jaar vielen alle ballen in één keer op de grond en ik kon ze niet meer oprapen.

De zomervakantie was gekomen, de colleges stopten, het studentenbestuur had zomerreces, al mijn vrienden waren op vakantie en mijn vriendin maakte het uit. Ze kwam van het Friese platteland, was een opgewekte en stevige meid, die hield van plezier en wist van aanpakken. Het onrustige zoeken dat achter mijn joviale manier van doen schuil ging, begon steeds meer te contrasteren met de eenvoudige manier van leven van het land en de boerderij van haar ouders. Ik had gekozen voor de wereld van theater en spel, van spiritualiteit en boeken. Ik was op zoek, voortgedreven door motieven die ik zelf ook niet wist, en mijn geest zocht een uitweg uit het labyrint van illusies en halve waarheden die ik in de wereld om me heen zag. Maar in plaats van me eruit te leiden, raakte ik steeds dieper in het labyrint verzeild. Toen mijn vriendin dan ook haar jeugdliefde uit het dorp tegenkwam, die al haar idealen van een eenvoudig, sportief en tevens Fries leven beantwoordde, was haar afscheid definitief. Ik probeerde me aan alles vast te grijpen, uit angst voor de gapende afgrond onder mijn voeten, maar er was niets dat mijn val kon verhinderen. Ik viel en viel. Onderaan gekomen bevond ik me in de donkere en eenzame wereld waar ik enkele maanden in zou ronddwalen, voordat er enig licht van inzicht en herkenning naar binnen zou schijnen. Ik was een half jaar volledig doodgeslagen, en kon geen enkel gevoel toelaten. Ik kon niet huilen en ook niet lachen, ik kon niet kwaad worden noch de moed bij elkaar rapen om me eroverheen te zetten. Ik was dood van binnen en dwaalde rond in een enorme leegte, een donkere, pijnlijke en naakte leegte.

Ironisch genoeg kwam ik de vakantiemaanden door op een boerderij. Ik kon me stilletjes schikken in het vaste ritme van het boerenbedrijf, van 's morgens vroeg opstaan, koeien melken, aardappels oogsten en tussen de middag een stevige aardappels-vlees-groente maaltijd met gele vla met bessen toe. De rust en de eenvoud stilde het zwarte gat in mijn maag, een knagende pijn.

Ik was blij toen de vakantie was afgelopen, vrienden weer terug kwamen en ik de leegte gedeeltelijk kon vullen met mijn studie. In de maanden die volgden hielp een studentenpsycholoog me weer de eerste stappen te zetten op het pad van zelfvertrouwen. De blik in de donkere, gapende leegte zou ik niet meer kwijtraken, maar dat heeft me uiteindelijk nooit gespeten. Het werd het beginpunt van een lange ontdekkingsreis, die veel verder zou gaan dan ik ooit kon vermoeden.

Na afloop van het college slenterde ik door de stad. Ik had mijn goede voornemens aan de kant gezet, ging niet naar het college Informatica maar had mij verdiept in een klein boekje dat ik in een boekenwinkel had gevonden. De titel van het boekje was 'HIJ' en handelde over de mythe van Parcival.
De jonge en naïeve held uit het verhaal sprak me zeer aan. Ik herkende zijn dromen en idealen, zijn drang naar avontuur en het verlangen om onder moeders rokken vandaan te komen. De hele wereld waarin ik me bevond leek een soort voortzetting van mijn opvoeding thuis en op school. Er werd je verteld wat je moest doen en wat je niet moest doen, hoe je je moest gedragen en wat je behoorde te leren. Voor honderden guldens aan boeken had ik uitgegeven en hun kennis naar binnengeslokt, om het vervolgens te kunnen reproduceren tijdens de tentamens. Waar was het echte leven? De vrijheid om te ontdekken, om de wereld in te gaan? En hier was een jonge held die de sprong waagde in het onbekende, zijn moeder achterliet en vertrok.
Ik las het verhaal over de graalburcht die hij op zijn reis tegenkwam; een burcht op een berg in een kaal en doods land, en ik werd getroffen door de gelijkenis met de burcht uit mijn droom. In de burcht ving Parcival een glimp op van de graal. Ik had in mijn droom een vreemd symbool gezien in de vorm van een touw dat aan een poort hing, en vervolgens woorden gehoord die uit de aarde kwamen. *Onthoud het teken...* Ik had het teken helder voor ogen, maar wist er geen enkele betekenis aan te geven. Die avond kwam het antwoord, toen ik repeteerde met de theatergroep waarin ik speelde.

'Ik kan niet meer. Ik ben op en ik voel me niet lekker. Ik wil graag naar huis.' De regisseur van de theatergroep keek me aan.
'OK, Ton,' zei hij, ' Ik wil niet dat opgeeft. Ik ga vanavond met je werken en zal je net zo lang begeleiden tot je er bent.'
Ik legde mijn lot in zijn handen en besloot te blijven. De andere groepsleden zaten op de tribune, terwijl ik met de moed der wanhoop aan de rand van het speelveld stond.
'Als je klaar bent, stap je het speelveld op en ga je spelen. Je mag niet nadenken, en je mag niet naar mij kijken. Speel op impuls. OK, begin maar'.
Ik schoof mijn masker over mijn gezicht en stapte de speelvloer op. Ik probeerde niet na te denken, maar ondertussen vlogen er honderden gedachten door mijn hoofd: *Is dit goed? Sta ik voor gek? Wat denken ze van mij? Dit is niks...'*

'OK, Ton, opnieuw. Ga weer buiten het veld staan en stap erin als je klaar bent.'
Ik zuchtte en stapte opnieuw op het veld. *Waarom kreeg ik geen concretere opdracht? Of een tegenspeler? Dit was te moeilijk. Gewoon spelen, zonder enig thema of doel. Ik wist niet waar ik het zoeken moest. Ik kon wel huilen achter het masker.*
'Opnieuw.'
Drie, vijf, tien, vijftien keer moest ik opnieuw het veld instappen, zonder te weten wat er ging gebeuren, alleen geconfronteerd te worden met de leegte.
'Je zit pas op 80 procent', riep de regisseur. Achter het masker droop het angstzweet van mijn gezicht. *Hoe kon ik ooit spelen als er niets was, dan alleen die lelijke versleten blauwe geribbelde vloerbedekking. Uiteindelijk bleef er niet anders over dan de grote gapende leegte. De leegte van het speelveld, de lege vlakte uit mijn droom en de leegte in mijn hart. Er was hier niets, behalve...* behalve een heel klein pluisje dat ergens op het kleed lag en opeens mijn aandacht trok. Ik keek naar het pluisje, kwam dichterbij, mijn masker raakte bijna de grond en geïntrigeerd bleef ik naar het pluisje staren. Ik blies ertegen en het pluisje maakte een klein sprongetje. Oeps, ik schrok. Het leeft. 'Ben jij daar, pluisje?' vroeg ik. Ik begon een gesprek met pluisje. Ik vergat de regisseur en de andere spelers en er ontspon zich een hele wereld voor mijn ogen. Ik speelde en speelde en vergat zelfs de tijd. Toen het verhaal uit was lag ik op de grond en keek door mijn masker naar de andere spelers. Ik kreeg een groot applaus.
'OK, genoeg voor vanavond. Prima gewerkt,' zei de regisseur.

Na afloop zat ik met een van de andere speelsters te praten. 'Wat is er met je?' vroeg ze. Ik vertelde over mijn studie, de leegte, het zoeken naar de zin en over het symbool van het touw uit mijn droom. Ze keek me veelbetekenend aan.
'Dat is niet moeilijk,' zei ze. 'Het is een astrologische teken. Het staat symbool voor het sterrenteken Leeuw'.
'De leeuw?' vroeg ik.
'Ja kijk; de twee slingers die het touw maakt vormen precies het symbool van de leeuw. Het is een van de twaalf dierenriemtekens.'
Toen ik 's avonds thuiskwam overdacht ik de gebeurtenissen van die dag. Twee onderdelen uit mijn droom waren op toevallige wijze die dag verklaard. De kale vlakte met de burcht kwam overeen met de vlakte uit het verhaal van Parcival en het teken aan de poort stelde het dierenriemteken Leeuw voor. Ik moest opeens denken aan de woorden van Sophia; *'Zoek de zevende poort'.* Waar

gáát dit over? Ben ik gek aan het worden? Kan toeval meer betekenen dan
louter toeval?

24

DE TWEEDE POORT

DE TWEEDE POORT IS DE POORT VAN BEGEERTE. DEZE ANIMALE KRACHT DRIJFT DE MENS EN IS INGEPLANT OM DE MENS ALS SOORT TE LATEN VOORTBESTAAN EN OM TOT HANDELEN TE KOMEN. HET IS EEN STERKE KRACHT DIE ECHTER NIET ONTKEND MOGEN WORDEN. WANT PAS DOOR TRANSFORMATIE EN ZUIVERING VAN BEGEERTE KAN DE ZIEL VERDER OPSTIJGEN OP ZIJN WEG DOOR DE ZEVEN SFEREN. DE HANG NAAR GELD, MATERIE, SEXUELE GEMEENSCHAP, VOEDING EN OVERMATIG SPREKEN ZIJN UITINGEN VAN BEGEERTE. OVERSTIJGING HIERVAN BETEKENT NOCH ONTKENNING NOCH VEROORDELING. ALLEEN MILDHEID, ZELFONDERZOEK EN LIEFDE KUNNEN DIT TWEEDE ZEGEL VERBREKEN.

De weken die daarop volgden begon de mythologische realiteit zich steeds sterker aan mij op te dringen. Het symbool van de leeuw achtervolgde me. Overal zag ik leeuwenkoppen; Op gevels, in boeken, op deurklinken. Ze staarden me aan alsof ze me iets wilden zeggen.

Ik ging steeds minder naar college en verdiepte me in het boek over Parcival en de graal. Wat was de graal die Parcival in de burcht had gezien? Een beker, een schaal, een steen? Had het magische eigenschappen? Eén van de verhalen in het boek verklaarde dat de graal de beker van het laatste avondmaal was, die Jezus had rondgedeeld aan zijn leerlingen. Toen hij vlak daarna aan het kruis hing werd zijn bloed opgevangen in dezelfde beker. Joseph van Arimethea, een volgeling van Jezus, nam de beker mee naar Zuid Frankrijk. Hij voer samen met Maria Magdalena naar het Franse land. Vandaaruit reisde hij alleen verder naar Engeland. De Heilige graal werd van generatie op generatie bewaard en overgedragen, totdat hij uiteindelijk verdween. Toen koning Arthur regeerde en er steeds meer verdeeldheid kwam tussen zijn ridders, gaf hij hen de opdracht allen op zoek te gaan naar de graal. Ook de jonge Parcival ging op zoek. Toen hij de graal zag in de graalburcht vergat hij een noodzakelijke vraag te stellen: 'Wie dient de graal?' Blijkbaar was het vinden van de graal niet genoeg; hij diende ergens voor: Om het rijk te redden? De zieke Visserkoning uit het verhaal te genezen? Maar wie was de Visserkoning?

De symboliek begreep ik niet altijd, maar ik voelde dat dit belangrijk voor me was. Dit verhaal ging over mijn eigen zoektocht.

Op een avond was ik aan het lezen toen ik opeens een vreemd, scherp licht in mijn kamer zag. Het leek zich achter me te bevinden maar ik durfde niet om te kijken. In plaats daarvan sloot ik mijn ogen en het licht leek zich door mijn achterhoofd rechtstreeks mijn hersenen binnen te dringen. Een felle witte gloed spreidde zich uit door mijn hele hoofd. Opeens drong het beeld van de leeuw zich weer op, dit keer van binnen, als een stralende zon, met manen van vuur. Langzaam veranderde het beeld in een vrouwengezicht, met gesloten ogen en een blauwe huid. Ze had een serene uitdrukking en ze leek te glimlachen. *Alles komt goed. De tijd is nabij. De deur naar de nieuwe tijd is open. Het enige wat je hoeft te doen is er doorheen te gaan. Je zal een groot aantal mensen leiden. Wees niet bang. Je wordt gesteund en geleid door mij en door anderen. Vanuit een andere dimensie, ver weg en toch heel dichtbij. In Engeland vind je de sleutel naar je bestemming. Zeven poorten, zeven sleutels. Ga nu en wees gerust.'*

De volgende dag werd ik gebeld door een docent van mijn studie. Ik was toegelaten op een congres over Organisatie Transformatie, een bijeenkomst van mensen die spiritualiteit en bedrijfsleven wilden combineren. Ik interesseerde me al een tijd voor het onderwerp en was blij dat ik was uitgekozen.
'Waar vindt het congres plaats?' vroeg ik.
'Hopelijk houd je van reizen', zei ze, 'want het congres is niet in Nederland. Het wordt gehouden in Ashridge College. Je moet naar Engeland.'
'Ben je daar nog?' vroeg ze toen ik niet antwoordde.

Enkele weken later vertrok ik met de trein naar Noord Frankrijk om vandaaruit met de Hovercraft van Calais naar Dover te varen. De laatste van wie ik afscheid nam was de speelster uit mijn theatergroep.
'Ik heb een droom over je gehad,' vertelde ze me. 'Je liep over een lange dijk die midden in het water ophield, om een stukje verder weer door te gaan. Je sprong over het water en in je sprong zag je iets glinsteren op de bodem van het water. Het was de beker van de graal.'
Ik bedankte haar voor de droom, en vertrok, al mijmerend over wat ze me had verteld.

In Arras, een stad in Noord Frankrijk, had ik een hotelletje gereserveerd. 's Avonds liep ik een rondje over het middeleeuwse plein van het oude, vreemdsoortig stadje. Alle huizen waren precies hetzelfde gebouwd en stonden in een groot vierkant, met in het midden het stadhuis. Achter het stadhuis kwam de volle maan op en toen ik in het schijnsel van de grote volle maan naar het stadhuis keek, zag ik op de top van het gebouw een beeld van een leeuw die naar een zon uitreikte. Weer een leeuw, dit keer met een zon en een volle maan. Was dit toeval? Onmogelijk, bedacht ik me, maar wat was het dan wel?

Ik verliet Arras en nam de trein naar Calais, waar ik met de hovercraft naar Dover reisde. Het was mijn allereerste bezoek aan Engeland. In Dover aangekomen slenterde ik door het centrum van het stadje. In een klein winkeltje vond ik een boek met de titel *Glastonbury, Avalon of the Heart*. Avalon kende ik als het magische eiland uit de graallegende, maar ik begreep niet waarom er Glastonbury voor stond. Langzaam drong tot me door dat het eiland ook werkelijk bestond. Ik nam het besluit om na het congres het stadje op te zoeken.
Ik reed verder met de bus naar Londen en de hoeveelheid voortekens en symbolen begon steeds extremere vormen aan te nemen. Ik werd overstelpt door leeuwenkoppen en de angst om gek te worden begon zich te nestelen als

een knoop in mijn maag. Waar ging dit over? Leeuwen, de heilige graal...? Wat ik tot dat moment als een magisch avontuur had gezien, begon me te beangstigen. Dit bestond niet. Overal waar ik keek zag ik woorden of betekenissen die verband hielden met het verhaal. Maar welk verband? Ik begon de grip op de werkelijkheid te verliezen, en voelde me verloren in een wereld die ik niet kende.

Ik werd met een taxi opgehaald van het station en we reden door de bossen naar een groot Engels landkasteel: Ashridge College, één van de meest chique managementcentra van Engeland. Ik had alleen mijn rugzak bij me en kreeg het gevoel in de verkeerde film terecht te zijn gekomen. Gelukkig had een vriend van mij een kostuum voor me meegenomen. Maar alras bleek dat ik het pak ingepakt kon laten. De conferentie was een van de meest wonderlijke samenkomsten die ik ooit had meegemaakt: er waren geen sprekers en er was geen programma. De deelnemers maakten samen het programma binnen een structuur die 'Open Space' heette. Als in een ritueel maakte de hele groep deelnemers de verschillende fasen door van verwachting, verwarring, crisis en creativiteit en eindigde in een sterk gevoel van saamhorigheid, feest en vriendschap. Het was een broedplaats voor ideeën, contacten en diepe inzichten.
De 'Open Space' conferenties zouden voor mij de toegang worden naar een wereld van wijsheid en spel, van internationale contacten en persoonlijke inzichten, van zaken doen, spiritualiteit en levenskunst. Een wereld die daarvoor uit aparte hokjes bestond die niet met elkaar te verenigen waren. Zakenmensen waren zakenmensen, politici politici, kunstenaars kunstenaars en ik had geen voorbeelden van mensen waarbinnen al die polariteiten van het leven zich konden verenigen. Tijdens de conferentie had ik één alles overheersend gevoel: ik was thuisgekomen; thuisgekomen in een wereld die ik totaal niet kende, maar die me vertrouwder was dan de wereld van mijn school of studie. Ik had mijn familie gevonden.

Op een van de dagen van het congres wandelde ik met een groepje Amerikanen door het park rondom het kasteel. We waren bevriend geraakt en ik vertelde ze dat ik na het congres naar Glastonbury zou gaan. Ze stopten en keken me verwonderd aan.
'Daar gaan wij ook heen. Komend weekend wordt daar de Harmonische Convergentie gevierd, een sterrenstand die eens in de vijfduizend jaar

voorkomt. Drie planeten vormen dan een grote driehoek in het teken leeuw. Het is een voorbode van het astrologische waterman-leeuw tijdperk.'

Mijn mond viel open van verbazing. Ik was dus niet gek. De spreekster ging door: 'De tijdrekening van de Maya's is op deze sterrenstand gebaseerd. Komend weekend is het begin van de laatste fase van de Maya kalender. Die periode duurt tot december 2012, waarop de kalender eindigt en een volgende periode van 5000 jaar ingaat. Op 12 heilige plekken op aarde komen mensen tezamen om deze omslag in de tijd te vieren. Glastonbury is één van deze heilige plekken. Het is een heel oude krachtplek...'

Er bekroop me een wonderlijk gevoel: Eens in de vijfduizend jaar komt iets dergelijks voor en precies op dat weekend had ik besloten naar één van die twaalf plekken op aarde te gaan. Ik belde David op. 'David, dit weekend moet je naar Glastonbury komen. Er gebeuren zulke vreemde dingen. Je moet hierbij zijn,' liet ik op zijn antwoordapparaat achter.

Op het einde van de conferentie namen we afscheid van elkaar en met een klein groepje vertrokken we naar Glastonbury. In het kleine stadje was het een drukte van jewelste. Duizenden mensen waren toegestroomd om de Harmonische Convergentie mee te maken. Sommigen waren er -net als ik - per toeval, anderen hadden er van gehoord via mediums, boeken of tijdschriften. Velen hadden de voorspelling van de Zuid Amerikaanse schrijver José Arguelles gehoord: dat tijdens de Harmonische Convergentie 144.000 Lichtwerkers zouden opstaan om aan het werk van de grote transformatie te beginnen. Ik dacht aan de leeuwenkoppen die ik had gezien en aan de voorspelling van de zeven poorten en de wereld leek één groot mysterie dat zich aan het ontrafelen was.

David en ik vonden elkaar onmiddellijk in de grote menigte. Hij was net aangekomen en alsof we telepathisch verbonden waren liepen we regelrecht op elkaar af. Hij had mijn bericht gehoord en was direct vertrokken. Samen genoten we van dit New Age-feest, lachten om de bonte verzameling van hippies, nonnen, wetenschappers en goeroes en relativeerden de wilde voorspellingen die we overal om ons heen hoorden.

De ochtend dat de nieuwe dag zou aanbreken van de laatste fase van 26 jaar van de Maya-kalender hadden we ons verzameld op de top van de heuvel. Bovenop de piramide-achtige berg stond een eenzame toren, de Michael's Tor. Om de berg heen dreef een dichte mist die de rest van het land aan het oog onttrok. De wereld sliep, en met een hele groep figuren die leek weggelopen te zijn uit een film van Fellini zaten we nu in stilte te wachten op de eerste stralen van de zon.

Iemand stelde voor om 'AUM' te zingen, waarop een ander zei dat-ie zijn kop moest houden. Zo deed iedereen wat hem of haar goeddunkte, en terwijl de ene helft 'aum-de' zat de andere helft in stilte te kijken hoe de eerste zonnestralen over de heuvels aan de horizon verschenen. De daarvoor zo stille zee van mist werd een roerig schouwspel van stromen en wolken, waardoor langzaam het landschap zichtbaar werd. Overal verschenen plukjes groen en na enige tijd was de mist volledig verdwenen en lag het land onder ons in de goudgele ochtendzon. De dag was begonnen. Mensen feliciteerden elkaar en namen vervolgens afscheid. In groepjes liep iedereen de berg weer af om in cafeetjes door te praten over de 'nieuwe tijd' die komen ging.

Ik bleef met David nog wat achter op de heuvel. Daar hoorde ik van één van de omstanders vertellen over de andere 11 aarde-chakra's: onder andere de berg Fuji in Japan, de berg Kailash in de Himalaya, de berg Shasta in Californië, de tafelberg in Zuid-Afrika, Ayers Rock in Australië, Manchu Picchu in Peru, de piramide van Cheops in Egypte en zo nog enkelen. Er bleek een dertiende berg te bestaan in Rusland, zo vertelde iemand, maar niemand wist waar hij was. Rusland was nog gesloten terrein, de koude oorlog was nog in volle gang en het IJzeren Gordijn was dicht. 'Ooit zal ook dit dertiende chakra geopend worden,' voorspelde de verteller aan zijn nieuwsgierige toehoorders, 'maar dat duurt nog even. Eerst moesten de twaalf hoofdpoorten geopend worden.'

'Poorten?' vroeg ik hem.

'Iedere krachtplek is een poort. Je kunt er naar toe gaan om je niveau van bewustzijn te verhogen. En door je te verbinden met de poort, verbindt de poort zich met jou. Door je bewustzijn op een hoger trillingsniveau te brengen, breng je alles op de aarde op een hoger niveau. Alles staat met alles in verbinding.'

Ik liep met David naar beneden tot halverwege de heuvel, waar we in het gras gingen zitten en over het land uitkeken. We hadden geen woorden en namen stil het vergezicht in ons op. Ik overdacht alles wat ik had meegemaakt en gehoord had. Mijn reis had me geleid naar een plaats die ik tot dan toe als deel van een verhalenwereld had gezien, niets meer dan een verzinsel. Een magisch eiland, dat de grens vormde tussen de gewone wereld en de onzichtbare wereld. Hier zat ik, op de oude heilige plek waar ooit Koning Arthur volgens de legende naar toe werd gebracht toen hij dodelijk gewond was. Daar verbleef hij in the 'Otherworld', tot de tijd gekomen was waarop de wereld hem weer nodig had. 'The once and future king' zou opnieuw verschijnen, net zoals zijn leermeester Merlijn, als de wereld opnieuw op de grens van chaos en vernietiging zou balanceren. De oude kennis van de graal moest opnieuw gevonden worden om het land te helen. Ik zag een wonderlijke vergelijking tussen de ronde tafel, met zijn twaalf ridders en koning Arthur als dertiende en de 12 aarde-chakra's en de nog onbekende 13e in Rusland. Was het 13e aarde-chakra de verbinding tussen de andere twaalf chakra's, het koninklijke middelpunt? Een andere vergelijking doemde plots op: Jezus als middelpunt van de 12 apostelen, die aan het laatste avondmaal de heilige graal ronddeelde. De graal was het verbindende element tussen het verhaal van Jezus, van Koning Arthur en de gebeurtenissen die nu plaatsvonden op deze heilige berg, waar volgens de overlevering ooit de graal naar toe was gebracht door Joseph van Arimethea.

Wat was de graal? Was het een echte beker? Een symbool voor het vrouwelijke? Was het de aarde, die er op wachtte weer ontdekt te worden? Alle vragen speelden door mijn hoofd, en de wereld van mijn studie leek mijlen ver weg. De muren van de universiteit en het wereldbeeld zoals ik het kende waren als goedkope triplex wandjes uiteengevallen, om een vreemde en mysterieuze wereld te tonen. En tegelijkertijd met dat grotere perspectief veranderde het beeld van mijzelf. Ik was niet langer een zoekende in de woestijn, maar een ridder op een queeste. Ik wist weliswaar nog niet wat ik zocht, of wat mijn strijd was, maar iets leek zich te willen openbaren, en het enige wat ik kon doen was daar naar te luisteren. Ik kon me er niet aan onttrekken dat er enig plan van 'bovenaf' aan het werk was geweest, dat me naar deze plek had geleid. Ik was niet langer bang om gek te zijn.

Bij één ding bleven mijn gedachten steken: het dertiende aarde-chakra in Rusland. Zou er inderdaad zoiets bestaan? En zo ja, waar? Rusland was onbekend en ondoordringbaar. Het was onmogelijk daar naar toe te gaan. Er was een ondoordringbare grens tussen Oost en West en dat leek zich voorlopig niet te veranderen.

Ik sloot mijn ogen. *Achter en onder mij voelde ik de heuvel openen, alsof ik naar binnen kon kijken. Plotseling zag ik iets bewegen. Een klauw met scherpe nagels strekte zich uit, vervolgens een tweede en uiteindelijk kwam de hele berg in beweging. Onder de grond bewoog een kop met ogen en neusgaten en een enorme bek. Twee vleugels klapperden en een klauw kwam via de top van de heuvel naar buiten. De rest van het lichaam volgde en uiteindelijk zag ik achter mij, boven op de berg, een immense rode draak zitten. Een vurige, maar vriendelijke draak. Achter hem aan kroop een witte draak naar buiten, een vrouwelijke pendant van de rode draak. Beiden leken bevrijd van een eeuwenlange opgeslotenheid, en ze klapwiekten met hun vleugels. Vervolgens vlogen ze één voor één omhoog, om een dans uit te voeren. Ze draaiden in de lucht om elkaar heen en maakten een proefvlucht over het land, om uiteindelijk weer op de top van de berg neer te strijken.*

De stem die ik eerder in de droom had gehoord en die uit het binnenste van de aarde leek te komen, maakte zich kenbaar:

'Dit is de tweede poort, de poort van je bestemming. Verbindt het rode met het witte, en de koninklijke weg zal zich openbaren. Als het mannelijke en het vrouwelijke zich opnieuw verbinden, kan het kind geboren worden. Volg je bestemming, en een nieuwe mens zal in je opstaan, zoals het ochtendlicht verschijnt na de nacht van duisternis. Je hebt een lange weg te gaan, maar aan het eind wacht je beloning. Verbindt de twaalf en de dertiende zal zich opnieuw manifesteren in de wereld'.

Het visioen stierf weg, en ik zat weer naast David op de rand van de heuvel. Ik leunde achterover en keek naar David. 'Kom, we gaan,' zei ik en we liepen verder naar beneden de heuvel af.

Tante Sophie had op een wonderlijke manier haar ziekbed overleefd. De artsen hadden op het nippertje haar leven kunnen redden, maar ze bleef erg zwak.

'Het is mijn tijd nog niet,' had ze gezegd toen ze was bijgekomen. 'Er is nog zoveel te doen'.

Ik had haar enkele malen gebeld om te vragen hoe het ging en kreeg steeds een ontwijkend antwoord. 'Goed,' zei ze dan, en vroeg mij vervolgens waar ik mee bezig was. Ik vertelde over mijn studie, over het leven in Groningen, over mijn toekomstplannen en ze luisterde altijd aandachtig.

Een jaar na de Harmonische Convergentie in Engeland besloot ik haar op te zoeken in Zuid Frankrijk. Ze had me het een en ander uit te leggen; waarom ze het perkament met de voorspelling aan ons had gegeven en waarom ze me had gevraagd de zevende poort te zoeken. Ook wilde ik weten wat de zoektocht naar de graal inhield.

Ik nam het vliegtuig naar Barcelona, huurde daar een auto en reed via de Pyreneeën naar haar huis in Zuid-Frankrijk. Eén van de dingen die ik onderweg wilde bezoeken was de zwarte Madonna van Montserrat, die zich hoog in de bergen bevond. De bergen van Montserrat lagen imposant in het achterland van Barcelona. Ik reed via een klein verlaten weggetje de berg op en verwachtte een stil en sereen klooster aan te treffen. Mijn verwachting werd met de grond gelijk gemaakt toen ik de laatste bocht had genomen. Rijen touringcars stonden opgesteld voor de ingang van het klooster. Het was één groot circus van toeristen, souvenirs, korte broeken en kinderbuggy's en voor de Madonna stond een lange rij mensen. Toen ik eenmaal voor het beeldje stond knielde ik neer en raakte haar hand aan. Maar er gebeurde niets en ik droop af achter een Duits echtpaar aan dat vol enthousiasme sprak over hun ontmoeting met de Madonna. Ik belandde op het stoepje naast een ijscotent en aanschouwde de busladingen van mensen die hier op bezoek kwamen. Ondanks mijn afkeer van toerisme en het soort klatergoud-religie dat hier heerste, besloot ik toch nog even terug te gaan en rustig in de kerk te gaan zitten. Terwijl ik naar de pracht en praal in de kerk keek, werd het steeds stiller, alsof de stilte in mezelf intenser werd. De wereld van de toeristen leek opeens ver weg en het was alsof ik alleen op de berg zat. Ik sloot mijn ogen en hoorde opnieuw de stem die ik eerder in mijn droom en in mijn visioenen in Glastonbury had gehoord; de stem van de vrouw met het serene gezicht. In mijn beeld zag ik haar gezicht voor me dat zich achter een sluier bevond. *'Wees gerust, Ton. Ik ben bij je en ik begeleid je,*

zoals ik altijd heb gedaan en altijd zal doen. Je bent mijn kind en mijn bestemming en door jou vind ik mijn vervulling.'
'Haar kind', dacht ik. 'Wie is dit? Was dit de Zwarte Madonna die sprak? De godin? Moeder Aarde? Wie is dit?'
'Het maakt niet uit hoe je mij noemt. Ik heb vele namen waarvan je er een paar kent. Noem me Sophia, godin van de wijsheid. Ik ben het vrouwelijke gezicht van God. Door mij kan het goddelijke zijn ware gedaante aannemen. Zonder het vrouwelijke kan het mannelijke niet functioneren. Maar het wordt tijd dat ik mij weer manifesteer op aarde. Ik ben gesluierd en verborgen geweest. Het wordt tijd dat ik mijzelf weer openbaar. Via jou, en via anderen. Laat je leiden en alles zal je toekomen. Herinner je de taak waarmee je hier bent gekomen!?'
'De taak, dacht ik. 'Welke taak? Heb ik een taak?'
Toch klonken haar woorden niet vreemd, eerder zo vertrouwd dat ik schrok van de waarheid en intimiteit die ze uitstraalden. Bedacht ik dit zelf of was het werkelijk een stem die ik hoorde? Ik twijfelde. Het was dezelfde twijfel die me parten had gespeeld op mijn reis naar Avalon. Dit kon toch niet waar zijn? Dit is waanzin, verzinsels! Hoe kon ik weten of dit echt was? Dat ik een taak had en zo. Ik moest denken aan de woorden van tante Sophie: 'Zoek de zevende poort.' Was dat mijn taak? Maar waar was die dan, die zevende poort? Bestond ze überhaupt wel of was het symbolisch? Dit was absurd, een idioot sprookje. Ik was pas 22 jaar. Tante Sophie had me een hoop uit te leggen... Ik liep de kerk uit en verliet de Montserrat. In Berga, aan de voet van de Spaanse Pyreneeën, nam ik een klein hotelletje en belde tante Sophie op.
Ik vertelde haar dat ik naar de zwarte Madonna was geweest, en ze had betekenisvol gelachen: 'Aha, la Vierge Noir. Dat gaat over de aarde en over tellurische lijnen. Schatten die in de aarde verborgen liggen. Denk daar maar over na. Ik zie je morgenavond."
'La Vierge Noir? Tellurische lijnen?'

Toen ik de volgende dag vroeg in de ochtend door de Pyreneeën heen was gereden, besloot ik het laatste stuk te wandelen. Ik parkeerde de auto, nam een rugzakje met proviand mee en ging op stap. De tocht door het Zuid Franse landschap was een zegen: de stilte en de natuur deden mijn hart zingen, als een vogel die eens per jaar uit zijn kooi mag om vrijuit te vliegen. Ik wandelde door oude bossen, door kleine Franse dorpjes en langs een oude stenen uitkijkpost wat in vroeger tijden een lichtbaken moest zijn geweest. De bomen zongen met me mee en ik mijmerde over de woorden van de Zwarte Madonna. Een taak? Welke taak? Ik moest mijn studie afmaken. Dát was mijn taak. Of hoefde dat niet? Opeens bedacht ik me dat ík de enige was die dat kon beslissen. Ik was uit een soort plichtsbesef gaan studeren, omdat het goed was, omdat mijn ouders dat goed vonden, omdat het zo hoorde, maar in wezen wist ik niet of dat het juiste was. Was ik daarvoor op aarde? Maar om nu direct in een taak te gaan geloven, een of ander religieus idee ging me wat te ver.

Ik werd gestoord in mijn overpeinzingen door het geluid van een motorboot, die door het Canal du Midi voer en voor een sluis tot stilstand kwam. Ik liep naar de sluis en bewonderde het oude mechaniek en de eenvoud waarmee boten van het ene niveau in het kanaal naar het andere worden getild. In het totaal waren er drie sluisdeuren.

Laat in de middag, toen de zon de velden oranje kleurde, kwam ik aan in het oude Franse landhuis van Sophie. Een verpleegster deed open.

'Jij moet Ton zijn. Sophie heeft over je verteld. Ze komt zo. Ze is nog even bezig.'

Ik kreeg thee en koekjes en liep door de grote stoffige bibliotheek, waar ik haar eerder bijna dood had aangetroffen. Ik bekeek de boeken nu aandachtiger en zag allerlei vreemde titels van boeken staan: 'De Tempelridders en de zoektocht naar de graal, De heilige graal en het heilige bloed, Voorspellingen van Nostradamus. Aardmagnetische velden. Geneeskrachtige kruiden. De tempel van Isis. Het geheim van Shambhala...' Ik ging snel zitten toen tante Sophie de kamer binnenkwam. Haar haar was slordig opgestoken en in een lang grijs gewaad schreed ze de kamer in. Van achter haar dikke ronde brillenglazen keek ze me aan. 'Je ziet er mager uit. Eet je wel genoeg?'

'Eh, jawel,' zei ik, uit het veld geslagen door haar vreemde welkom. 'Ik heb het nogal druk gehad...,' vervolgde ik.

'Het is goed. Hier, neem een koekje.'

'Dank u wel,' zei ik. Ik kon niet weigeren na haar opmerking.

'Tante Sophie...,' begon ik.

'Rustig jongen. We hebben alle tijd. Vertel me eerst wat je vandaag bent tegengekomen.'

'Hoe bedoelt u?'

'Wat heb je gezien vandaag?'

Ik vertelde haar over de bergen, de natuur, de dieren en over het kanaal met de boten en de drie sluizen.

'Drie sluizen', zei ze en ze keek peinzend voor zich uit. Ik dacht dat het haar ouderdom was en legde haar het systeem uit: 'In twee etappes varen de boten door de sluis. Door het openen en sluiten van de drie sluisdeuren - de voorste, de middelste en de achterste - stijgt het water waardoor de boten in twee fasen omhoog worden getild.'

'Kijk,' zei ze en ze zette haar bril recht op haar neus, alsof ze aan een lang betoog ging beginnen. 'Kijk nooit alleen maar naar wat je ziet. Leer te kijken met je hart. Alles heeft betekenis. Iedere gebeurtenis openbaart iets van het mysterie van het leven zelf. De sluizen die je hebt gezien symboliseren de tijd waarin we leven. In twee fasen worden we opgetild naar een nieuw niveau van bewustzijn. Als de tijd een rivier is, dan is de periode waarin we leven en de overgang naar het nieuwe millennium een soort sluis in de tijd. Tijdens de periode tussen de twee sluisdeuren in verandert ons trillingsgetal en bewustzijn zodat we klaar zijn voor de volgende fase. Dan gaat de sluis achter ons dicht en kan degene voor ons zich openen.'
Ik keek haar verbaasd aan, maar ze ging onverstoorbaar door met haaruitleg.
'De Harmonische Convergentie in 1987 was de eerste sluisdeur. Zeven planeten vormden met elkaar een grote driehoek. Dat zorgde als het ware voor de bevruchting. De tweede sluisdeur zal plaatsvinden op 11 augustus 1999, waar de zeven planeten dit keer een groot vierkant met elkaar vormen, en daarmee zal de ziel indalen. In 2012 zal de werkelijke geboorte plaatsvinden. Symbolisch gezien lijkt het of de aarde zelf gaat baren. We gaan ons steeds meer verbinden met de aarde, totdat we werkelijk beseffen dat de aarde en wijzelf één zijn. Eén lichaam. Daarvoor moeten we zowel ons eigen lichaam als het aardelichaam in harmonie brengen, want beiden resoneren met elkaar.' Ze stopte even haar betoog en keek me aan. 'De aarde is onze Moeder. Dat is niet alleen een mythologisch of religieus symbool, maar een concrete realiteit. De aarde lééft. Het is een levend wezen met een bewustzijn, met een hart en een taal. Ze spreekt tot ons, continue, maar vaak horen we haar niet. We zijn haar taal vergeten, of willen niet meer luisteren.'
'Is zij de Zwarte Madonna?' vroeg ik.
'De Zwarte Madonna is een van haar verschijningsvormen: 'het zwarte gezicht van de godin'. De Zwarte Madonna wordt vaak aangetroffen op heilige plekken of aarde-chakra's. Overal waar je haar tegenkomt is er sprake van sterke aarde-energie. Over de aarde loopt een netwerk van lijnen die elkaar op bepaalde plekken kruisen. Die lijnen noemen ze tellurische lijnen of leylijnen. In China noemen ze het drakenlijnen. De draak staat namelijk symbool voor de aardse creatieve energie en wordt in China vereerd als symbool van vruchtbaarheid en creativiteit.'
Ik dacht aan de twee draken die ik op de heuvel bij Glastonbury had gezien, de rode en de witte, en vertelde haar het visioen. 'De beelden die je zag waren een afspiegeling van de energie die daar in de aarde aanwezig is. Er lopen op Glastonbury twee leylijnen, de Marialijn en de Michaellijn. De Marialijn is de vrouwelijke lijn, en de Michaellijn de mannelijke. Sint Michael is de bewaker

van heilige plekken. Dat Sint Michael de draak doodde heeft niets met de duivel te maken; dat heeft de katholieke kerk er van gemaakt. Overal waar je Sint Michael tegenkomt als plaatsnaam, of als naam voor een kerk, weet je dat er drakenenergie in de grond zit. Het zijn de oude heilige plekken van de aarde, waar later vaak een kerk op gezet is.'

'Ooh,' zei ik. 'Ik wist niet dat de kerk ook met dit soort zaken was bezig geweest.'

'De kerk probeerde meestal de kracht van deze plekken in te dammen of te ontdoen van hun associatie met de moedergodin. Het vrouwelijke mocht geen plek hebben binnen het religieuze dogma van de kerk. Daarmee werd de verbinding tussen ons lichaam en de Moeder aarde zelf afgesneden. Vruchtbaarheid, de wijsheid van het vrouwelijke, creativiteit en de innerlijke weg naar God werden als ketterse ideeën afgedaan. Zodoende is de kennis over de aarde verloren gegaan en werd het beeld van de godin vergeten.'

'Behalve de Madonna...'

'Precies, behalve de Madonna. De mensen wilden toch de godin blijven vereren, en kozen daarvoor moeder Maria uit. De heilige godinnenplaatsen werden vaak omgedoopt tot plekken van Maria verering. Maar de kracht is nog steeds hetzelfde. Het is de godin die zich manifesteert, in samenspel met de vadergod.'

'Zijn die niet één en dezelfde dan?'

'Nee, de schepping bestaat uit twee polariteiten, het goddelijke mannelijke en het goddelijke vrouwelijke. Beiden zijn nodig om de schepping te voltooien. En momenteel zitten we in een belangrijke fase van de evolutie; een soort geboorteproces. Als de aarde gaat baren, zullen de barensweeën op krachtplekken het sterkst te voelen zijn. Dat betekent ook dat het belangrijk is dat er spirituele vroedvrouwen en -mannen aanwezig zijn op die plekken als het zover is. Het is net als een groot ei dat uitgebroed moet worden. Het ei waaruit de wereld ontstaat. De aarde is als het ware in een lange diepe slaap geweest en met haar de mensen. Het moment is aangebroken dat de aarde ontwaakt en dat we onze werkelijke bestemming gaan vinden. De draak gaat weer vliegen.'

'Betekent het dat de mensheid vernietigd zal worden?'

'Nee, niet vernietigd, maar er zullen wel grote veranderingen komen. In de meeste profetieën en geheime geschriften wordt gewag gemaakt van deze periode in de geschiedenis als de tijd van de grote omwenteling. Nostradamus spreekt tevens over de derde grote wereldoorlog en het gebruik van kernwapens in het Midden Oosten, alvorens het duizendjarig rijk van de vrede op aarde zal heersen. Dus de aarde zal wellicht niet vernietigd worden, maar we zullen wel het een en ander te verduren krijgen.'

'Dat klinkt redelijk ernstig. Mensen zullen ongetwijfeld denken dat het einde van de aarde gekomen is.'

'De angst voor vernietiging en het einde van de wereld is iets van alle tijden. Bij ieder millennium zijn mensen bang geweest dat de aarde zou ophouden te bestaan. Maar het is nog nooit gebeurd. Het is eerder een voorgevoel voor grote psychische veranderingen in de cultuur van de mensheid. We staan opnieuw voor zo'n deur in de tijd, waarin grote veranderingen plaatsvinden. Sterker nog, we zitten er al midden in. Technisch gezien zouden we de aarde inderdaad kunnen vernietigen. Het is net als bij een persoonlijke crisis: je gaat er aan onderdoor of je leert ervan en komt er beter uit. Dat is de keuze waar we nu voor staan. Het lijkt of we als mensheid aan het einde van onze puberteit gekomen zijn. Het wordt tijd dat we onze verantwoordelijkheid gaan dragen en leiderschap nemen. De tijd van ongebreidelde groei en nemen wat je nemen kan is ten einde. Het moment is aangebroken dat we gaan geven; teruggeven aan de aarde en doorgeven aan de volgende generatie. Daar ligt onze volgende stap als mensheid. We zijn aan het leren hoe we co-creators van de werkelijkheid zijn die voor ons ligt. Dat zijn we in feite altijd geweest, maar we waren ons er niet van bewust. We creëerden onze werkelijkheid zonder dat we dat in de gaten hadden. En tegelijkertijd met die nieuwe verantwoordelijkheid mogen we ons weer werkelijk laten dragen door de aarde. Ons innerlijke kind mag weer spelen in het besef dat het gedragen wordt. We hoeven niet meer bang te zijn voor de moeder, we hoeven ons er niet meer tegen af te zetten; we mogen haar liefde weer ontvangen. De eenzame ontwikkelingsweg waarin we steeds meer afstand van haar namen was een noodzakelijke fase in de evolutie van de mens. Net als een kind moet de mensheid eerst loskomen van de moeder, voor ze zich er weer mee kan verbinden. Je moet de eenzaamheid geproefd hebben om werkelijk verbinding aan te kunnen gaan, niet vanuit afhankelijkheid of vanuit behoefte, maar vanuit respect en waardering. Houd van je moeder, en houd van de aarde en respecteer haar. Heb haar lief zoals je een kind liefhebt. Verzorg haar, bemin haar en ze zal je alles geven wat je hart begeert. Door weer een kind te zijn vind je je werkelijke volwassenheid.'

'Maar tante Sophie...'

'Noem me maar geen tante meer. Gewoon Sophie. En ik weet wat je wilt vragen. Over de zevende poort.'

'Eh, ja, over dat manuscript en zo. Wat moet ik daarmee?'

'Dat weet ik ook niet. Ik wist alleen dat ik het aan jou moest geven. Dat vertelde mijn gids. Wat jouw rol in het geheel is kan ik niet overzien. Maar blijkbaar heb je iets te doen.'

'Een taak?' vroeg ik aarzelend.

'Zo zou je het kunnen zien. Zoals zoveel mensen een taak hebben in dit verhaal. Het is een collectief gebeuren. Dus verbeeld je niets. Je hebt gewoon jouw deel te doen. Niet meer en niet minder.'

'Maar hoe weet ik wat ik het doen heb? En waar is de zevende poort?'

'De poorten zijn de aarde-chakra's waar ik je over vertelde, maar het zijn tegelijkertijd de zeven poorten die in je lichaam verborgen liggen. Je zult ze een voor een moeten openen om bij de zevende poort uit te komen. Je kunt de volgende poort pas vinden als je degene daarvoor geopend hebt.'

'Maar hoe weet ik waar ik moet beginnen?'

'Je bent al begonnen. Je hebt al twee poorten bezocht; de eerste op het oude godinneneiland Kreta, en de tweede in Glastonbury, het eiland Avalon.'

'Hoe weet ik waar de volgende is?'

'Niet zoveel vragen. Luisteren. De weg openbaart zich.'

'Dat zei Zij ook.'

'Aah, dus je hoort Haar stem.'

'Ja, ik geloof het wel.'

'Mooi, ik had niet anders verwacht. Dan moet je afwachten tot ze spreekt; door gebaren, gebeurtenissen, toevalligheden, wat ook maar.'

'Maar dat is toch onbegonnen werk. Hoe kan ik nu weten dat het de stem van de godin is die me leidt en niet iets anders?'

'Sluit je ogen.'

Ik sloot mijn ogen en zag niets.

'Stel je voor dat je in bootje op een ondergrondse rivier vaart,' zei Sophie.

Ik zag het bootje en de rivier. Voordat ik het wist zag ik de monding van de rivier die in zee uitkwam.

'Waar ben je?' vroeg ze.

'Op zee,' zei ik.

'OK, kijk nu goed. Op de horizon ligt het eiland van de toekomst. Vaar er maar heen.'

Ik keek rond en zag opeens een vlekje aan de horizon. Een eiland, gelukkig, daar kom ik meer te weten over mijn toekomst, dacht ik. Maar terwijl ik dichter bij voer kwam het eiland plots in beweging en zonk kolkend in de golven naar beneden, de oceaan in. Ik deed van schrik mijn ogen open.

'Mijn eiland is verdwenen,' zei ik angstig.

'Verdwenen?'

'Het is gezonken', zei ik en plots brak het zweet me uit. Mijn toekomst. Misschien had ik wel geen toekomst. Was dit het einde...

'Sluit je ogen', gebood ze me op strenge toon, 'en kijk goed'.

Ik voer terug in mijn bootje naar het vaste land. Daar stond een oude vrouw op me te wachten. Ze keek me doordringend aan. *'Ik heb lang op je gewacht,'* zei ze. *'Laat je niet leiden door angst. Je eiland is niet gezonken. Het is weggedreven.'*

'Waarheen?' vroeg ik.

En terwijl ik de vraag stelde zag ik hoe het eiland een berg was geworden in het midden van Siberië.

'Siberië? Wat moet ik daar nou?'

'Daar ligt je toekomst,' zei de vrouw op het strand. *'De derde poort.'*

DE DERDE POORT

DE DERDE POORT IS DE POORT VAN MACHT. OOK HIER GAAT HET OM DE OVERLEVING VAN DE PERSOON, ECHTER NIET DOOR DE BEVREDIGING VAN BEHOEFTES MAAR DOOR DE UITOEFENING VAN MACHT. MACHT ROEPT VEILIGHEID OP, OMDAT MEN STERKER LIJKT DAN DE TEGENSTANDER. MAAR DE GECREËERDE DUALITEIT VAN HET ZELF EN DE ANDER IS EEN SCHIJNWERKELIJKHEID. IN ESSENTIE IS ER GEEN EEN NOCH DE ANDER MAAR IS ALLES ONDERDEEL VAN HET AL. WIE HET AL KENT, VERLIEST DE BEHOEFTE AAN MACHT EN STRIJD OMDAT EEN DIEPERE WERKELIJKHEID DE OPPERVLAKKIGE INBED. DAT NEEMT NIET WEG DAT STRIJD OF TEGENSTAND SOMS DEEL UITMAKEN VAN HET LEVENSPROCES, MAAR DE INGEWIJDE ZIET DE DIEPERE ONDERSTROMEN WAARTEGEN HET SPEL DER DUALITEIT ZICH AFSPEELT. ONDERSCHEIDINGSVERMOGEN EN EERLIJKHEID ZIJN DE SLEUTELS TOT DEZE DERDE POORT.

'Mizter Van der Kroennn?'
'Ja, dat ben ik.'
'Hello, thiz izz Alexander. Luister, wij hebben ain probleem: de vliektoik kan nait vlieken.'
'Wat bedoel je; het vliegtuig kan niet vliegen?'
'De vliektoik naar Siberië. It kan nait vlieken. Wij hebben vandaag kehoord. Dze aeroport izz kesloten.'
'Wat is er? Hebben ze geld nodig?'
'No, Ik heb hen kevraagd. It izz because of tekniesche problemo. I'm sorry. It'z nait mokelijk. But wij kunnen buzz rijden.'
'Je bedoelt dat we 800 kilometer over een grindpad door de bergen moeten rijden met een bus?'
'Yezz, daar is kain andere manier.'
Stilte. Ik dacht na. Razendsnel gingen allerlei gedachten door mijn hoofd. Wat zouden de deelnemers hiervan vinden? Wanneer vertellen we het ze? Zouden er mensen afhaken?
'Mister Van der Kroennn?'
'Ja, Ik bel je terug.' Alexander, mijn contactpersoon en gids in Rusland hing op. Ik keek verbaasd voor me uit en begon te lachen, begon te schateren van het lachen. Een vol jaar was ik samen met David bezig geweest alles in kannen en kruiken te krijgen voor deze reis naar Rusland -vele bijeenkomsten gehad, een keer naar St. Petersburg gevlogen, vele tientallen faxen, brieven, telefoontjes en gesprekken gevoerd. Tot dat moment was ik gespannen bezig geweest alle details te regelen; visa voor alle deelnemers, tickets, geld, de reisschema's en verblijfplaatsen. We hadden alles gedaan wat redelijkerwijs mogelijk was om te zorgen dat de reis goed zou verlopen. Vanaf dat moment zou de reis in de handen van de goden zijn. Van Russische goden, zo bleek. Ik moest denken aan de tweede wet van de Open Space Conferentie, die onderdeel uitmaakte van de reis: *'Alles wat gebeurt is het enige juiste dat moet gebeuren.'* Ik kon niet anders dan lachen; of het van spanning of opluchting was, weet ik niet, maar ik begreep één ding: de reis was begonnen.
Ik had de jaren ervoor mijn best gedaan een normaal bestaan op te bouwen: ik gaf workshops, was getrouwd en had een dochter, Raya, die toen acht maanden oud was.

Maria, mijn vrouw, kwam vanuit de keuken met onze dochter op haar arm aanlopen. Ze keek bezorgd - en naar ik later zou begrijpen - enigszins angstig. 'Wat is er?'
'De vliegreis gaat niet door. Het vliegveld in Siberië is gesloten. We gaan met de bus.'
'Vind je dat leuk?'
'Tja, er zit niets anders op', zei ik laconiek, niet vermoedend wat het desastreuze gevolg was van deze mededeling. Haar gezicht betrok; donkere wolken pakten boven haar hoofd samen en in een complete wolkbreuk kwam alle angst en twijfel van de voorafgaande weken eruit.
'Ik vind het helemaal niet leuk! Ik vind het een ramp. Jij wil dat ik 800 kilometer met ons kind door de bergen in een bus ga rijden. Je bent gek. Ik doe het niet. Ik doe het echt niet,' snikte ze uit.
'Je moet niets,' zei ik afgemeten, 'Je kan zelf beslissen of je mee wil gaan. Ik vind het ook OK als je niet gaat.'
'Ja, je laat mij telkens maar beslissen, maar weet je wel wat het betekent? Ik moet voor haar zorgen. Jij hangt leuk de reisleider uit en ik moet alles opknappen. Denk nou eens na. Nee, ik ga niet mee. Ik weet het nu zeker. Het is een belachelijk idee.'
Ik zweeg. Ik had mezelf beloofd niemand over te halen mee te gaan op deze reis. Desnoods zou ik alleen gaan. Maar dat Maria niet mee zou gaan was een steek in m'n hart. Ik was bang dat als ik deze ervaring niet met haar zou kunnen delen er een grote kloof tussen ons zou komen. Ik kon haar zorgen begrijpen, alleen niet zelf voelen. Daarvoor was ik teveel opgeslorpt geraakt door de organisatie van de reis. Ik besloot het op dat moment te laten voor wat het was. Soms brengt de tijd onverwachte oplossingen. Die kwam 's avonds in de vorm van David.

Die avond kwam David onverwacht langs. 'Even kijken hoe het er bij de familie Van der Kroon voorstaat.'
Hij trof mij zwijgend aan en Maria in verschillende staten van paniek, woede en verwarring. Hij luisterde, knikte, begreep en gaf Maria de aandacht en vertrouwen die ik haar niet kon geven. Ik was te partijdig en liet ze praten. David was hier goed in en ik waardeerde zijn aanwezigheid. Als Maria en ik ruzie hadden werkte een derde persoon vaak als ontspannende bemiddelaar, en David kende ons inmiddels.
'Maria,' zei hij, 'Ik denk dat het logisch is dat je dit voelt. Het zou zelfs heel vreemd zijn als je als moeder geen zorgen zou hebben voor zo'n reis.'
Hij suste de situatie en zorgde weer voor wederzijds begrip en toenadering.

'Ik ben bang', zei Maria toen we 's avonds in bed lagen. 'Ik eigenlijk ook,' zei ik.
'Zeker?'
'Ja.'
'Ik ben blij dat je dat zegt,' fluisterde Maria, 'anders heb ik het gevoel dat ik de enige ben die de zorg voor Raya draagt. Als we dat meer samen dragen, durf ik het wel aan. Als tijdens de reis de groep maar niet boven ons gaat en dat ik op de laatste plaats kom. Ik wil dat je er als eerste voor mij en Raya bent.'
Ik begreep haar en beloofde dat ik de groep niet vóór haar en Raya zou laten gaan. Maar hoe ik ook mijn best deed op de reis zelf, in de jaren daarna: ik kon mijn belofte niet waarmaken, en het fundament onder ons huwelijk begon te verzakken. Maar dat kwam later. Toen was ik vol goede moed, het avontuur lokte en Maria ging mee.

Op het vliegveld druppelden de deelnemers binnen op de plek van vertrek: de incheckbalie voor de vlucht naar Moskou. Om de kosten te drukken hadden we bij Aeroflot geboekt, waar niet iedereen onverdeeld blij mee was. De verhalen van vliegtuigen die uit de lucht vielen, slecht onderhoud en dronken piloten deden menigmaal de ronde. Ik had zelf al vaker met Aeroflot gereisd en ooit tussen veel bont, bagage en kippen van Yekaterinburg naar Moskou gevlogen. Het vliegtuig was zwaar overbeladen, de service bestond uit een glaasje vieze groenige limonade en een snauw, en ik bad de hele vlucht dat we weer heelhuids aan zouden komen. Dat gebeurde ook, en sindsdien maakte ik me minder zorgen. 'Je gaat pas als het je tijd is,' zei mijn moeder altijd.

Het was inmiddels de dertiende Open Space Conferentie die sinds de eerste keer in Ashridge College in Engeland ieder jaar in een ander land werd gehouden. De conferentie was mijn thuis geworden. De bijeenkomsten werden de ijkpunten in mijn leven. Iedere zomer keek ik terug over het voorbije jaar en maakte ik plannen voor de toekomst. Het waren weken van grote inspiratie en grote verwarring. Iedere keer kwam ik een nieuw deel van mezelf tegen en leerde ik van de andere deelnemers en het groepsproces gedurende de week. Na Engeland was de Open Space Conferentie via Zweden, Nederland, Zwitserland en Hongarije richting Rusland gereisd.
Het IJzeren Gordijn was gevallen, de Perestrojka had de oude Sovjetunie uiteindelijk uit elkaar doen splijten en de weg naar het oosten lag open. Mijn plan om naar Siberië te gaan kon eindelijk ten uitvoer worden gebracht. Het had acht jaar geduurd voordat ik het visioen van de derde poort kon volgen.

Ik had herhaalde malen geruchten gehoord over een heilige berg in de Altai en er begon een vermoeden te rijzen. Er deden verhalen de ronde dat deze berg een toegangspoort tot Shambhala was, het gouden koninkrijk. Kon deze berg de derde poort zijn? Was dit de ontbrekende schakel, de uiteindelijke verbinding tussen de twaalf andere heilige bergen? Toen de dertiende conferentie naderde nam ik het voortouw om de conferentie te organiseren en koos als locatie de Altai. Vanaf dat moment was ik bijna continu bezig om de praktische consequenties van m'n plan vorm te geven.

'Dit is zó'n idioot plan, Ton. Ik doe met je mee,' had David gezegd toen hij bij me op bezoek was. Samen zouden we de hele reis organiseren. We zouden 7000 kilometer naar het oosten moeten reizen om in de Altai aan te komen, en besloten een deel per Trans-Siberië Express te doen. Het eerste deel naar Moskou reisden we per vliegtuig, vervolgens zaten we drie dagen in de trein, daarna twee dagen in de busjes, en na het congres nog eens drie dagen te voet om bij de heilige berg, de Belucha, aan te komen.

David en ik waren in contact gekomen met een reisbureau in St. Petersburg dat ons hielp om het Russische gedeelte van de reis voor te bereiden. En hoewel we een keer op bezoek waren geweest in St. Petersburg om alles door te spreken, waren we nog nooit op de plek van bestemming geweest: de Altai. We zouden reisleiders worden met bestemming onbekend. 'Het is het Onbekende dat onze bestemming bepaalt' las ik vlak voor het vertrek. Reisleider zijn zonder de bestemming te weten: 'Is dat niet wat leiderschap betekent in deze tijd van veranderingen,' vroeg ik me af. Niemand weet precies waar we naar toe gaan. Het enige wat we hebben is een glimp van de toekomst, een visioen van wat er mogelijk zou kunnen gebeuren, maar de precieze gang van zaken blijft een ondoorgrondelijk mysterie. De essentie van leiderschap is te vertrouwen op je innerlijke kompas - je intuïtie of je Hogere Zelf, dat een bepaalde richting aangeeft - en daar naar te handelen.

Ik wist nog niet dat deze reis één grote les in leiderschap voor mij zou worden...

'All passengers for Moscow boarding now.' Ik voelde in mijn zak 23.000 gulden zitten. Reischeques of bankpasjes werkten niet in Rusland, dus had ik het grootste deel cash meegenomen.

We hadden besloten de groep deelnemers pas in Moskou in te lichten over de tweedaagse busreis in plaats van het vliegtuig. Dan pas zou de hele groep westerse deelnemers compleet zijn. Terwijl ik de douane doorging begon langzaam het reisleiderschap zich in me te ontwikkelen. Koppen tellen, 1, 2, 3, 4, ... Was iedereen er? Ja? O.K. Ik ontwikkelde een zesde zintuig om te weten of iedereen er was. Als een schaapshond rende ik om de kudde heen, vaak met m'n dochter op de arm. Ik voelde me zeer verantwoordelijk voor iedereen, want hoewel alle deelnemers op eigen verantwoordelijkheid meegingen, had ik als initiatiefnemer van deze onderneming toch het gevoel dat ik ze door de gevaren van het onbekende Rusland moest loodsen. En wat dat inhield wist niemand. De reis lag voor ons en de meesten waren in afwachting van een boeiende tocht door het onbekende Rusland.

Terwijl het Aeroflot vliegtuig opsteeg, deed ik een schietgebedje. '*God, help mij om deze reis tot een goed einde te brengen.*' Ik voelde een instemmend knikje van boven, en zag onder mij de startbaan verdwijnen in het niet. Nederland werd steeds kleiner en met een bocht draaiden we over de zee heen als een laatste afscheid. Op onze reis van 7000 kilometer naar het oosten zouden we geen enkele zee meer tegenkomen, louter land, bergen en toendra's. Voor het eerst werd ik me er echt van bewust dat Nederland aan de zee ligt, iets wat tot dan zo vanzelfsprekend was. Nu zag ik dat Nederland niets anders was dan een reepje strand en duinen aan de uiterste westkant van een enorm groot continent, dat zich uitstrekte van Amsterdam tot aan Vladiwostok, 14.000 kilometer oostelijker.

Precies op de helft, in het middelpunt van dit werelddeel bevond zich de berg waar onze reis naar toe ging: de Belucha. Als een troon lag hij daar, leeg en verlaten in het Altaigebergte, een plek op aarde waar nog maar weinigen van hadden gehoord. Slechts een enkeling kende de naam als uit een ver vervlogen verleden, uit een tijd van mythen, sagen en reuzen. De naam riep herinneringen op van oude legenden, verdwenen volken en mensen die meer dan 120 jaar oud werden. Sommigen verhalen vertelden over Siberische sjamanen die hun toevluchtsoord hadden gezocht in het onherbergzame Altai gebergte ten tijde van de onderdrukking van de Tsaren en later het Communisme. Daar leefden ze nu in stilte om de oude kennis te bewaren en weer naar buiten te treden als de tijd rijp was.

Ik keek uit het vliegtuigraampje naar beneden. Diep onder me lag Berlijn, en ik besefte me wat ooit een onoverkomelijke hindernis was geweest tussen Oost en West, was nu niet meer dan een streepje in het land. Een grens die langzaamaan tot de geschiedenis zou gaan horen. De wereld was aan het veranderen.

Moskou was de eerste grote stop op onze reis. Ik had wat sombere voorgevoelens over Moskou als doorgangsstad op onze reis, en die zouden spoedig bewaarheid worden.

Toen we voor de Russische douane stonden zag ik aan de andere kant van de controle een kleine tanige man staan met blonde krullen. Het was Alexander, de Russische gids op onze reis. Hij zou een goede kameraad worden en deelgenoot van de momenten dat het reisleiderschap me te zwaar woog.

De rij schoof traag langs de controlehokjes en ieder paspoort werd uitgebreid bekeken, de foto's vergeleken met de eigenaar, vervolgens nog eens bekeken, om uiteindelijk een stempel te krijgen. Vriendelijk lachen had hier niet het gewenste effect. Een koude en harde blik was het antwoord.

Plotseling stonden we in de donkere hal van het vliegveld met de geur van een ondergronds metrostation. Een zware lucht die koud en steenachtig is, en een groot gevoel van eenzaamheid en somberheid opriep. Het is de geur van het niets, van verlatenheid en leegte. Enkele felgekleurde reclameborden wezen ons op de oprukkende westerse wereld, die met zijn neongezelligheid probeerde door te dringen in de somberheid van Rusland. Beiden voelden leeg aan; de één in zijn plastic vrolijkheid, de ander in zijn stenen somberheid.

Alexander ving ons met gedempte hartelijkheid en bezorgdheid op en bevestigde ons vermoeden dat we ons beter niet al te enthousiast konden gedragen. Rusland was geen plek voor schoolreisjes.

Hij bracht ons naar het hotel dat iets buiten het centrum van Moskou lag en leek op één van de vele flatgebouwen die in alle buitenwijken rondom Russische steden staan. Het was een goedkoop hotel en dat bleek. Ook hier dezelfde kille geur van steen en verlatenheid. De lege atmosfeer werd doorbroken door de vettige geur van gebraden worst, koolsalade en bier, en iedereen haastte zich naar het gezellige en donker ingerichte restaurant op de eerste etage. We hadden, na lang puzzelen met hotelsleutels, bagage, keuzes van kamergenoten en een lift waar maximaal drie mensen in konden, onze intrek genomen in het hotel. Vervolgens voegde ik me bij David en Alexander, die inmiddels druk met zakelijke besprekingen bezig waren. We gaven Alexander een deel van het geld en bespraken het verdere verloop van de reis. Tussendoor namen we als avondmaal een hap worst, die leek op gebraden boterhamworst uit blik. Na ons 'zakendiner' spraken we de groep toe. We heetten iedereen welkom, bespraken wat praktische gegevens en vertelden de situatie van het vliegtuig, de Yak 40, dat om technische redenen niet kon vliegen. In plaats daarvan zouden we de bus nemen, wat twee dagen rijden heen en twee dagen rijden terug zou betekenen. De reacties waren instemmend en sommige deelnemers waren zelfs opgelucht. Blijkbaar had het idee van een vliegtocht door de bergen in een oud Aeroflot vliegtuig met de naam Yak 40 niet zo veel vertrouwen opgeroepen. De nieuwe situatie bracht alleen qua tijd problemen met zich mee. We zouden twee dagen moeten opofferen, hetzij van de conferentie, hetzij van de wandeltocht daarna naar de berg.

Die avond lag die keus nog ver weg en we genoten van het avontuur waarin we ons gestort hadden, van de contacten met oude bekenden en de ontmoetingen met nieuwe gezichten.

De volgende dag was er tijd om de stad te bezichtigen, dollars te wisselen en inkopen te doen voor de treinreis. Het was miezerig weer en Moskou lag er vies en verlaten bij.

De dag was kort, want om tien over vier zou de trein vertrekken vanuit een station in het oosten van Moskou. Daarvóór moest iedereen weer terug zijn uit de stad, gegeten hebben en de bagage klaar hebben voor het vertrek. David kwam me bij de ingang van het hotel tegemoet.

'Ton, ik moet je even spreken. Er is geen bus.'

'In de Altai?' vroeg ik.

'Nee, hier. Ze hebben geen bus geregeld. Ze dachten dat we met het openbaar vervoer naar het station zouden gaan.'

Ik keek hem ongelovig aan: 'Een groep van 35 mensen met bagage in de metro en bus? Dat bestaat niet.'

'Toch wel,' antwoordde hij, 'Ze zijn nu druk bezig om in ieder geval iets te regelen voor de bagage, maar wij zullen met het openbaar vervoer moeten. Er is een gids die ons door de stad zal leiden.'

Mijn angstige voorgevoel werd sterker.

'O.K., zorg dat iedereen zo snel mogelijk klaar is. Laat ze de bagage hier beneden alvast klaar zetten, dan kunnen we het inladen zodra er een busje is.'

Ik at wat, pakte onze eigen spullen bij elkaar en haastte me weer naar beneden. Daar was inmiddels een klein busje gearriveerd en David en enkele anderen waren aan het inladen. Het was pakken en stouwen want de hoeveelheid bagage was gigantisch. Iedereen had een maximum van 20 kilo aan bagage in het vliegtuig mee mogen nemen en iedereen had dat ook gedaan. We besloten om alleen de zware bepakking in het busje te stoppen, en kleinere tassen aan de hand mee te nemen. Alexander reed met het busje mee om de weg te wijzen naar het station en om op de spullen te letten. Toen het busje tot de nok toe gevuld was kwam onze stadsgids aanzetten: een magere man met een imposante zwarte baard die drie woorden Engels sprak. Alexander en de gids maakten afspraken over waar ze elkaar zouden treffen op het station en het busje vertrok. Het was geen prettig idee om de bagage en de deelnemers gescheiden te hebben, maar het kon niet anders. We namen afscheid van het hotel en de stoet zette zich in beweging onder aanvoering van onze Russische gids. Ik hield

48

mijn wandelstok omhoog zodat iedereen kon zien waar we heen gingen. Onze eerste stop was de tramhalte.

'Vreemd,' zei David, 'ik dacht toch dat we met de metro naar het station zouden gaan.'

De tram liet erg lang op zich wachten, en net toen ik me ongerust begon te maken, kwam hij eraan. Hij reed drie of vier haltes en stopte vervolgens. We hadden het eindpunt van de lijn bereikt. 'No problem,' zei de gids en wees naar het einde van de straat, 'There's metro.'

Drie straten verder vonden we de ingang van de metro en daalden af in de catacomben van Moskou. Het was een kunst om niemand te verliezen in dit gangenstelsel en ik hield mijn wandelstok nog iets hoger. Na enkele haltes stapten we uit en kwamen in een station uit. 'No, no, next station,' gebaarde de gids en zo togen we met de hele horde het station uit, straat in, plein over om een volgende metro te nemen. 'No problem,' lachte de gids me toe. Deze man begon behoorlijk op mijn zenuwen te werken. Zijn laconieke houding stond in geen verhouding tot de tijdsdruk die inmiddels was ontstaan. Ik kreeg het gevoel dat deze slome Rus gewend was aan rondleidingen door een museum, maar nog nooit 35 mensen door een stad had geloodst.

Inmiddels was het kwart voor vier, het begon te regenen en het station was in geen velden of wegen te bekennen. Toen we uiteindelijk om drie voor vier op het station aankwamen, regende het pijpenstelen. Onze gids leidde ons naar de zijkant van het station waar het busje met de bagage zou staan en keek mij na enige ogenblikken vragend aan: 'Thizz izz dze place.'

'Yes?' vroeg ik.

'There'zz no buzz,' antwoordde hij.

Geen bus. Ik keek naar David. David keek naar mij. Wat te doen? De tijd tikte door. Alsof alles om me heen plotseling vertraagde kwam ik in actie. Gedachten flitsten door mijn hoofd. Als ik de reis af ging laten hangen van deze baardman zouden we de rest van de drie weken in Moskou door brengen. Razendsnel begon ik te denken en te handelen. Ik gaf iedereen de opdracht te blijven waar ze waren en ik gaf de Russische baardman een duw.

'No problem, no problem,' probeerde hij nog.

'Oh yes, we dó have a problem,' en ik duwde hem nog een keer om hem aan het rennen te krijgen. Samen renden we door de regen langs het station om het busje te zoeken, maar waar we ook keken: er was geen bus. We renden terug naar de groep, die onder een afdakje was gaan staan tegen de alsmaar harder wordende regen. David was stil.

'Let's go to the train,' riep ik en nam het voortouw om ons door de menigte op het station naar de trein te wringen. De rest volgde. Ik redeneerde: ik had twee problemen: de mensen en de bagage. Als ik één van beide alvast bij de trein had, was er één probleem minder. Dat dit erg onlogisch was kon ik op dat moment niet bedenken. Ik handelde volledig vanuit instinct, iedere zenuw in mij gespannen en tegelijkertijd met een onverzettelijke wil, of was het vertrouwen, dat het moest lukken.

Maar eenmaal bij de trein aangekomen - het was inmiddels vijf over vier, en nog vijf minuten te gaan - was het probleem van de bagage nog niet opgelost.

'O.K., the women stay here and try to hold the train. The men will go and search for the luggage.' Ik daalde steeds verder af tot een soort primair instinct. Nog nooit had ik op deze manier bevelen gegeven. Ik was als een legeraanvoerder die zijn manschappen commandeerde en het gekke was dat iedereen volgde. Eén moment stond ik stil en keek omhoog. 'God, nu weet ik het niet meer,' bad ik, 'Alstublieft, help me.'

Op dat moment werd ik ruw aan m'n mouw getrokken.

'Ton!' hoorde ik iemand schreeuwen. Het was Alexander die me verwoed aankeek. 'The luggage!' De menigte week uiteen en daar kwamen drie perronwagens met bagage het perron op rijden.

'Waar was je?' riep hij boos uit. Nadat hij tevergeefs op ons had staan wachten op een andere plek dan onze gids had gedacht, had hij drie dragers met honderd dollar zover weten te krijgen om de bagage naar de trein te brengen.

'Make a line, make a line,' riep ik en zo werd de bagage van hand tot hand in de treinwagon gekieperd. Er was nog één minuut te gaan. Toen de laatste rugzak binnen lag en iedereen in de trein stond, blies de treinconducteur op zijn fluit. Ik sprong in de deuropening. De trein was vertrokken.

Ik was blij dat we Moskou hadden verlaten. Ternauwernood waren we het web van deze hoofdstad ontvlucht. De eerste grote hindernis was genomen. In de trein werd nog lang nagepraat over de wonderlijke gebeurtenissen van het vertrek. Later vroeg ik me af hoe het toch kon dat zo'n hannes van een gids nu juist op mijn pad terecht was gekomen. In meditatie zag ik opeens zijn lachende gezicht voor me: '*It was my role to do this*,' sprak hij opeens in vloeiend Engels, '*to give you the opportunity to take leadership. Without me you wouldn't have taken charge of the situation.*' Ik moest glimlachen. Het leven had wonderlijke manieren om je de lessen voor te schotelen die je te leren had. Deze zou ik niet licht vergeten.

Ieder had inmiddels z'n coupé gevonden en met z'n vijfendertigen hadden we precies een hele wagon voor onszelf.

Met een traag tempo reed de trein de laatste buitenwijken van Moskou uit. De zeventig uur durende tocht naar Siberië kon beginnen. De stad lag achter ons als een kwade, donkere spin, teleurgesteld dat het z'n prooi was misgelopen.
De trein sjokte voort en langzaam ontvouwde het Russische land zich voor ons aangezicht. Het eindeloze grote moederland met trage, brede rivieren, kleine houten dorpjes met tuintjes er omheen, heuvellandschappen met bomen en eindeloze rijen berken en sparren.
Hier en daar stonden nog de roestige overblijfselen van grote betonnen bouwwerken, zonder enige fijngevoeligheid of liefde neergepoot in het groene landschap. Maar de natuur haalde langzaam de tijdgeest weer in en won stukje bij beetje aan terrein. Er verschenen plantjes tussen de kieren van de stenen, waardoor de eens zo machtige gebouwen uit de communistische tijd ontdaan werden van hun voorname uiterlijk en als mistroostige clowns hun verlies toe moesten geven.

Ik genoot van de treinreis. Je wordt gedwongen niets te doen. Af en toe werd een praatje gemaakt op de gang, haalden we een kopje thee of koffie bij onze wagondame of brachten we een bezoek aan één van de andere coupés. De tijd verstreek even traag als het landschap achter ons coupéraampje. De reis werd op gezette tijden onderbroken door een stop op één van de stationnetjes. In het anders zo rustige ritme van het leven in de trein kwam dan plotseling beweging. Schoenen werden aangetrokken, tassen tevoorschijn gehaald en iedereen toog naar buiten om te zien wat er te koop was op het perron. Drie worteltjes, twee tomaatjes, een flesje kefir, gebakken koekjes, gepofte aardappels, bittere komkommers of zwarte bessen; van alles kwam tevoorschijn uit de afgedichte manden die de plattelandsvrouwen bij zich hadden. Het was een drukte van jewelste en het verbaasde me dat ongeacht de piepkleine hoeveelheid koopwaar die ze aanboden, er altijd genoeg was. Dat was één van de geheimen van het Russische volk: hoe slecht het ook ging, eten was er altijd. Met creativiteit en gemeenschapsgevoel creëerden ze altijd weer een maaltijd waar je je meer dan vol aan at. De koffer met eten die ik op mijn eerste reis uit voorzorg had meegenomen bleek schromelijk overdreven. Tegen zoveel improvisatietalent en creatieve rijkdom in het dagelijks leven stak onze westerse consumptiemaatschappij enigszins armoedig af. Wij hebben alles, maar tegelijkertijd zijn we zoveel verloren.
Na drie dagen van steppes en berken kwam het eindpunt van de treinreis in zicht. Aan de andere kant van een enorme brug lag Barnaul, de stad vanwaar we de laatste 800 kilometer moesten afleggen. Het was vroeg in de ochtend en iedereen keek gespannen uit naar wat ging komen. Er was nog geen berg te

zien, dus blijkbaar zaten we nog niet in de buurt van de Altai. Het was zonnig weer en de lucht was helder.

Op het grote open plein voor het station wachtten twee minibusjes die ons naar Tyungur zou brengen, het dorpje waar onze conferentie zou plaatsvinden. Na het ontbijt van gebraden worst, koolsalade en brood in een wat donker restaurant ging de reis weer verder. We verlieten de stad en begaven ons op weg naar de Altai. De weg was recht, maar zat vol met kuilen en gaten, waardoor de busjes al zigzaggend en hobbelend vooruit kwam. Het was warm en benauwd en aanzienlijk minder comfortabel dan de trein. Op de weg reed een allegaartje van Trabantjes, busjes en een soort vierkante vrachtwagentjes op hoge, zware wielen.

De reis was lang en tegen het vallen van de avond bereikten we een oud sporthotel dat bovenop een pas lag. Na wat heen-en-weer gepraat tussen Alexander en de Russen in het hotel kon iedereen z'n kamer veroveren en kiezen met wie hij wel of niet wilde slapen. Inmiddels leerde iedereen elkaar al goed kennen, en de eerste wederzijdse vriendschappen en aversies waren beklonken. Het hotel was onverwacht luxe, en deed het afzien in de warme busjes van de hele dag enigszins vergeten. Het diner bestond uit de inmiddels bekende gebraden worstjes en koolsalade en iedereen zocht vroeg zijn bed op. De eerste 400 kilometer per bus lagen achter ons.

De volgende dag begon vroeg. We hadden een eind te gaan en de weg zou steeds moeilijker en bochtiger worden. De bagage werd weer ingeladen en na een sober ontbijt nam iedereen zijn plek weer in op de bankjes in de busjes. David deelde wat worst rond en al snel werd over en weer eten uitgewisseld en gedeeld. De sfeer kon niet meer stuk. 's Avonds zouden we uiteindelijk ons kamp bereiken. Maar al snel bleek dat we te vroeg gejuicht hadden. Iets na de koffiepauze begon onze bus een vreemd ratelend geluid te maken en vijf minuten later stonden we stil op de weg. Het witte busje haalde ons in en onze Russische chauffeur gaf een signaal aan zijn collega om te stoppen. Na enkele minuten lagen ze onder de bus om het euvel te bekijken. Sommigen waren inmiddels uitgestapt en stonden naast de bus. De benzine was op. Met een emmertje, een slang en een trechter werd wat benzine van de ene bus in de andere overgegoten. Maar de stemming van de buschauffeurs leek er niet beter op te worden. Alexander verklaarde wat er gaande was.

'There's not enough petrol for both busses. They hope to make it to Ust Koksa, but they will have to drive slower.' Ust Koksa was het volgende stadje, en tevens de plaats waar de Yak 40 had moeten landen als we met het vliegtuig waren gekomen. Na enkele uren bereikten we Ust Koksa. Het was inmiddels laat in de middag en iedereen was hongerig en nieuwsgierig naar het kamp, dat nog ongeveer 60 kilometer verderop was. De busjes draaiden een terreintje op waar enkele oude benzinepompen stonden. Er was echter niemand te zien. Na enig zoeken kwam één van de chauffeurs terug met slecht nieuws. Doordat het oogsttijd was en alle machines in gebruik waren, was er in de wijde omtrek geen benzine meer te krijgen. We zouden die avond niet meer verder kunnen. Nog 60 kilometer van ons doel af en vastlopen, dat bestond niet. Ik overlegde met David, die vermoeid en zorgelijk keek, en net als de rest was hij aan het eind van zijn latijn.

'Weet je wat,' zei ik, 'Laten we eerst wat gaan eten. Iedereen heeft honger en met een gevulde buik ziet alles er weer anders uit.'

Ik had één van mijn optimistische buien en vermoedde dat erop de een of andere manier een oplossing zou komen. Maar soms moet je eerst eten. De busjes zetten ons af op het plaatselijke pleintje waar een simpel restaurant was. Iedereen begaf zich naar binnen en bestelde wat te eten van het plaatselijke menu. De chauffeurs en Alexander waren in de tussentijd verdwenen met de busjes en het was onduidelijk wat er ging gebeuren. Iedereen hing wat rond in of om het restaurant en de sfeer werd er niet beter op. Ik zat aan tafel nog wat na te kletsen en knikte naar een van de Altaise mannen die aan het volgende tafeltje zaten. Ze knikten terug en vroegen nieuwsgierig: 'American?'

'No, Holland,' antwoordde ik.

'Oooh Holland!!!' riepen ze uit, 'Marco van Basten. Koeman.' Ik knikte enthousiast. Ik was geen voetbalfan, maar vond het geweldig dat we zo aansluiting vonden.

'Come, come,' wenkten ze en boden me een wodka aan. Ik schoof aan en een typisch gesprek van mensen die elkaar niet kunnen verstaan begon zich te ontwikkelen. Handen en voeten en losse woorden vormden het enige houvast. Het bleken cowboys te zijn die de paarden bij elkaar dreven, die daar in kuddes in het wild leefden. David had zich inmiddels bij het gezelschap gevoegd en deed vrolijk mee met het geïmproviseerde gesprek. Ze vroegen wat we gingen doen en ik maakte het gebaar van een berg. 'Belucha,' zei ik.

'Aaahh, Belucha, aaaahhh,' en ze keken ons veelbetekenend aan. Toen ging me opeens een licht op.

'No petrol,' zei ik en schudde wanhopig met m'n handen. 'Bus no petrol!' en ik wees naar buiten waar de bus had gestaan. David viel me bij: 'Petrol, benzin!' en deed het geluid van een auto na. De drie cowboys keken elkaar vragend aan en begonnen toen gelijktijdig in het Altais te praten, totdat eentje zich tot ons wendde: 'No problem. Here, drink,' en we kregen nog een rondje wodka aangeboden. We probeerden nogmaals het onderwerp van de benzine aan te snijden, maar de discussie leek gesloten. Het was tijd om te drinken. Ik wist niet waar dit toe leidde, maar de drank had me inmiddels beneveld en het kon me niet zo heel veel meer schelen. Eén van de cowboys was inmiddels vertrokken en na nog enkele rondjes hoorden we buiten opeens toeteren.

'Come, come,' gebaarden ze en we liepen naar buiten. Daar stond één van de cowboys met een zwarte auto en de twee busjes in colonne erachter. Alexander kwam naar me toe gelopen.

'They have given us petrol and we don't even have to pay. Do you know these people?'

Ik had geen tijd om antwoord te geven want ik werd meegetrokken aan mijn arm naar de zwarte auto. Ik had mijn dochter op de arm genomen en werd uitgenodigd in de auto te gaan zitten. Ik nam plaats op de bestuurdersstoel met Raya op m'n schoot en de deur ging dicht. De twee andere cowboys sloten zich met breed lachende gezichten bij ons aan en vanaf de achterbank werd een fles wodka geopend. 'Come, drink.'

Onze ontmoeting en het feit dat ze ons hadden kunnen helpen moest gevierd worden. Ik dronk maar door, en vond alles best, als we maar naar het kamp konden, al moest ik daarvoor een hele fles wodka leeg drinken. Maria was inmiddels uit het restaurant gekomen en zag ons tot haar schrik in de onbekende zwarte auto zitten. Ze kwam snel naar me toe en nam Raya over. 'Het is OK,' zei ik, 'Dit zijn vrienden,' en we toasten nog eens op onze nieuwe vriendschap. 'Come to our camp,' zei ik, 'We make a party.'

'Yes, yes,' zeiden ze en lachten weer.

David gebaarde naar me vanuit de bus.

'We have to go,' zei ik, 'Doswidanja.'

'Goodbye,' antwoordden de mannen en met enige moeite kwam ik overeind en wandelde zo rechtop mogelijk naar de bus. Ik voelde me een held. Wie had dit kunnen denken. We hadden benzine. Ze toeterden als teken van afscheid en de laatste etappe naar het kamp was begonnen.

De aankomst in het kamp was minder heroïsch. De busjes stopten in Tyungur, het laatste dorpje aan de weg. Hier hield de wereld op. De weg ging niet verder want overal om ons heen rezen de bergen op. Tyungur was een klein dorpje aan de rivier met houten huisjes, kippen, biggen en paarden. Enkele kinderen keken ons met verbazing aan. De busjes stopten voor een enorme hangbrug, die over de brede en snelstromende rivier was gespannen.

'We can't go further. The camp is on the other side,' legde Alexander uit. De busjes werden uitgeladen en de schemering had zich al ingezet toen we vermoeid de laatste stappen richting het kamp maakten. De brug zag er verre

van betrouwbaar uit met z'n losse planken, geïmproviseerde metalen draden en roestige balken. Er waren geen leuningen en ook zonder hoogtevrees te hebben was dit een beangstigende onderneming. Het was de laatste hindernis naar het kamp. Ik ging als laatste de brug over en zag hoe achter mij de busjes weer vertrokken. Toen ik het kamp binnenwandelde kwamen mopperende geluiden me tegemoet. David was druk in gesprek met Alexander.
'Is this the conferenceroom?' riep hij, wijzend naar een half afgebouwde blokhut. David had moeite zijn tranen in bedwang te houden. Twee dagen busreis waren zelfs hem teveel geworden.
De anderen waren inmiddels druk op zoek naar een geschikte tent en weldra had eenieder zijn plek gevonden.
De kokkin van het kamp had op ons gerekend en een lekker maal klaar gemaakt. We besloten de opening van de conferentie die voor die avond gepland stond te vergeten, en spraken nog dingen door voor de volgende dag. Het belangrijkste was gelukt: we waren er.

Het middelpunt van de bedrijvigheid in het kamp vormde de keuken, met de houten veranda. De kokkin werkte hier met haar twee jonge blonde dochters de ganse dag. Ontbijt, lunch en avondeten, het was een doorgaande bezigheid van koken, afwassen, tafels dekken en eten klaarzetten. Menigeen zocht na een workshop de rust op van de veranda, om een kop koffie te nemen, een gesprek aan te gaan met een andere toevallige passant of rustig wat voor zich uit te mijmeren. Nederland was ver, ver weg en allengs kenden we niet anders dan het leven in het zonnige en groene tentenkamp.
De rivier was de levende ader van het hele dal en tevens van de gehele Altai. Het water was brandschoon en werd gebruikt als drinkwater. Dagelijks bracht iedereen een kort of lang bezoek aan de kiezelstenen oever om zich te wassen, te zwemmen of te kletsen. Aan de overkant van het water lag een klein dorp, als een lang aaneengeregen lint van houten huizen, waartussen de paarden en varkens hun eten zochten. Dit was het leven van een ander tijdperk. Er was niets anders dan lucht, water, bergen en de noodzaak om te eten en het leven te leven. Ieder moment was anders en toch was alles hier al eeuwen hetzelfde, net zoals de rivier continu veranderde en toch eeuwig hetzelfde bleef. Hier waren geen toekomstplannen of beleidsvisies, geen industrie of computertechnologie. Alles was eenvoudig en alles werkte, althans zo leek het vanaf de overkant van de rivier. Ook hier zou wellicht in de toekomst industrie of anders het toerisme zijn intrede doen en zou de eeuwige rust en cirkelgang van de natuur plaats moeten maken voor de gehaastheid van de mens. Hopelijk zou het nooit zover komen en zouden we op tijd inzien dat er geen leven zonder natuur bestaat.

Vreemd, bedacht ik me, dat we natuur altijd als iets buiten onszelf zien, niet beseffend dat wij er zelf ook deel van uitmaken. Zo bezien leken alle plannen ter voorkoming van het uitsterven ven bossen en dieren een voorloper van de zorg voor onze eigen overleving.
'Als de laatste boom geveld is en de laatste vis gestorven, zal de blanke beseffen dat hij geld niet kan eten,' had ooit een Indiaans opperhoofd gezegd. Hier in de Altai leek het hele probleem niet te bestaan. Vooralsnog was alles hier vredig en in harmonie en het was prettig om te weten dat er nog zulke plekken op aarde bestonden.

De dag naderde dat de conferentie ten einde liep en we ons op gingen maken voor de expeditie naar de berg. Op de ochtend van vertrek lag er voor de conferentieblokhut een grote berg van slaapzakken, rugzakken, kookmateriaal en eten. De paarden waren gearriveerd en stonden rustig te grazen, maar de hoofdman van de ruiters keek ontevreden. Er was veel te veel bagage voor negen paarden. Iedereen moest minstens de helft zelf dragen. Alexander legde uit wat er gaande was en na enig protest - in de folder had gestaan dat de bagage per paard zou worden vervoerd - werden de rugzakken heringedeeld. Ik besloot een extra slaapzak mee te nemen als reserve voor het geval het koud zou worden in de bergen. Ik nam afscheid van Maria en Raya die met een aantal anderen in het basiskamp zouden achterblijven.
'Jullie liever dan ik,' zei Maria. 'Het is hier heerlijk maar ik hoef niet naar de berg.' Ik gaf ze beiden een zoen en vertrok voor de laatste etappe van de reis.

Het bos was mooi en groen en iedereen zocht zijn eigen wandelritme. Sommigen liepen zwijgend, anderen praatten of spraken na over de workshops die ze gevolgd hadden. De klim omhoog was lang en voor de eerste dag zeer vermoeiend. Aan het stijgen leek geen einde te komen en diegenen met een slechte conditie hesen zich puffend en zwetend naar boven.
Bovenaan de pas hielden we een korte rustpauze. De kokkinnen hadden chocoladesnoepjes voor iedereen klaargelegd en iedereen genoot van het uitzicht. Vanaf onze rustplaats was het hele dal van de rivier te zien. De weg naar beneden leek in eerste instantie een stuk gemakkelijker te gaan, totdat de spanning op pezen en knieën hun tol gingen eisen. Iedere stap omlaag werd zwaarder en moeilijker. Het was licht gaan regenen, wat de afdaling nog gladder maakte. Als het reisgezelschap uit de boeken van Tolkien liepen we achter elkaar aan met regencapes om ons heen.
Onderin het dal zette het pad zich stroomopwaarts voort. De rivier hoorden we aan onze linkerkant stromen, maar was door de bomen niet te zien.

Na een lange dagmars bereikten we in de middag kamp 1 op onze tocht. Rondom een paar bomen was een aantrekkelijk gebied waar we de nacht zouden doorbrengen. Iedereen had honger en keek met verlangen uit naar de komst van de paarden. Maar na enkele uren wachten waren er nog steeds geen paarden gezien. De stemming daalde tot onder het nulpunt. Wat als er iets was gebeurd? Wat als de paarden niet kwamen of niet over de pas heen konden? We hadden geen eten, geen tenten en geen slaapzakken. Sommigen mopperden dat we beter zelf eten mee hadden kunnen nemen. Anderen probeerden zich niet uit het veld te laten slaan en rustig af te wachten, maar de honger eiste bij iedereen zijn tol. Marius, de zoon van een Duitse deelneemster, was inmiddels stilletjes vertrokken en toen hij rennend terugkwam en met veel gejuich de komst van de paarden aankondigde, was hij de held van het kamp. Binnen een mum van tijd hadden de kokkinnen een vuur gaande en hingen de eerste pannen boven het houtvuur te pruttelen. Om hen heen was een uitstalling van etenswaar, borden, plastic tassen, bekers en bestek.

De tweede dag was de langste dag qua afstand. Het pad liep door de bossen en steeg heel geleidelijk. We volgden de rivier aan onze linkerhand en hoewel we de hele dag het bruisen van de rivier hoorden, zagen we haar geen enkele keer. Ze lag diep verscholen in het steeds smaller wordende dal. Het pad was nat en modderig, waardoor iedere stap met zorg werd gezet op de graspollen of stenen aan de rand van het pad. Maar desondanks kon niet voorkomen worden dat we af en toe tot onze enkels wegzakten in de modder. Uiteindelijk maakte het geen verschil meer of we over de randen liepen of dwars door de modder. Het duurde lang voordat we eindelijk de plek voor de lunchpauze hadden bereikt. De paarden stonden al te grazen en hun vachten dampten van de inspanning. Tussen de bomen en de rotsen hadden de kokkinnen een vuurtje gemaakt en de kleine lunch van soep, brood en chocoladesnoepjes ging er gretig in. Sommigen waren volledig uitgeteld. De kokkinnen zaten erbij alsof er niets aan de hand was. Op hun plastic laarzen renden ze de hele dag als hinden over het pad en leken geen enkele moeite te hebben met de wandeltocht. Ze lachten en waren een belangrijke steun voor de hele groep.
De dag eindigde met een hoogte-en een dieptepunt. Het hoogtepunt was dat we voor het eerst de top van de Belucha zagen liggen, glinsterend in de avondzon. Hij was helder zichtbaar en had een magisch effect op iedereen. De Belucha: het eindpunt en de inspiratiebron van onze reis. De moeheid was een kort moment verdwenen en iedereen zette zich neer op de rotsen om te genieten van deze mooie aanblik.

Kamp 2 vormde echter het dieptepunt van de dag. Op een smalle strook tussen de oorverdovende rivier, die zich inmiddels had getoond, en de rotswand bevonden zich enkele stukjes vlak terrein waarop we de tentjes moesten zetten. Dit keer leek de verdeling van de tenten op een ware razzia. Een van de deelneemsters deed nog een poging enige orde bij het uitdelen te creëren, maar voor ze het wist werden tenten en slaapzakken weggegrist. Er bleef niet veel voor haar over en enkele minuten later zag ik haar huilend door het kamp lopen. Alexander ving haar op en bood haar zijn eigen tentje aan.

Van enige spirituele of sociale beginselen was geen spoor meer te bekennen. Hoe dichter we bij de berg kwamen, hoe meer ieders dierlijke en primitieve kant naar boven kwam.

'Gek,' zei David, 'dat spiritualiteit heel eenvoudig is als je in een duur cursuscentrum zit, maar o zo moeilijk als er niet genoeg eten is of slaapzakken zijn. Ik begin nu te begrijpen hoe oorlogen ontstaan.'

Die avond hielden we een grote vergadering rondom het vuur over de mogelijkheden en risico's van de laatste etappe. Tijdens de wandeling was het duidelijk geworden dat niet iedereen de laatste etappe zou kunnen afleggen naar de voet van de berg, doordat we minder dagen hadden. Alleen de snelle en geoefende lopers zouden de terugtocht van twee etappes op één dag kunnen maken. Dat betekende dat de groep zich de volgende dag zou splitsen en dat er een redelijk groot aantal mensen achter zou blijven in kamp 2. Ieder moest zelf z'n keus maken of-ie mee wilde gaan of niet, maar het gesprek ontaardde in totale chaos omdat het gebulder van de rivier iedere communicatie onmogelijk maakte. Van de achterblijvers wilden sommigen direct 's morgens terug naar het andere kamp, anderen wilden blijven, enkelen twijfelden of ze toch nog mee zouden gaan naar de berg. Ook de ontevredenheid over het te weinig aantal slaapzakken, de vlooienfamilies die daarin huisden, de slechte tenten, en andere klachten en problemen werden geuit waarbij de emoties hoog opliepen. Ik keek het proces met lede ogen aan en zocht na afloop Alexander op.

'Strange,' zei hij, 'People want adventure. Well, this is adventure.'

De berg was zo dichtbij, maar het leek of ik er nog nooit zo ver vanaf was geweest. Ik kon die nacht niet slapen, deels door het luide gebulder van de rivier, deels door m'n gepieker en de vraag of ik wel door wilde gaan. David ging in ieder geval niet mee en ik vroeg me af waarom ik niet ook in het tweede kamp zou blijven. Ik had de motivatie om de berg te bereiken 20 kilometer voor het eindpunt verloren. Dwars door alle twijfels en gedachtenspinsels heen klonk echter een diepe vrouwelijke stem in mijn hoofd die fluisterde: '*Come to me... Come to me...*' De berg riep en ik kon haar roep niet meer weerstaan.

Daarop viel ik in een onrustige slaap, terwijl achter de bergen de ochtend al aanbrak.

De morgen begon net zo chaotisch als de avond was geëindigd. Het was nog niet duidelijk wie wel en niet mee zou gaan en er heerste nog steeds een ontevreden en onbestemde sfeer. Ik ging me wassen in een bocht van de rivier en zocht een stil stuk water achter een groot rotsblok. Na mijn ijskoude gletsjerwaterbad, droogde ik me af en liep naar David.
'David, ik ga,' zei ik.
'Oh, ik had niet anders verwacht. Het lijkt me prima. Ik blijf hier bij deze groep en jij moet naar de berg. Dat is waarvoor je bent gekomen. Ik maak me alleen zorgen over de rest. Weet jij wie gaat of niet gaat?'
'Nee,' antwoordde ik. Daarom besloten we eerst met het hele gezelschap bij elkaar te komen op de plek waar we de Belucha voor het eerst aanschouwden.
'We hebben een zware tocht achter de rug,' zei David tegen de groep: 'Twee dagen in de modder. Laten we een moment stil zijn en voelen wat er in onszelf aan de hand is. Wat betekent de berg voor ons? Waarom willen we er heen? Wat is ons doel?'
Er viel een diepe stilte, en alleen de rivier beneden in het dal was te horen. Na enige minuten stond een van de deelnemers op, en zei: 'Ik zie het duister en ik zie het licht en ik ben blij dat beiden aanwezig zijn. We vinden de oplossing niet in een kant, maar in de integratie van beiden. Ik denk dat we het heel goed doen.'
Enkele anderen gaven hun ervaring of gevoelens van het moment, en ondanks het scheiden van de groepen, voelde ik voor het eerst weer een zekere verbinding ontstaan.
Ik liep naar mijn bagage, trok m'n bergschoenen aan en zei David en de anderen gedag. De achterblijvers zwaaiden ons uit en wensten ons een goede reis.
Van de dertig deelnemers bleef het merendeel in kamp 2. Een groep van dertien wandelaars begon aan de tocht naar de voet van de berg.

Het was een mooie dag en het wandelen verliep vlot. De grond was rotsachtiger en er was minder modder. Soms leek het alsof ik hier mijn hele leven al liep, al die jaren op weg naar de berg: daar waar de rivier eindigt en begint. Bij de berg komen was de tijd stilzetten en in omgekeerde volgorde weer terug gaan. Met iedere stap die ik zette kwam ik dichterbij het punt waarop dat zou gaan gebeuren, het keerpunt van mijn leven. Niet meer stroomopwaarts gaan, maar met de stroom mee.

Met iedere stap werd mijn tred lichter, en leek de omgeving meer open en ruimtelijker te worden. De zon scheen fel en er was een buitengewoon soort helderheid in de lucht. Alsof ieder blaadje en iedere steen trilde van energie en leven in- en uitademde. Links lag een reeks groengrijze bergen, alsof ze van verweerd koper waren gemaakt. Steeds vaker waren glimpen van de heilige berg te zien, die onderdeel vormde van een grote bergwand bedekt met sneeuw en ijs.

Na een laatste knik in het pad zagen we voor ons het einddoel liggen. Een groot stil gletsjermeer, omzoomd door groene weiden en naaldbossen. Daarachter rees, tussen twee donkere bergtoppen de imposante muur van ijs omhoog, fel wit afstekend tegen een knalblauwe lucht. De Belucha was goed te zien en leek ons een warm welkom te geven. Een Russische zieneres had me ooit gewaarschuwd dat de Belucha zich niet toont aan wie er spiritueel niet klaar voor is. En daar waren wij: ruziënd, mopperend, problemen met alcohol, de helft van de groep achtergelaten etc. etc. en de berg straalde van licht en plezier. Het was in geen vier jaar zo helder geweest, hoorde ik later van een Russische gids uit het dorp. We waren in ieder geval onszelf geweest en dat was waar het misschien allemaal om ging. Geen hoogdravende rituelen, geen ingewikkelde meditaties of spirituele bla bla. Alles wat we hadden meegenomen hadden we achter ons moeten laten om naakt in het aangezicht van de berg te verschijnen. Ik plofte mijn rugzak op de grond en zakte neer. De puurheid en de eenvoudige schoonheid die overal vanaf straalde was overweldigend.

'Dit is zoals het ooit bedoeld was', ging er door me heen. 'Dit is het paradijs.' Alle last van een jaar lang organiseren en de laatste twee weken van zorgen en hindernissen vielen van me af. Nu begreep ik waarom ik was gekomen; om herinnerd te worden aan wie ik was, aan hoe de wereld was en hoe de natuur was. Eén levend samenspel van kleuren, licht en geluiden. De Belucha leek op een grote moedergodin die met haar benen opgetrokken op de aarde zat, waartussen de eeuwige levensrivier vanuit haar vulva de wereld instroomde.

We wandelden verder rond het meer en zagen vanuit de verte een aantal tenten staan aan de rand van een zanddelta, waar de gletsjerrivier in het meer stroomde. Op het zandgebied stonden overal groepjes deelnemers naakt pootje te baden, te dansen of te praten. We legden onze spullen neer, kleedden ons uit en voegden ons bij de anderen. Alsof we na eeuwen weer terug waren gekomen in de tuin van Eden omhelsden we elkaar en sprongen als kinderen zo gelukkig door het water. We hadden het gehaald.

Toen de zon achter de bergen verdween werd het snel koeler. Iedereen zocht een plek in een tent en begaf zich vervolgens naar de eettent, waar inmiddels een eenvoudige maaltijd stond te wachten. We voelden ons energiek en sommigen hadden zin om voor het donker nog een eindje te lopen. Van de gids hadden we gehoord dat er net boven het kamp een uitzicht was op zeven meren. Met een klein groepje klommen we na het eten omhoog en keken van bovenaf op het kamp neer. Het ernaast gelegen meer was een perfecte spiegel en de met avondzon beschenen berg aan de overkant leek even werkelijk in het water tot leven te komen. Ik liep een eindje achter de anderen aan en genoot van de schoonheid en de stilte. Plotseling leek de wereld om me heen te veranderen: alsof alles nog stiller werd en er tegelijk een ander soort werkelijkheid hoorbaar en voelbaar werd. Ik keek naar de bergen om me heen en zag zeven bergpieken als wachters om de Belucha heen staan. Het leek of ze levend waren en fluisterden. Het fluisteren ging langzaam over in een tromritme en werd alsmaar luider. Ik ging zitten en opende me voor wat er ging komen. Ik kende het gevoel van een veranderde bewustzijnstoestand en de visioenen die zich uit andere lagen van de werkelijkheid soms openbaren, om kennis of wijsheid door te geven. Ik was de hele reis te gestresst geweest om ernaar te kunnen luisteren, maar nu kwam met onmiskenbare kracht de energie door van een wereld die achter de onze ligt. Het trommelgeluid werd een dans en een zang en er vormden zich woorden in mijn hoofd *'Wij zijn de bewakers, de zeven bewakers van een heilige plek in de aarde. Wij bewaken de toegang tot die geheime wereld en de spirituele wijsheid die er ligt opgeslagen. Deze wijsheid is er om de wereld te dienen op het moment dat het nodig is, een moment dat spoedig zal komen.'*

Ik werd geraakt door de woorden en dacht aan de wereld waar ik vandaan kwam, aan de drukke straten van Amsterdam, aan de overbevolking en de vervuiling van de natuur, de oprukkende industrie en de vernietiging van bossen, dieren en planten, en in gedachte begon ik tegen de bergen te praten, te vertellen over hoe de wereld eruit zag zoals ik hem kende. Ik vertelde over de oorlog in Joegoslavië, waar moeders en kinderen verkracht werden, en waar we niets hadden gedaan toen 5000 moslimmannen werden afgemaakt. Ik vertelde over de honger in de wereld en alles wat me verder raakte, als een kind dat z'n hart uitstort. Ik hoorde tijdens m'n verhaal het tromgeluid versnellen en opnieuw vormden er woorden in m'n hoofd, als van een lage, diepe stem: *'Dit is het moment waarop we gewacht hebben. Wij zullen beginnen met een nieuw lied van creatie, dat gedurende vijfduizend jaar niet gezongen is. Het is het lied van de aarde dat schept en vernietigt en dat alles nieuw zal maken.'*

Het leek alsof er een kracht in beweging kwam die eeuwenlang had gesluimerd, als een traag onderaards wezen, dat - eenmaal gewekt - niet meer te stuiten was. Ik dacht aan de woorden van het manuscript van Jean de Jerusalem:

Ik opende mijn ogen en zag dat ik volledig alleen was. Ik keek naar de berg aan de overkant die nog steeds goudgeel kleurde in het licht van de ondergaande zon. Plotseling leek het of de berg doorzichtig werd en zich voor mijn geestesoog een volledige stad openbaarde. Een gouden stad met een wirwar van straten, trappen, huizen en mensen. Het leek of de mensen in de stad wisten dat ik tijdelijke toeschouwer was van hun verborgen stad. Langzaam sloot de berg zich weer en ik vroeg me af wat dit betekende, toen het me opeens begon te dagen. 'Shambhala,' dacht ik 'Dit moet Shambhala zijn, het gouden koninkrijk! De plek waarover in de mythen en legenden wordt gesproken.' Ik was buiten mezelf van verwondering en opgewondenheid. 'Is dit inderdaad Shambhala?' vroeg ik in gedachten.

'Dit is jouw Shambhala, Ton,' kreeg ik als antwoord. *'Voor anderen ligt de toegang tot Shambhala weer ergens anders.'*

Dat stelde me enigszins teleur; 'Stel je voor dat ík wist waar het was!' Maar het bracht me ook weer met beide benen op de grond. Ik ging de anderen zoeken en hield mijn ervaringen voor me.

Pas veel later - enkele maanden na de reis - zou ik enkele vrienden vertellen wat me boven op de berg was overkomen. Het had een diepe indruk op me gemaakt die de rest van mijn leven zou beïnvloeden. Ooit moet ik dit opschrijven, dacht ik toen ik terugliep.

Die nacht droomde ik dat ik vanuit een diepe schacht uit de aarde omhoog klom. Ik was opgenomen geweest in het duister, en klaar om opnieuw geboren te worden. De lange schacht bleek een lege waterput te zijn die eindigde op de top van een heuvel. Ik klom eruit en herkende de kleine berg in het midden van de vallei, waar ik ooit mijn leeuwenvisioen had gehad. De berg en de vallei waren er nog, alleen compleet veranderd. Overal stonden bomen, er stroomde weer twee rivieren door het dal en overal was leven en vruchtbaarheid. De tijd van droogte en schaarste was voorbij. Het levenswater stroomde weer.

De terugreis verliep snel, alsof een film achterstevoren versneld wordt afgespeeld. Ook hier deden zich nog de nodige calamiteiten voor, maar op de een of andere manier maakte het niet meer uit. Het doel was bereikt en niets kon de reis nu nog doen mislukken. De twee etappes naar het eerste kamp waren door de vleugels van euforie een peulenschil. Op een gegeven moment rende ik zelfs het pad af, beladen met rugzak - in het tempo van de kokkinnetjes die als hinden voor me uit sprongen. In kamp één aangekomen was het weerzien met de achterblijvers hartelijk en ontroerend. We werden binnengehaald als helden. Ook zíj hadden een geweldige tijd gehad, hoewel ik me niet goed kon voorstellen hoe ik de reis had gevonden als ik niet bij het einddoel was geweest. Maar ik herinnerde me de woorden van de stem: Iedereen heeft een eigen Shambhala, en er zijn net zoveel toegangen als er mensen zijn.'

Die nacht sliep de hele groep vredig in saamhorigheid. Ergens midden in de nacht werd ik wakker en hoorde een plotselinge windvlaag van boven uit het dal komen en zich met denderende vaart naar beneden bewegen. Ik lag stokstijf: dit was geen gewone windvlaag, maar dezelfde oerkracht die ik bij de berg had gevoeld, die - eenmaal in beweging gekomen - langs ons heen de wereld inging om z'n uitwerking te hebben. De wind ging even snel weer liggen als-ie was opgekomen.

De volgende dag kwamen we terug in Tyungur. Er werd nog lang gepraat die avond, en de avonturen van de tocht zouden ontkiemen tot legendarische verhalen die nog vele, vele malen verteld zouden worden.

DE VIERDE POORT

DE VIERDE POORT IS DE POORT VAN HET HART EN WORDT HET TRANSFORMERENDE ZEGEL GENOEMD. IN HET HART LOST ALLES OP. LIEFDE IS DE ZEE WAARIN HET PROBLEEM VAN DE DRUPPEL OPLOST. IN DE OGEN VAN DE LIEFDE IS ALLES PERFECT. DE LIEFDE KAN NIET BEGREPEN WORDEN: ZIJ IS ZICHZELF, EN TEGELIJKERTIJD IS ZIJ NIETS EN ALLES, HET BEGIN EN HET EIND. NIEMAND KAN HAAR VATTEN, WANT WIJ ZIJN HAAR. DE LIEFDE IS EEN MYSTERIE DAT GELEEFD WIL WORDEN, NIET EEN PROBLEEM DAT OM EEN OPLOSSING VRAAGT. GEEF JE OVER AAN DE LIEFDE EN GOD ZAL GLIMLACHEN IN JE HART.

Mijn leven had sinds de tocht naar de Altai een wending van 180 graden gemaakt. Ik had mijn eerste boek, De Terugkeer van de Koning, gepubliceerd over de spirituele ontwikkelingsweg van mannen. De tijden waren veranderd, en spiritualiteit was geen eng begrip meer. Het boek was binnen drie maanden uitverkocht en er volgde een tweede druk. Door de reis naar de Altai en de openbaring van Shambhala had ik begrepen dat er andere, hogere krachten in het leven zijn die ons leiden. In de bijbel had ik wel eens van openbaringen gehoord en gechannelde teksten, maar het leek dat die alleen maar tweeduizend jaar terug gebeurden en niet in de wereld van vandaag. De kerk verbood zelfs om je af te stemmen op gidsen en andere dimensies. 'Waarom waren ze daar zo bang voor?' vroeg ik me af. 'Als God tweeduizend jaar geleden met mensen sprak, moest-ie dat vandaag de dag toch ook kunnen?'
Steeds meer begreep ik dat de Katholieke Kerk waarin ik was opgevoed nog wel de leer doorgeeft, maar niet meer belichaamt en leeft. De liefde is verstard en verdroogd tot regels en wetten. De kerk is een groot religieus instituut geworden. Waar is de levende leer die spiritualiteit in deze tijd kan plaatsen? Waar is de verbinding tussen de Vader in de hemel en Moeder aarde? God de Vader is er nog wel, maar waar is de Moeder gebleven?
Ik voelde dat er een belangrijke schakel ontbreekt in onze religieuze geschiedenis...

Ik besloot dat het tijd was om Sophia weer eens op te zoeken en haar mijn vragen voor te leggen Ik had een blauwe Renault Twingo gehuurd en zwierf door het midden van Frankrijk. Op een zeker moment begon ik spijt te krijgen dat ik een auto had gehuurd. Zoveel geld voor één week in een auto! En dat terwijl ik veel liever met de trein reisde. Mijn gemopper verergerde zich en werd een diepe depressie. Ik zag alleen nog maar mensen en toeristen die zich louter bekommerden om materiële zaken. Ik voelde me alleen en onbegrepen in een wereld waar het alleen leek te gaan om consumeren, eten, graaien en hebben. En nu zat ik zelf in een auto, stond naast Nederlandse buren op een camping, die uitbundig waren toegerust met eettafels, klapstoelen, surfplank, fietsen, de Margriet en zakken aardappels. Ik gruwde bij dit beeld. 'Blijf toch thuis,' dacht ik en steeds verder trok ik me terug in m'n wereld van wrok en verbittering. Ik haatte de wereld, waarin alles onecht leek en iedereen zich een rol aanmat om niet het risico te hoeven nemen om echt vanuit hun hart te leven. Ik was stil en gesloten en was niet in staat om uit mijn isolement te komen. Ik was de zin kwijt, mijn inspiratie en mijn leiding. Ik doolde rond en wist geen uitweg uit het labyrint waarin ik verbleef. Op een warme dag maakte ik een uitje naar Vezelay. Er scheen daar een mooie, oude kerk te staan. Toen ik door de laatste vallei reed, lag ze daar; een toonbeeld van schoonheid en rust, boven op een heuvel; de basiliek van Maria Magdalena. Ik reed het kleine dorpje in en wandelde over de oude pelgrimsstraat naar boven, tot ik aan de voorgevel van de basiliek kwam. Terwijl ik in en rond de basiliek van Vezelay liep, werd mijn stemming steeds somberder en verwarder. Ik liep als een bezetene over het terrein. 'Er is hier iets niet in de haak,' ging door mijn hoofd. 'Maar wat? Waar zoek ik naar? Ben ik aan het doordraaien? Ik ken deze plek. Ik ben hier eerder geweest. Maar ...niet in deze tijd...'

Ik liep de basiliek nog eens in, ging naar de crypte om rust te vinden - die ik niet vond - en las het toeristenboekje er nog eens op na: *'De bouw van de basiliek was begonnen in 1096. Vlak nadat de basiliek ter ere van Maria Magdalena gebouwd was, werd ze in de nacht van 21 op 22 juli 1120 door brand verwoest waarbij 1200 mensen levend werden verbrand...'*

Na het verhaal drie of vier keer overgelezen te hebben, bleef opeens mijn hart stilstaan bij de laatste regel. 22 juli was de naamdag van Maria Magdalena, de beschermheilige van de basiliek. 1200 mensen verbrand... Ik las verder in het toeristen boekje: *de brand van Vezelay in 1120 was een tragisch ongeluk.* Een ongeluk? Ik keek naar het stenen gebouw. Hoe krijg je 1200 mensen verbrand in een kerk? Had niet minimaal de helft kunnen ontsnappen?

Ik wist dat een jaar daarvoor - in 1119 - het eerste concilie tegen de Katharen was gehouden door de Roomse Kerk. Opeens vielen allerlei puzzelstukje in elkaar: In die periode was er - vlak na de eerste Kruistocht naar Palestina in 1096 - een plotselinge grote interesse voor de gnostiek - de innerlijke weg naar God. Tegelijkertijd ontstond er een grote belangstelling voor Maria Magdalena. De toeloop naar Vezelay en de basiliek die haar relikwieën herbergde was niet te stuiten. De Roomse Kerk zag dit met lede ogen aan, en besloot uiteindelijk tot de complete uitroeiing van deze kerkelijke dwaling. Na veel gepraat, talloze concilies en beschuldigingen over en weer vond in 1209 de Albigenzenkruistocht plaats tegen de Katharen waarbij duizenden mensen in het zuiden van Frankrijk werden omgebracht. De kruistocht begon in Beziers op 22 juli... de naamdag van Maria Magdalena. Toen niet veel later de ridders van de Tempeliersorde ook in ongenade vielen, werden een aantal tempeliers in Rousillon op de brandstapel gezet op...weer op 22 juli: de naamdag van Maria Magdalena.

Er leek maar één verklaring voor de brand van de basiliek: de deuren waren gesloten waarna de kerk in de brand was gestoken.

Bij deze ontdekking was ik op slag van mijn slechte humeur af; alle verwarring, depressie en somberheid die ik de dagen daarvoor had gevoeld vielen als een baksteen van me af.

Mijn vermoeden was dat de kerk in 1120 niet volledig was afgebrand, maar alleen uitgerookt was en daarna weer schoongemaakt en opgebouwd. Ook had ik allerlei vermoedens over de bouw van de basiliek die niet klopten met de architectuur en geschiedenisboekjes. Zo was de voorhal, de narthex, tegelijkertijd met het middenschip gebouwd, en niet na de brand eraan toegevoegd. Sterker nog, ik had het gevoel alsof ik precies wist hoe de bouw verlopen was en ik hoefde maar in mijn herinnering te zoeken en ik zag de verschillende bouwfasen voor me. Het was alsof er zich voor mijn ogen een film afspeelde waar ik zelf deelgenoot van was geweest. Ik hoefde maar te kijken en de beelden verschenen.

De volgende ochtend bij het krieken van de dag keerde ik terug naar de basiliek en voegde me bij een klein aantal monniken en nonnen in de ochtendmis, de Lauden. Ik genoot van het gezang en de eenvoudige devotie van de kloosterlingen.

Tijdens de communie kwam opeens één van de nonnen naar me toe. Verscholen onder haar habijt zag ik een mooi, jong meisje. Ze wenkte me en liep naar de tafel waar het brood en de kelk stond. Ik was verward en verbaasd. Wat wilde ze van me? Dit ritueel kende ik niet. Ze vroeg me of ik de kelk met de wijn naar het altaar wilde brengen. Ik nam de kelk en liep achter haar aan. Ik knielde voor het altaar onder het hoge koor – alsof ik dit honderden keren had gedaan – en zette de graal met het bloed van Christus op het altaar neer. De tranen van ontroering biggelden over mijn wangen. 'Geef me inzicht en helderheid waarom ik hier ben en wat ik hier moet doen,' bad ik.

Opeens hoorde ik de stem van Maria Magdalena in mijn hoofd klinken, helder en duidelijk als het stille water van een bron.

'Ik ben te lang afwezig geweest in de harten van mensen en verketterd tot een hoer. Dat was niet wat ik was. Ik begreep de leringen van Jezus maar al te goed, en wijdde hem in in een ander aspect van goddelijkheid; de weg van de intimiteit en sensualiteit. Naast het leren staat het genieten. Beiden moeten aanwezig zijn om een volledig mens te worden, maar het laatste aspect is steeds verder uit het geloof verdrongen. Het is belangrijk dat dat aspect weer terugkeert. Dat mensen weer gaan genieten en zo de toegang weer vinden tot hun eigen goddelijke kern, net zoals Jezus deed. Beloof me dat je mijn verhaal naar buiten zult brengen. Het goddelijke vrouwelijke is te lang afwezig geweest. Het is tijd dat de godin weer terugkeert op aarde. In het Christendom was ik de

hoedster van de graal, het vrouwelijke goddelijke. Zonder dit vrouwelijke aspect zal de wereld ten onder gaan. Het mannelijke is uit balans en heeft de helende kracht van het vrouwelijke nodig om te herstellen. Beloof me dat je mijn naam in ere zult herstellen, zodat de kracht van het vrouwelijke opnieuw zijn werk kan doen.'

'Ik beloof het,' zei ik zacht, 'Maar ik weet niet wat ik doen moet.'

'Geduld, alles komt naar je toe, dat is de continue boodschap die ik je te geven heb. Leef het leven vanuit het moment. Maak je geen zorgen. Maak geen plannen. Laat je leiden. De kennis van het vrouwelijke kan zich slechts openbaren doordat velen haar aanroepen. Je bent niet de enige. Er zullen meer zijn die de weg van de godin bewandelen, totdat de wereld klaar is om haar stem te horen. Die tijd is niet ver weg.'

Na mijn bezoek aan Vezelay reed ik door naar het zuiden, en drie dagen later arriveerde ik bij Sophia.

'Ik heb je lang niet gezien,' zei ze.

'Tja, druk, druk, druk. Gezin, kind, werk en zo.'

'En de godin?' vroeg ze op gebiedende toon.

'De godin?'

'Ton, je wilt me toch niet zeggen dat je hier voor niets bent gekomen?'

'Nee, nee, dat klopt.' Ik zuchtte. 'De godin heeft weer tot me gesproken.'

'En...?'

'Tja, het is nogal vreemd, maar ze kwam in de vorm van Maria Magdalena, u weet wel, de prostituée uit de bijbel.'

'En wat is daar vreemd aan?' vroeg ze, zette haar bril op het puntje van haar neus en keek me indringend aan.

'Nu ja, het is niet bepaald in lijn met de kerk, wat ik hoorde.'

'Vertel op.'

Ik vertelde haar mijn ervaring in Vezelay, de kelk die ik naar het altaar bracht, en de stem van Maria Magdalena die beweerde geen hoer te zijn geweest. Toen ik was uitgesproken, liep Sophia naar de keuken en kwam enige tijd later met een schaal met koekjes en thee terug.

'Zo,' zei ze en ze schoof haar bril achter op haar neus. 'Het is goed dat je gekomen bent. Ik zal je het een en ander uitleggen. Je bent katholiek opgevoed en dat is in je voordeel. Als katholiek hoef je namelijk niet alles te lezen en te weten wat er in de bijbel staat.'

Ik keek haar onbegrijpend aan.

'De bijbel is namelijk een keuze van evangeliën geweest die bepaald is door een aantal mannen die later geleefd hebben. Maar er waren meer evangeliën, waaronder het evangelie van Maria Magdalena.'

'Het Evangelie van Maria Magdalena? Kon ze schrijven dan?'

Sophia wierp me een boze blik toe. 'Kijk, dat komt er nu van. Door tweeduizend jaar Christendom denk jij dat alle mensen vroeger achterlijk waren en dat een vrouw niet kon lezen en schrijven. Natuurlijk kon ze schrijven. Ze was een hoge ingewijde.'

'Een hoge ingewijde? Waarvan?'

'Maria Magdalena was een ingewijde in de kennis van het Al. Ze was opgeleid bij de mystieke broederschap van de Essenen die hun kennis weer uit Egypte hadden geërfd. De lijn van de godin gaat terug naar de begintijd van de schepping. Ze is de schepping zelf. Maria Magdalena is de verbinding tussen liefde een lust. Lange tijd is de liefde voor God en de vleselijke liefde gescheiden geweest, maar op een dieper niveau zijn beiden een: seksuele inwijding is één van de hoogste spirituele inwijdingen omdat het de eenheid vertegenwoordigt tussen hemel en aarde, man en vrouw, licht en donker. Het is de ultieme eenwording. Maria Magdalena was de vertegenwoordigster van deze seksuele inwijdingsweg. Zij was de Geliefde die een man in een hoger bewustzijn kon inwijden. In alle tijden zijn er representanten geweest die de zwarte godin belichaamden.'

'Zwart?'

'Ja, zwart van huid ben ik, zegt ze in het Hooglied dat aan haar is opgedragen. Het wordt nog ieder jaar op haar naamdag voorgelezen. Maar het zwart staat nog voor een ander aspect. De symbolische betekenis van de zwarte godin is de mystieke kracht die achter de dingen schuilgaat. Het is het verborgene dat niet gezien wordt. Het is de chaos waaruit de schepping voortkomt. Het is de ruwe materie, waar het goddelijke mannelijke principe zijn adem inblaast zodat het wordt 'geïnspireerd'. De spirit verbindt zich met de materie. De witte godin staat symbool voor de moeder in al haar lichte aspecten, de zwarte godin staat voor transformatie, sexualiteit en inwijding. Net zoals je een drievoudige God hebt, bestaat er een drievoudige godin: de maagd, de moeder en de wijze vrouw. Deze laatste beheert de wetten van dood en nieuw leven. In India wordt ze Kali genoemd, in de oosterse traditie is ze Ashtarte, in Rusland heet ze Baba Yaga, de oude heks. Maar in de westerse traditie is het Maria Magdalena geweest die haar rol belichaamde.'

Sophia leunde achterover en zuchtte.

'Dat verhaal over prostitutie is pas in de derde eeuw na Christus bedacht. In werkelijkheid was ze een wijze vrouw, een ingewijde. In de geschriften van Nag

Hammadi en Qumran wordt ze beschreven als de vrouw die 'het Al kende' en als de 'Apostel der Apostelen'. Maar zoals dat gaat, kreeg ze weerstand van de mensen om haar heen.'

'Van Jezus?'

'Nee, niet van Jezus, die droeg haar op handen. Ze heeft hem namelijk ingewijd in zijn goddelijke status van Messias door hem te zalven met nardusolie. Maar de andere apostelen waren niet zo blij met de voorname positie van een vrouw. Vooral Petrus zinde dit niet. *'Waarom vertrouw je haar meer dan ons,'* vroeg Petrus ontstemd aan Jezus.

Die angst voor de vrouw heeft zich in het gehele christendom voortgezet, en heeft onder andere geleid tot de heksenvervolging, de kruistocht tegen de Katharen en de algehele onderdrukking van het vrouwelijke. Het verbieden van voorbehoedmiddelen, het weigeren van vrouwen in het priesterlijke ambt, het verbod op abortus en andere zaken die in deze tijd nog steeds in de kerk spelen vloeien voort uit dit dilemma. Vrouwen werden gezien als afgeleide en als mindere van de man, voorbestemd voor de drie K's: kinderen, keuken en kerk. Zij was immers de rib van Adam en had hem verleidt tot de duivel...'

Terwijl Sophia me alles vertelde over het Christendom, begon ik te begrijpen dat het verhaal van Maria Magdalena slechts een klein deeltje was in een veel groter verhaal. Dit grotere verhaal ging over de ontkenning van seksualiteit en van vrouwelijkheid in onze cultuur. In Maria Magdalena kwamen deze twee aspecten samen. Ik begreep ook waarom ze me in Vezelay had gevraagd haar verhaal naar buiten te brengen. Zolang we een vals beeld hadden van de oorsprong van het Christendom bleven we vasthouden aan verkeerde principes. Sophia vertelde ondertussen verder. Ik begon me echter ongerust te maken over de rol die ik zelf in dit verhaal te spelen had. Waarom kreeg ik al deze informatie? Wat was de volgende stap? Ik besloot de vraag niet langer voor me uit te schuiven.

'Sophia,' vroeg ik , 'Heeft dit te maken met de vierde poort?'

Ze was even stil en keek naar haar knokige handen. 'Ik dacht dat je het nooit zou vragen. Ben je klaar?' vroeg ze zonder dat ze opkeek.

'Ik denk het wel. Ik hoop het.'

'Ik hoop het ook. We zullen zien. De vierde poort is de poort waarin het ego en de ziel zich totaal verbinden. Het betekent dat het ego zich ondergeschikt maakt aan de ziel en daarmee dienstbaar wordt aan het grotere geheel. In de alchemie wordt het ook wel het innerlijke huwelijk genoemd. Je ontstijgt daarmee de onderste drie poorten om door de poort van het hart naar de volgende fase van ontwikkeling te gaan. Vanaf hier is er geen weg meer terug.'

'Dus alles gaat dan vanzelf?' vroeg ik met enige opluchting. Ik begon blij te worden dat ik zover gekomen was.

'Helaas, ik was al bang dat je dat zou denken. Alles gaat vanzelf, dat klopt, maar hoe je de zaken aanpakt hangt totaal van jezelf af. Als je de gebeurtenissen toch in dienst van je eigen ego wilt uitvoeren, dan krijg je het zeer zwaar; dan zullen dezelfde gebeurtenissen zich tegen je keren. Je kunt alleen maar dienen, en dat moet je niet onderschatten.

'Dat klinkt toch niet verkeerd,' probeerde ik haar op te beuren, want haar stemming was steeds droefgeestiger geworden. 'Ik wil niets liever dan het hogere te dienen.'

Ze keek me met haar jampotglazen bril aan en in haar ogen zag ik angst.

'Je weet niet wat je zegt, mijn jongen, je weet niet wat je zegt.'

De volgende dag nam ik afscheid van Sophie. Geen van ons beiden was teruggekomen op het gesprek over de vierde poort. Waarschijnlijk begrepen we allebei dat woorden geen verder soelaas zouden bieden. Ik moest de weg verder alleen gaan.

Ik besloot David op te zoeken, die twee jaar daarvoor een huis in de Pyreneeën had gekocht, aan de voet van de Montsegur.

'He, David, ik kom langs,' riep ik in de telefooncel op het pleintje in het dorp.

'Godzijdank,' zuchtte hij.

'Hoezo?' vroeg ik.

'Ik sterf hier van de eenzaamheid. Drie maanden lang dacht ik dat ik het paradijs op aarde had gevonden, tot ik plotseling twee maanden geleden wakker werd...Opeens vroeg ik me af wat ik hier in godsnaam alleen boven op een berg doe...Sindsdien ben ik in een gat gevallen en heb de bodem nog steeds niet bereikt. Dus als je langs wil komen, graag. Verwacht niet teveel, want het is hier primitief.'

Terwijl ik naar het zuiden van Frankrijk reed,doemden de eerste bergen van de Pyreneeën op. Het landschap werd heuvelachtiger en de wegen kronkeliger. Oude dorpjes lagen aan de weg en hier en daar torende een oude burcht of kasteel boven de bomen uit. 'Bienvenue au Pays Cathare,' stond er te lezen op een bord. Het Katharenland. Er hing een soort magie over het land. Zodra je de autoroute verliet en de onzichtbare grenzen van het land overstak leek het alsof je opeens in een andere wereld verzeild was geraakt, een wereld van monniken en Tempelridders, jonkvrouwen en troubadours, kruisridders en oude legenden.

David stond in de oprit toen ik aan kwam rijden. Achter hem torende de burcht van de Montsegur boven hem uit. Het was de plek waar de laatste Katharen zich hadden verschanst tegen het leger van de inquisitie, maar na een bestand van een jaar hadden ze zich over gegeven. Ze waren zingend, hand in hand de brandstapel op gelopen. Tweehonderd mannen, vrouwen en kinderen. Maar daarmee was het gedachtengoed van de Katharen niet voorgoed verloren, want een troubadour die stond te kijken riep uit: *'Over 750 jaar zal de laurier weer bloeien.'*

'Welkom bij de Graalburcht,' zei David. 'Het is goed je te zien,' en we omhelsden elkaar. Ik keek naar de berg.

'Ze zeggen dat het een doorgang is naar een andere dimensie,' zei hij. 'Een soort poort.'

Ik keek hem argwanend aan.

'Tja, ik heb het niet verzonnen, hoor. Er komen hier van die mediums die allerlei dingen zien. Laatst was er één die een beeld zag van Jezus en Maria Magdalena, als twee geliefden die hier verenigd waren. De heilige en de hoer. Je kunt het natuurlijk ook te gek maken,' lachte hij. Ik zweeg.

'Kom, ik laat mijn huis zien,' Je kunt hier blijven zolang als je wilt. Heb je plannen?'

'Nee,' zei ik.

'Da's goed dan. Hier is de logeerkamer; maak het je gemakkelijk.'

Ik nam mijn intrek in de kamer en kon vanuit het tuimelraam de burcht op de berg zien liggen. Telkens moest ik er even naar toe om te kijken. Het was een wonderlijke plek. We spraken er de dagen erna niet meer over en beperkten ons tot het uitwisselen van nieuwtjes, samen eten en wandelen en het uitvoeren van opknapwerkzaamheden aan het huis.

'David, heb jij wel eens vreemde ervaringen gehad bij de berg?' vroeg ik toen we op een avond bij het open haardvuur zaten.

'Nee, niet echt, maar er was een keer dat ik niet kon slapen en besloot de nacht alleen boven op de berg door te brengen. Ik pakte mijn spullen in een rugzak, klom naar boven en raakte totaal de weg kwijt. Toen ik dacht er bijna te zijn, besefte ik dat ik boven op een richel stond met een afgrijselijke diepte onder me. Ik had op dat moment net zo goed dood kunnen vallen.'

'En toen?' vroeg ik.

'Ik heb mijn rugzak naar beneden gegooid en ben toen heel langzaam langs de rotswand naar beneden geklommen. Daarna ben ik met de auto naar de andere kant van de berg gereden en ben via het pad omhoog gegaan. Toen ik eenmaal in mijn slaapzak op de berg lag, begon het verschrikkelijk te regenen. Tegen de ochtend was ik verkleumd en nat. Het leek wel of de berg me niet wilde, me verstootte. Niet lang daarna raakte ik iedere inspiratie kwijt om hier te zijn. Ik zit hier al enkele weken totaal verdwaasd voor me uit te staren. Ik heb geen idee waarom ik hier ooit naar toe ben gekomen.'

'En nu?'

'Ik weet het niet,' zei hij stil en hij keek in de vlammen. 'Ik weet het bij God niet.'

'Stel dat je huis en jouw weg hierheen een bedoeling heeft, iets wat je nog niet snapt...' probeerde ik.

'Dat heb ik ook al weken gedacht, maar wat dan...? Ik zit hier maar te wachten en er komt niemand.'

'Misschien moet je mensen uitnodigen, een soort herberg beginnen voor wandelaars of voor spiritueel geïnteresseerden. In ieder geval moet je je huis gezellig maken, ook al zit je er alleen.'

'Dat is waar, misschien kunnen we van de woonkamer een mediatieruimte maken. Dat was ik al van plan, maar het is er nog niet van gekomen. Laten we morgen beginnen,' en met die woorden wenste hij me welterusten. Ik bleef zitten en keek in het vuur terwijl ik dacht aan de woorden van Sophia over de vierde poort. Dat er geen weg terug was, zodra je eenmaal je ego in dienst van je ziel stelde. Had David dat ook gedaan? Werd hij nu op de proef gesteld? Maar wat had hij dan te doen?

Het vuurde vlamde op door een windvlaag uit de schoorsteen en de vlammen leken lange tongen te zijn. Vanuit de achterkant van mijn schedel voelde ik een rilling over mijn ruggengraat lopen, en langzaam veranderden de vonken in woorden. *'Zoek het boek,'* klonk de stem uit het vuur.

'Welk boek?' vroeg ik.

'Het boek der liefde, het boek dat verloren is gegaan maar dat opnieuw gevonden moet worden.'.

'Waar moet ik dan zoeken?' vroeg ik.

'Het boek ligt verborgen in je eigen ziel. Keer je naar binnen en je zult de codes ontdekken waardoor het boek zich zal ontsluiten. Het wordt tijd dat de kennis van de laurier weer vrij komt. Het wordt tijd dat de inwijdingsweg van de Katharen weer opnieuw bewandeld gaat worden.'

'Maar ik weet niets van de Katharen,' verdedigde ik me.

'Alles ligt in je eigen ziel verborgen, verzegeld als het ware, en het is aan jou om het cadeau te openen. Lang geleden zijn de zegels van versluiering aangebracht, maar nu is de tijd om ze weer open te maken. Als je bereid bent door de duisternis heen te kijken zul je een groot feest ontdekken; het feest van het bestaan. Achter de dood ligt de liefde.'

'Maar wat heb ik daarmee van doen?' vroeg ik wat vertwijfeld.

'Het wordt tijd voor de vierde poort,' zei de stem zacht en ik zag de woorden opgloeien in het vuur.

'Is de berg de vierde poort?' vroeg ik.

Ja en nee, Voor jou is de vierde poort hier op dit moment gekomen. Er is geen weg terug.'

'Dat zei Sophia ook al,' zei ik angstig.

Je hoeft niet bang te zijn. Ik zal je leiden. Er zal echter veel gaan veranderen in je leven. Ben je bereid je leven in dienst te stellen van God, tot de dood toe?'

Ik schrok heftig van deze woorden. Ik hoefde toch niet de brandstapel op, zoals de Katharen vroeger, of op een andere manier mijn leven in de waagschaal stellen. Dat leek me niet de bedoeling van een spirituele weg.

Iedereen moet drie keer sterven om een heel mens te worden: een keer uit de moeder, een keer uit de vader en een keer uit zichzelf. Zonder de dood kun je de liefde niet ervaren. Het gaat niet om de fysieke dood, maar om de dood van je ego.'

'Godzijdank,' dacht ik, 'Dat scheelt. Maar wat moet ik doen?'

'De vraag is of we je stem mogen gebruiken als kanaal, om onze informatie door te geven.'

'Mijn stem?' Het leek alsof alles in me tot stilstand kwam. 'Maar dan sluiten ze me op in een gesticht; ze zullen denken dat ik gek ben, iemand die stemmen hoort,' ratelde mijn gedachten verschrikt achter elkaar aan. 'Een gestoorde, ik kan iedere maatschappelijke rol wel vergeten. Ik wordt gebrandmerkt tot een idioot, een halve gare waarzegger, een voodoo-sjamaan, een...'

Je angst zal bepalen of je sterk genoeg bent om de tegenkrachten onder ogen te zien.

'Tegenkrachten? Zijn er ook nog tegenkrachten?' sputterde ik.

'Alleen de tegenkrachten die in jezelf huizen. Je grootste vijand ben jezelf.'

'Ik kan dit niet,' dacht ik verward. 'Dit is werkelijk niet voor me weggelegd, een soort magie die in sprookjesboeken thuishoort, maar niet in mijn leven. Wat een belachelijk idee. Straks zit ik in trance dingen te zeggen waarvan mensen zich een aap schrikken en ik vervolgens niet meer weet wat ik gezegd heb. Nee, ik wil niet een soort pias worden die in trance gaat.'

Je hoeft niet in trance.'

'Ooh, dat hoeft niet, fijn. En dan? Krijg ik soms een planetaire mobiele telefoon, of een antenne op mijn hoofd gemonteerd?'

Je kunt de informatie rechtstreeks ontvangen en vertalen. Dat duurt echter twee jaar langer. De kunst is om de informatie door je heen te laten gaan zonder er commentaar op te hebben en in te grijpen. Je moet als het ware passief toeschouwen terwijl de woorden door je heen komen.'

'En wat komt moet ik dan zeggen?'

'Maak je niet ongerust. Dat bepalen wij. Er wordt niets gedaan zonder je toestemming. Je behoud voor alles je eigen vrije wil, omdat dat het eerste gebod is in de kosmos. Je zult je gave ook nooit zonder toestemming mogen gebruiken naar anderen. Je hebt je te schikken naar een hogere orde en dat betekent dat je dienstbaar moet zijn aan het grotere geheel.'

'Niet mijn wil, maar uw wil geschiedde?'

'Precies, dat is wat we van je vragen. Dus we komen terug op ons eerdere verzoek: Ben je bereid je leven in dienst te stellen van God, tot de dood toe?'

Ik was stil en keek in het vuur. De vlammen waren gedoofd en alleen een rode gloed kwam nog uit de sintels die in de open haard lagen. Het was het enige licht in het donker. Wat het werkelijk inhield om te sterven wist ik niet. Ik kon alleen maar vertrouwen hebben in de weg die me werd gewezen. Had ik enige keus?

'Ik ben bereid,' zei ik.

'David, hoor jij wel eens stemmen?' vroeg ik toen we op een dag een lange wandeling maakten.

'Jawel,' zei David, 'ik hoor jouw stem, ik hoor de stem van de bakker, stemmen op de radio. Ik hoor vele stemmen.'

'Ik bedoel stemmen in je hoofd,' zei ik geërgerd. 'Stemmen die je niet kunt zien, dat soort stemmen. Je weet wel...' en ik wees met mijn vinger naar mijn hoofd.

'Oh, dat soort stemmen. Nee, eigenlijk niet. Misschien zijn ze er wel, maar ík hoor ze niet.'

'Ooh'.

Het was een poosje stil en we kuierden verder over het pad.

'Hoor jij ze wel dan?' vroeg David een kwartier later.

'Je bedoelt stemmen?'

'Ja.'

David stond stil en keek me aan.

'Hoor jij stemmen?'

'Ik geloof het wel'.

'Al lang?'

'Al een paar jaar.'

'En wat zeggen ze?'

'Van alles, over de wereld en zo, en over allerlei onderwerpen'.

David keek naar de bergen om ons heen en we zetten ons weer in beweging. 'Ik ben een boek aan het lezen over Padwerk waarin een vrouw een stem hoort van haar gids en alles heeft opgeschreven,' begon hij. 'Fascinerende zaken.'

'Maar vind je dat niet vreemd dan?'

'Wat is vreemd? In dat boek staat meer wijsheid dan ik waar dan ook gelezen heb. Er zal dus wel enige waarheid in zitten.'

'Maar als ze het nou zelf verzonnen heeft.'

'Wat dan?'

'Dan is het toch allemaal niet waar?'

'Waarom? Dan is het nog steeds een goed boek. Het maakt eigenlijk niet uit. Je moet het praktisch zien.'

'Praktisch?'

'Ja, het gaat om de boodschap, niet om de boodschapper.'

Ik was een tijdje stil en liep in gedachten verzonken verder. 'Is dit de betekenis van het sterven van je ego?' vroeg ik me af. 'Dat je niet zo moet zeuren over je eigen problemen maar gewoon moet doen wat je te doen hebt?' Het klonk me enigszins simplistisch in de oren, en bovendien, hoe kon David dat nou weten. Híj hoorde geen stemmen!

'Zeggen ze ook iets over mij?' vroeg David.

'Dat weet ik niet. Ik heb ze niets gevraagd,' zei ik.

'Kan ik ze dan een vraag stellen?'

'Een vraag? Waarover?'

'Over wat ik hier te doen heb. Waarom ik hier in dit huis bij de Montsegur woon. Ik ben een beetje ten einde raad. Daar wil ik wel een vraag over stellen.'

'Eh, ik weet niet of dit wel een goed idee is. Stel je nu voor dat ik iets zeg wat nergens op slaat.'

'Dat zien we dan wel weer.'

'Het is OK. We zijn klaar voor zijn vraag,' hoorde ik de stem van mijn gids zich opeens mengen in het gesprek.

David keek me aan. 'Gaat het goed?'

'Ja, het is OK,' hoor ik. Mijn stem is aanwezig. 'Vraag maar wat je wil vragen.'

'Wat heb ik te doen? Ik bedoel; wat is mijn bestemming hier in Zuid Frankrijk? En waarom voel ik me zo alleen?'

Je keuze om hier naar toe te gaan heeft te maken met je zielsbestemming. Door je te vestigen op deze plek draag je niet alleen bij aan de ontwikkeling van je eigen ziel, maar ook aan de ontwikkeling van het grotere geheel. Je eigen ontwikkeling wordt als het ware de brandstof voor het werk dat je te doen hebt in de wereld. Waarom je specifiek naar deze plaats bent gekomen is omdat deze berg een oude mysteriesschool herbergde. Dat betekent dat er energieën aanwezig zijn die voor transformatie en inzicht zorgen, waardoor mensen makkelijker toegang krijgen tot de wereld van de ziel. Het is als het ware een poort tussen de twee werelden. Door deze stap leg je een verbinding tussen de innerlijke wereld en de uiterlijke wereld. Door hier aanwezig te zijn ben je als het ware een poortwachter, een kanaal dat de oude kennis van deze mysterieschool weer opnieuw in de wereld brengt. Het is de kennis waar zowel de Essenen als de Katharen mee verbonden waren. Je draagt deze kennis in je en door hier te zijn wordt het verborgene opnieuw geopenbaard. Dat is heel letterlijk zo, omdat er oude kennis onder je huis verborgen ligt. Oude geschriften die hier terecht zijn gekomen en duizend jaar lang gewacht hebben om opnieuw ontdekt te worden.'

'Onder mijn huis?' vroeg David, en hij zette grote ogen op. 'Waar?'

'Onder de meditatieruimte.'

'Nee! Dat bestaat niet. Dus als ik daar ga graven dan vind ik geheime documenten?'

'De kennis die je zoekt is echter niet iets waar je mee te koop mag lopen. Het vraagt om liefde en aandacht om de ware kennis naar buiten te brengen. Laat je dus niet verleiden tot schatgraven, puur en alleen om oude geschriften te vinden. Het gaat erom dat je de kennis verinnerlijkt zodat het wijsheid wordt. De wijsheid kan je uitdragen, maar ook dat is een subtiel en zorgzaam proces. Is dit te volgen?'

' Ja,' zei David en hij dacht na. 'De kennis van de Katharen. Waar hebben we het dan over?'

De inwijdingsweg van de Essenen en de Katharen bevat de kennis over de transformatie van de wereld op momenten dat er grote omwentelingen te wachten staan. Doordat meerdere mensen zich verbinden met deze kennis kan het proces van crisis veranderen in een proces van transformatie. Het is de kennis van het vrouwelijke die nodig is om een dergelijk geboorteproces te kunnen hanteren en vormgeven. Deze kennis werd rond het jaar nul gedragen door de vrouw die jullie Maria Magdalena noemen, de draagster van de graal. Het water van de graal is nodig om de ziel te helen, op het moment dat de wereld het het hardst nodig heeft. Rond het jaar duizend waren de Katharen de hoeders van de graal. Zij waren het die de grote omwenteling in de West Europese cultuur begeleiden vanuit de geest. Op dit moment ligt de kracht van de graal in jullie handen.'

'Dus dat betekent dat we weer op het punt staan van een grote verandering?' zei David.

'Dat klopt, daarom ben je hierheen geleid om de oude kennis opnieuw zichtbaar en tastbaar te maken.'

David was stil.

'Jezus, Ton, wat heb ik nou aan mijn fiets hangen.'

'Ja, sorry hoor, ik heb je gewaarschuwd. Ik draag hier geen verantwoordelijkheid voor. Je hebt het zelf gewild.'

'Ik weet het, dat ontken ik ook niet. Het is alleen zoveel meer dan ik verwacht had. Dit zet mijn hele leven op zijn kop. Of eigenlijk, het maakt mijn hele leven duidelijk. Het is geen abracadabra wat je vertelt. Het is iets wat ik eigenlijk al wel wist, maar nu eens helder verwoord wordt. Wie is die gids van jou eigenlijk?'

'Het zijn wisselende leraren die ik hoor, soms is het Maria Magdalena, soms de grote moedergodin, ik weet het niet. Er schijnen daar aan de andere kant een hele reeks meesters te zijn die samenwerken. Ze noemen zich de Grote Witte Broederschap, een groep meesters die zich het lot van de aarde aantrekken. '

'Dus die zitten daarboven met elkaar te bekijken wat wij hier beneden uitvoeren? Lekker clubje. En als we het nou fout doen?'

'Daarboven, zoals jij zegt, denken ze niet in goed en fout, heb ik begrepen. Ze denken alleen in mogelijkheden en leermomenten. Schuld en zonde is een menselijk begrip.'

'Dus je kan alles doen wat je wil?'

'Ja, dat kan. De eerste regel is de regel van vrije wil. Maar daar achteraan komt een heel scala van waarschuwingen, zoals 'Wat gij niet wilt dat u geschied, doe dat ook een ander niet.'

'Dus dan mag je nog niet doen wat je wilt?'

'Dat mag wel, alleen krijg je hetzelfde weer terug. Een soort universele feedback, zodat je beide kanten van de zaak ervaart. Dus het is zorg dat je vooral goede dingen doet, want alles wat je uitzendt komt weer bij je terug.'

'Ja, dat was me al duidelijk geworden.' David zweeg. De zon zonk langzaam achter de bergen en kleurde de avondlucht rood en oranje.

'We moeten maar weer eens op huis aangaan,' zei hij. 'Ik weet voorlopig weer wat ik te doen heb. Bedank ze maar daarboven.'

'Graag gedaan,' hoorde ik de stem van mijn gids zeggen.

Enkele dagen later nam ik afscheid van David en ging terug naar Nederland. Een maand daarna kreeg ik een telefoontje van hem uit Zuid-Frankrijk.

'Ik zit al twee meter diep,' vertelde hij enthousiast.

'Wat bedoel je?'

'Ik ben gaan graven onder de mediatieruimte.'

'Nee, dat meen je niet.'

'Toch wel. Ik heb al twee kuub uitgegraven.'

'En?'
'En wat?'
'Heb je iets gevonden?'
'Nee, niets, maar ik heb wel weer mijn inspiratie teruggevonden. Ik weet namelijk wat ik hier ga doen. Ik ga een festival organiseren rondom Maria Magdalena. Het wordt een bijeenkomst voor mensen die toegang willen krijgen tot die vrouwelijke kennis.'

Ik feliciteerde hem met zijn plan, en we spraken verder over een mogelijke invulling. Ik beloofde hem te zullen helpen, en in de zomer van 2000 was het eerste Maria Magdalena Festival een feit.

In de tussentijd schreef ik maandenlang aan mijn manuscript over de bouw van de basiliek van Vezelay en de geheime rol van Maria Magdalena. Het schrijven ging als vanzelf en daarnaast bracht ik vele uren door in bibliotheken en met het lezen van boeken over architectuur, over de Middeleeuwen, over de strijd tussen de Katharen en de Roomse kerk en alles wat op mijn pad kwam. Langzaamaan kreeg het boek over de zoektocht naar het verborgen evangelie van Maria Magdalena gestalte. Ik keek uit naar het moment dat het zou uitkomen en ik droomde van een wereldwijde bestseller. Maar in plaats van de roem en het grote succes, gebeurde er iets heel anders. Mijn zoektocht leidde me op een heel ander pad, duisterder dan ik had durven bevroedden. Sophia had me gewaarschuwd en ik had me op alles voorbereid, maar niet op datgene wat me zou overkomen. Het duister kent het licht niet, en het licht kent het duister niet. Mijn pad zou me opnieuw naar de Altai leidden, en de aanleiding gebeurde op een wonderlijke manier.

DE VIJFDE POORT

DE VIJFDE POORT IS DE POORT VAN HET WOORD. DE KUNST IS OM HET WARE EN WERKELIJKE WOORD TE SPREKEN. DAT KAN EEN WOORD VAN TROOST OF MEDELEVEN ZIJN, EEN WOORD VAN BEGRENZING OF INZICHT, MAAR BOVENAL EEN WOORD VAN LIEFDE, DAT SOMS HARD DAN WEER ZACHT IS.
SPREEK EN U ZULT GEZOND WORDEN, WANT MIJN WOORD IS HET WOORD VAN DE LEVENDE LIEFDE. DRINK HAAR, MAAR BEGRAAF HAAR NIET IN UW HART. LAAT UW WOORDEN ALS EEN BRON ZIJN DIE EEUWIG HELDER WATER VOORTBRENGT EN LAAT LASTER, OPRUIING OF LEGE WOORDEN UW BRON NIET VERVUILEN. LAAT DE TAAL DER LIEFDE DOOR U HEEN STROMEN, MAAR ZET HAAR NIET VAST. ONTHOUDT HAAR NIET. ZE IS, EN DAT IS ALLES WAT ZE IS. DIT IS DE SLEUTEL VAN DE VIJFDE POORT.

Anderhalf jaar was voorbij gegaan. Op een avond in januari keek ik samen met Maria naar de film Stargate op televisie. Het bleek een nogal matige sciencefiction film, maar mijn aandacht werd verscherpt toen bleek dat de held het 'zevende symbool' moest vinden om de Stargate te kunnen openen. Daardoor zou hij naar een andere planeet kunnen reizen. De Stargate was een poort in tijd en ruimte. Voor ik naar bed ging keek ik uit het raam en dacht aan mijn zoektocht naar de zevende poort en aan mijn laatste bezoek aan Sophia. Sinds die reis was er niets meer gebeurd dat op enige vreemde mysteriën duidde. 'Misschien was het allemaal wel science fiction,' dacht ik. 'Eén groot verhaal dat ik en anderen verzonnen hadden om het onmogelijke in ons leven te verklaren. Misschien was er helemaal geen zevende poort. 'Wordt het niet eens tijd dat je een baan gaat zoeken,' had Maria geopperd. Ze was het zat altijd zonder geld te zitten. We konden rondkomen, maar daar was alles dan ook mee gezegd. Ik worstelde met schulden die in de loop van de jaren waren opgestapeld en door mijn schrijfwerk kwam daar geen verandering in. Wat moest ik doen? Solliciteren en de zoektocht naar de poorten opgeven? Misschien. Of was dat nu juist de moeilijke uitdaging waar Sophia het over had gehad; volhouden, ook al weet je niet of het goed afloopt.

Terwijl ik door het raam naar buiten keek zag ik een groot sterrenbeeld. Ik had het nog nooit eerder gezien, maar herkende het plots; Het had precies dezelfde figuur als het zevende symbool uit de film! Ik zocht naarstig naar een doosje met kaarten van sterrenbeelden en vond op een afbeelding van de noordelijke hemelhalfrond het betreffende sterrenbeeld: Orion. Ik tekende de sterren op een papier om ze te onthouden en ging slapen.

's Nachts om twee uur werd ik wakker en een zin schreeuwde door mijn hoofd:

'Als Orion Leeuw raakt, verschijnt het beest. Bereid je voor op het beest, maar weet: Het beest is een feest in vermomming.'

In mijn halfslaap gingen er allerlei denkbeelden door mijn hoofd. Ik deed de lamp aan, pakte het vel met de getekende sterren van Orion, en trok spontaan een lijn door de buitenste sterren naar de middelste sterren. Er ontstond een soort X, die in elkaar is geschoven. Er daagde iets. Ik pakte een boek over geheime watermerken van de Katharen en andere esoterische genootschappen. Ik las:

'Wanneer lux, het Latijnse woord voor 'licht', wordt gespeld met de Griekse letters /\, V en X, kan het gehele woord worden samengevat in de enkele letter X, dat het teken voor 'waarheid' werd. Dit symbool, de letter X, werd heilig omdat het in de Latijnse vertalingen van Ezechiël 9:4 het teken was waarmee

het voorhoofd van ingewijden van de kloostergemeenschap bij Qumran werd gemerkt.'

'De Essenen,' schoot door me heen.

Ik las verder. *'De impliciete betekenis van het symbool is, dat de beloften van het duizendjarige rijk alleen kunnen worden gerealiseerd als de /\ en de V in harmonie samengaan. De /\ is het archetypische symbool voor het zwaard, het mannelijke, en de V, het archetype van het vrouwelijke, de 'kelk'. Het aldus herstelde evenwicht in de hemelen zal zich weerspiegelen op aarde. Bayley denkt dat het AVM-teken moet worden geïnterpreteerd als 'Ave Millennium.'*

Ik verslond de informatie, maar het duizelde in mijn halfslaap van de associaties. Zou het kunnen dat het gnostische symbool voor de in elkaar geschoven X voor Orion staat? En daarmee voor het AVE MILLENNIUM? Maar wat wil de voorspelling zeggen: *'Als Orion Leeuw raakt, verschijnt het beest. Bereid je voor op het beest, maar weet: Het beest is een feest in vermomming.'*

Ik moest denken aan de voorspelling die Nostradamus had gegeven over de 11e augustus 1999. Op deze dag zou een zonsverduistering plaatsvinden die de komst van de antichrist of het beest uit de hemel aankondigde. Daarmee zou een periode van grote vernietiging en destructie worden ingeluid, voordat het duizendjarige rijk van de vrede aan zou breken.

Als een schatgraver probeerde ik de losse stukjes van de schatkaart aan elkaar te plakken, maar ik kwam er niet uit. 11 augustus...een zonsverduistering...Stargate... een beest dat verschijnt, maar een feest in vermomming is... Ik dacht aan de reis naar de Altai die ik in 1995 had gemaakt en de boodschap die ik van de heilige berg Belucha had ontvangen: *'Dit is het moment waarop we gewacht hebben. Wij zullen beginnen met een nieuw lied van creatie, dat gedurende vijfduizend jaar niet gezongen is. Het is het lied van de aarde dat schept en vernietigt en dat alles nieuw zal maken.'*

Langzaam begon het me te dagen. Het moment was gekomen. Het omslagpunt van het millennium stond eraan te komen en het werd tijd dat ik aan de slag ging. Ik wilde opnieuw naar de Belucha, ditmaal niet met een grote groep mensen maar met een klein groepje mannen. De datum van aankomst bij de berg: 11 augustus 1999.

Zes maanden later zat ik in het vliegtuig, een moderne Aeroflot met een groep van 7 mannen. David was opnieuw van de partij. We waren enkele keren met de andere vijf mannen bij elkaar gekomen en hadden de reis besproken. We zouden allen op eigen verantwoordelijkheid gaan, omdat ik geen beloftes durfde te doen. Ik wist zelfs niet of ik wel wilde begeleiden. Ik wilde naar de berg, liefst samen met anderen, maar het moest niet zo'n georganiseerde reis worden als de vorige keer. Ik wilde vrij zijn om te doen wat ik te doen had. De anderen accepteerden het en vonden het juist prettig dat we als een groep gelijkwaardige mannen op stap gingen.

Enkele dagen voor ik vertrok belde Sophie me op. Via mijn moeder had ze gehoord dat ik op reis ging. 'Ik moet je waarschuwen', had ze gezegd. 'De vijfde poort is de poort van de dood. Het is niet gemakkelijk om er doorheen te komen.'
'Ik was niet van plan dood te gaan,' zei ik overmoedig.
'Het gaat niet om de fysieke dood.' Zei ze. 'Die is nog tot daaraantoe.'
'Tot daaraantoe?' vroeg ik onnozel.
'Dood moeten we allemaal,' zei Sophie. 'Het gaat erom of je ziel blijft leven. Dat is vele malen belangrijker dan het feit of je sterft of niet.'
'Ooh,' zei ik. 'En wat moet ik daarvoor doen?'
Ze vertelde me vele zaken over de beproevingen van de ziel en hoe de mens tijdens de inwijding in de zeven poorten de weg kan kwijtraken, of erger nog, in één van de poorten kan blijven steken. Ik luisterde naar haar verhaal, maar op het moment dat ik de spanning van het avontuur rook en in het vliegtuig op weg was naar Moskou, was ik al haar woorden vergeten.

In Moskou verbleven we een week bij Russische vrienden. Op een van de dagen gingen we naar het centrum van de stad om het Kremlin en het Rode Plein te bezoeken. Het was een plezier om het Kremlin weer binnen te lopen. Het is een van de grote krachtplekken op aarde. Een spirituele bron die jaren verzegeld was geweest voor het Russische volk. Pas na de Perestrojka kreeg het volk weer toegang tot deze heilige plek. De schatten van oude tijden, de kerken en vele prachtige schilderingen, sieraden en religieuze voorwerpen waren hier bewaard gebleven. In de rest van Rusland was met de komst van het communisme alle religie met wortel en al uitgeroeid. Kerken waren vernietigd, kloosters gesloten en priesters vermoord. Godsdienst was immers de opium voor het volk, en het volk moest bevrijd worden van haar drug. Toen ik de eerste keer het Kremlin binnentrad leek het alsof ik door een grote lichtpoort liep. Ik liep in trance en voelde hoe het licht me omgaf. Het was de tijd waarin Moskou nog somber en donker was. Altijd als ik er kwam voelde ik me onbehaaglijk en werd ik binnen enkele dagen depressief, alsof er een grote zware deken over de stad lag. Door volledig in licht en liefde in het Kremlin te lopen en me niet te laten afleiden of aantasten door de duisternis leek het alsof de grote poort ontsloten werd.

Nu liep ik hier weer; op reis met zeven mannen, omdat ik na een visioen had besloten naar de Altai te gaan met de zonsverduistering van 11 augustus. Waar ging dit over? Was ik nog wel goed bij m'n hoofd?

David haalde me uit m'n dagdromen. 'Ik voel me niet zo goed.'
'Hoezo?'
'Ik ben draaierig. Dat plein. Er is iets met dat plein. Ik kan er niet tegen. Het maakt me zo verward. Ik moet even gaan zitten.'
Zodra we op een muurtje aan de rand van het plein zaten begon mijn innerlijke stem zich te roeren.
'Zal ik even contact met mijn gids maken?' vroeg ik.
'Graag.'
'Heb je een vraag?'
'Ja. Waarom voel ik me zo verward hier?'
Ik sloot mijn ogen en hoefde nauwelijks naar contact te zoeken. Mijn gids was er luid en duidelijk en glimlachte me toe. *Begin maar. Dit is het begin van het verhaal dat zich in de komende weken zal gaan afspelen. Stel je ervoor open. Je zal een gids en kanaal zijn voor de hogere energieën die zich willen manifesteren tijdens jullie reis. Het verhaal begint hier op dit plein.*' Ik glimlachte terug en verbaasde me over de helderheid van de woorden die ik in mijn hoofd hoorde. 'Dank voor jullie begeleiding. We zullen het nodig hebben.' De stem ging verder:
De verwarring die je voelt is te wijten aan de disharmonie van energielijnen die over dit plein lopen. Dat heeft te maken met de bouw, maar meer nog met de energie van de mensen. Mensen bepalen de energie van een plek. Een heel volk bepaalt als het ware de energie van een krachtplek als deze, omdat ze een nationaal symbool is. Op dit plein kruisen verschillende krachtlijnen elkaar. Op enkele lijnen zijn kerken geplaatst. Naast de horizontale lijnen is er nog een verticale energie die vanuit de aarde omhoog wil komen en zich niet vrij kan uiten. Dat heeft te maken met de onderdrukking van de aarde-energie. De vrouwelijke kracht van de aarde mocht niet meer leven in het door mannelijke principes gedomineerde Rusland. Zowel het tsarisme als het communisme hebben systematisch het vrouwelijke principe onderdrukt... Emoties of eigen impulsen of zelfs maar je eigen weg volgen mag hier niet. Mannelijke energie is in principe bedoeld om te beschermen. De kerken en de muren zijn ooit neergezet als bescherming voor deze plek, maar op een gegeven moment is de bescherming vervormd tot onderdrukking en beperking. Dus het mannelijke principe, dat in eerste instantie het vrouwelijke principe ondersteunde en

voedde, is verworden tot een machthebber die bedreigt, die beperkt en die het
werkelijke leven insnoert.'
David keek me verbaasd aan toen ik mijn ogen weer opendeed. 'Maar wat heeft
dat met mij te maken?'
Ik voelde mijn gids glimlachen. *'Heb je zelf een idee?'*
Heeft het te maken met de disharmonie in mezelf?' vroeg David.
'Kun je woorden geven aan wat die disharmonie is?' vroeg de gids.
'Moeilijk. Vrouwelijke, mannelijke kanten, iets in die richting zit ik te zoeken.
Verder heb ik het niet helder. Ik heb het gevoel dat ik vast zit.'
'Dezelfde aardse kracht die hier in de grond zit wil in jou naar buiten komen.
Laat die onderaardse kracht die in je zit naar buiten stromen en een plek
krijgen in je leven.'
'Wat moet ik me daarbij voorstellen? Ik voel alleen maar angst...'
'De kracht roept angst op. Maar duw de angst niet weg. Door verbinding te
maken met je angst kom je dichter bij je kracht. Die zit er als het ware achter of
onder zo je wilt. Het is hetzelfde proces als hier op het plein plaatsvindt. De
mensen zijn bang voor hun werkelijke kracht. Daarom onderdrukken ze haar.'
We keken naar het plein. Achter ons reed een legertruck met ratelende wielen
langs. Er klonk een schelle fluit. Enkele vogels vlogen verschrikt op. Een soldaat
rende naar iemand toe die zich buiten het wandelpad had begeven. Met heftige
gebaren werd de persoon terug naar het afgebakende wandelgebied gedirigeerd.
'Mag ik een vraag stellen over de vogels hier. Het intrigeert me gewoon', zei één
van de mannen. 'Ik hoorde namelijk dat de duiven van dit terrein worden
geweerd door getrainde valken. Weet je waarom dat zo is?'
Ik sloot mijn ogen en luisterde. *'De duif is het symbool voor de heilige Geest en*
voor vrede en de valk of roofvogel staat voor macht, voor de zwarte macht. In
die zin kun je direct zien wat zich hier aan het afspelen is. De Heilige Geest mag
hier niet echt indalen. Want alles wat met spiritualiteit te maken heeft is
verboden. De duiven zijn de boodschappers, de brengers van hogere energieën
in de wereld. Ze hebben een bepaald soort zender of ontvankelijkheid voor
hogere energie. Die nemen ze mee naar open plekken. De valk heeft op zich
een mooie energie, behalve als die verkeerd wordt gebruikt. Dat is wat hier
gaande is.'

David opperde: 'Ik zou graag iets willen doen hier op dit plein. Kunnen
wij als groep niet het vrouwelijke dat hier onderdrukt wordt bevrijden?'
Met deze vraag benoemde hij de essentie van de reis. De reis zou gaan over het
bevrijden van het vrouwelijke en het opnieuw herstellen van een evenwicht
tussen het mannelijke en het vrouwelijke. Maar waarom lag die taak bij ons, als

acht mannen? En hoe moesten we dat in hemelsnaam doen? Wat kun je als man doen om het vrouwelijke een plek te geven? Gedurende de reis kwamen de antwoorden, soms als gechannelde teksten, soms door directe ervaring en confrontaties met de natuur, de omstandigheden, de anderen of met onszelf.

De gids gaf een eerste antwoord: *'Het mannelijke is een heilige, goddelijke energie die van oorsprong beschermend en helend werkt. Maar het mannelijke is doorgeschoten in zijn arrogantie waardoor het zijn waarde en ook zijn aarding heeft verloren. Het is los komen staan van Moeder Aarde. Daardoor heeft het de verbinding met het vrouwelijke verloren. Naast bescherming en ondersteuning heeft het mannelijke nog een hele belangrijke, maar vaak vergeten functie ten opzichte van het vrouwelijke. Het mannelijke kan het vrouwelijke als het ware wakker kussen uit haar slaap. Deze reis is een mannelijke daad om het vrouwelijke te helen en weer in het daglicht te stellen.'*

David aarzelde. 'Kunnen we elkaar daar niet een beetje bij helpen? Kunnen we niet samen naar het middelpunt van het plein gaan?'

De gids glimlachte: *'Het is een individueel proces. Het begint bij jezelf. En daar eindigt het ook. Door eerst de wond in jezelf te helen en met die energie hier te zijn heel je als het ware het hele Russische rijk en heel de aarde, omdat dit een krachtige plek is. Jullie kunnen elkaar helpen door wat je nu doet, door bij elkaar te zijn en te delen wat er in je omgaat. Dat is de kracht van jullie samenzijn. Maar vergeet niet dat deze hele reis toch een eenzame tocht is, in die zin dat je hem alleen gaat. Ieder zal zijn eigen stappen moeten maken. Daar ontkom je niet aan. Dat is de essentie. Maar in het alleen-zijn kun je samen zijn, niet andersom.'*

David begreep de boodschap. Hij verzamelde moed, liep naar het midden van het grote plein en strekte zijn armen uit. Bezoekers en toeristen keken hem verbaasd aan, alsof er plots een vogelverschrikker midden op het Kremlin was neergestreken. David liet zich niet van de wijs brengen. Dit was zijn stap.

De volgende ochtend bespraken we het verdere verloop van de reis. Vanaf Moskou zouden we de Trans Siberië Express naar Barnaul nemen, om vandaaruit met de bus verder te gaan. Deze reis zou een kleine week in beslag nemen; drie en halve dag in de trein en twee dagen in de bus. Daarna moesten we besluiten of we via de rivier, het dal of via de bergtop naar de Belucha wilden reizen. De meningen waren verdeeld en lange discussies volgden. De eerste botsingen waren een feit. We moesten het met elkaar uitknokken en nog vele malen tijdens de reis zouden we geconfronteerd worden met ons onbegrip, boosheid, eenzaamheid en irritatie naar anderen. Oftewel, het beest begon zich te roeren. Hoe lastig is het om je eigen schaduwkanten onder ogen te moeten zien en niet af te reageren op anderen. Het was een reis van worstelen, niet alleen met de omstandigheden maar vooral met mijzelf.

'Maar wat betekent het helen van het vrouwelijke concreet voor onze reis?' vroeg één van de mannen. 'Moeten we daarvoor de top van de Belucha beklimmen? Of schieten we dan juist ons doel voorbij? Kun je dat eens aan die gids van jou vragen?'

De gids gaf een toelichting:

'Het is belangrijk om de weg door het donker heen naar met licht te maken. Dus misschien is de weg naar de top niet direct de eerste weg. Het is juist de weg die de aarde ingaat die belangrijk is. Door de duisternis binnen te treden zullen jullie de zon gaan voelen in jezelf. Door naar die donkere aarde energie te gaan win je aan kracht en stevigheid, en daardoor kun je duidelijker vanuit je hart opereren. Dus niet te veel naar boven stijgen, maar juist meer de grond indalen, naar het donker toe.'

'Maar hoe doe je dat?' vroeg een andere man.

'Geef alles wat donker is in jezelf een plek; alle negatieve dingen als boosheid, verdriet, perversiteit, macht; Laat het er zijn, het is niet fout, als het maar een plek krijgt. Als je het onderdrukt wordt het negatief. Als je het toelaat, kun je het integreren. Zoek de donkerte op: donkere plekken, donkere kleren, het maak niet uit. Als je maar de duisternis ingaat om de balans te maken. Het licht is niet fout, begrijp me goed, maar je raakt onthecht als het de overhand krijgt en daardoor mis je een stuk mannelijkheid en een stuk kracht, waardoor je helderder in de wereld komt te staan.'

Na een voorspoedige reis kwamen we aan in het basiskamp in Tyungur, waar we werden opgewacht door Alexander, opnieuw onze Russische reisorganisator. Hij keek bedenkelijk. Het weer zag er slecht uit en er waren verschillende groepen die de bergen in wilden gaan. Er waren te weinig paarden en gidsen omdat er net een grote groep Nederlanders was vertrokken. Het leek een soort spiritueel toeristenseizoen te zijn. De 11e augustus kwam naderbij en blijkbaar waren we niet de enigen die op het idee waren gekomen om naar deze plek te gaan. Na twee dagen wachtten trokken we Alexander aan zijn jasje. 'Wanneer kunnen we gaan?' We waren het wachten moe. We waren inmiddels al twee weken onderweg en we snakten ernaar de natuur in te gaan en de bewoonde wereld achter ons te laten. Wie had kunnen denken dat we tien dagen later op onze knieën van dankbaarheid terug wilden keren in diezelfde wereld... De natuur zou ons geen gemakkelijke tocht bezorgen. Op het moment dat we vertrokken betrok het weer en de eerste regen begon te vallen. We hadden besloten met boten een stuk over de rivier te reizen, omdat de paarden en de gids nog niet terug waren van de vorige groep. We zouden de gids ontmoeten in het volgende kamp.

De reis in de boten was nat en koud. Ik baalde dat we zo lang hadden moeten wachten en mijn humeur was net als het weer danig verslechterd. Met plenzende regen kwamen we aan in het tweede kamp. Het kamp bestond uit een paar houten schuurtjes rondom een oude sjamanenhut. De andere groep Nederlanders was er nog. Ze hadden door het slechte weer niet verder kunnen reizen en een aantal deelnemers had last van het lopen. Het kamp puilde uit van kleine tentjes en om beurten kon een groepje de kleine sjamanenhut in om op te warmen, kleren te drogen en te eten. Een paar Altaise mannen kookten voor ons en gingen onverstoorbaar hun eigen gang. Voor hun was dit gewoon. De natuur moet je accepteren: Als het regende regende het. Maar wij hadden mooi weer verwacht als decor van een spirituele wandeling in de bergen, een reis door het prachtige Altai-gebied. We waren bereid af te zien, maar waarom moest dat nu met kou en regen gepaard gaan, of was dit nu... juist ja, afzien. Maar het kon nog erger.

Voordat het echter zover was, kregen we een toelichting van mijn innerlijke gids, die zoals altijd licht en plezierig klonk, hoe beroerd de werkelijkheid er soms ook uitzag. We zaten rond het vuur waarop een kookpot pruttelde en ik sloot mijn ogen om contact te maken.

'Goedenavond allemaal. Het is prettig om bij jullie te mogen zijn en we willen jullie graag vertellen over het ritueel dat de komende dagen gaat plaatsvinden. Zoals jullie al hebben gemerkt gaat het erom het mannelijke en het vrouwelijke weer in balans te brengen. Op bepaalde plekken hebben jullie sterke mannelijke en vrouwelijke energie ervaren. De komende dagen zal er een verbinding plaats vinden tussen het mannelijke en vrouwelijke, tussen hemel en aarde, tussen het materiële en het spirituele. Ooit is het mannelijke afgescheiden van het vrouwelijke en zijn beiden een eigen weg gaan, los van elkaar. Dat heeft een dualiteit opgeleverd. Alles is daarmee in tegenstrijd gekomen. Er is nu een moment in de tijd waarop die twee energieën zich weer volledig gaan verbinden. Er zal een nieuwe eenheid komen uit die verbinding tussen mannelijk en vrouwelijk. Het is één van de grootste momenten in de geschiedenis omdat dit al heel lang niet is geschiedt. Het is als het ware een groot huwelijksfeest waarbij de Christusenergie en de energie van Maria Magdalena zich weer gaan verbinden. Het is een kruislingse verbinding. Mannelijk en vrouwelijk, hemel en aarde komen in het midden samen en zorgen ervoor dat het nieuwe leven geboren wordt.'

'Hoe moet ik me dat huwelijk voorstellen?' vroeg één van de mannen.

Visualiseer de innerlijke man en de innerlijke vrouw in jezelf. Laat die twee vervolgens samenkomen in dat beeld. Kijk wat ze met elkaar willen en wat ze met elkaar doen.'

'Zijn er nog andere vragen?' vroeg de gids.

De mannen knikten van niet want we wilden gaan slapen om de volgende dag fris verder te gaan en de informatie die door de gids was gegeven te laten bezinken.

De gids sloot af: *'Let op je dromen. Ook daardoor zal veel informatie komen over hoe het mannelijke en het vrouwelijke zich in het hart gaan verenigen. Ga naar de berg en je zal verwelkomd worden. Denk niet te veel na, maar laat je leiden door je impulsen. Heb een goede bijeenkomst de komende dagen.'*

De volgende dag bracht geen verlichting. Het regende nog steeds en de andere groep besloot te vertrekken. Wij bleven en beraadslaagden opnieuw over de te nemen route. Ik zat er aan te denken om een tijdje alleen te lopen. Maar geen van onze ideeën werd werkelijkheid. Volgens de gids was het te gevaarlijk om over de kam te lopen met dit weer. Het was glad en het weer zou wel eens erger kunnen worden. En eenmaal die weg ingeslagen was er geen weg meer terug.

We beseften dat onze weg niet over glorieuze hoogten liep, maar door de modder, precies zoals in de channeling was gezegd; we moesten het donker in. Weer moesten we een dag wachten voordat we verder konden, maar de Altaise gids had een goed alternatief: In het kamp was een 'Black Banya', een klein hutje dat als sauna wordt gebruikt door er vuur in te stoken. De Altaise man ging het vuur aanmaken en toen het helemaal uit was, konden we er in. Binnenin was het nachtdonker en rokerig. Het was een soort gesmoorde baarmoeder, maar het gaf warmte en geborgenheid. Nadien koelden we onze verhitte lijven af in de motregen en in het kleine watervalletje naast de Banya. Toen ik naakt buiten in de regen stond vertelde de Altaise gids dat hier vele jaren een sjamaan had gewoond. Hij was een zwarte sjamaan, dat wil zeggen dat-ie in contact stond met de zwarte krachten. Dat betekende niet dat-ie aan zwarte magie deed, maar dat hij immuun was tegen de krachten van het zwart. Dergelijke sjamanen waren zeer krachtig en ongenaakbaar. Ze werden gevreesd en geëerd door de bevolking en werden ingeroepen bij zeer ernstige overtredingen of traumatische ervaringen.

Ik trok mijn kleren aan en ging een wandeling maken. Ik wilde na denken over wat ik te doen had. Ik wilde af van mijn rol als begeleider, maar hoe? Het liefst zou ik een tijdje alleen zijn. Ik vond het zwaar om de hele tijd met de groep op te trekken. Ik wilde hier iets voor mezelf doen, maar op de een of ander manier bleef ik maar de verantwoordelijkheid voor iedereen nemen, wellicht om mijn eigen verantwoordelijkheid te vermijden. Ik voelde opeens de aanwezigheid van de sjamaan en de kracht van het zwart. Geen aardige oude man die je liefdevol vergeeft als je iets fout doet, maar iemand die je op je kop slaat als je niet luistert. *'Dit is geen tijd om te spelen,'* zei de sjamaan. *'Je hebt werk te doen. Alleen. Dus laat de groep los en ga je eigen weg'.*

'Maar ik ben bang om mijn eigen weg te gaan...' probeerde ik nog. Ik keek op en een tak sloeg recht in mijn gezicht.

'Ga', schreeuwde de geest. Ik begon als een gek te rennen en kwam buiten adem aan bij het kamp. Ik liep David tegen het lijf.

'Ik ga alleen verder. Ik moet nu vertrekken. Wil jij het de anderen vertellen...?'

Hij omarmde me. 'Goeie reis, Ton. Doe wat je moet doen. We komen wel achter je aan.'

Ik pakte mijn spullen en vertrok. Die dag liep ik alleen. Ik ploeterde door de modder met mijn donkere regencape over me heen. Ik leek op de klokkenluider van de Notre Dame, met mijn rugzak als een grote bochel onder mijn cape. 'Waarom loop ik hier?' vroeg ik me af. Dit is helemaal niet leuk. Is dit het einde? 11 augustus komt dichterbij, hier loop ik mijn eentje en waarschijnlijk gebeurt er helemaal niets. Ik ben idioot. Was ik maar gewoon op vakantie gegaan, naar Griekenland of zo.

'Stop je gemopper,' hoorde ik opeens. De sjamaan was terug. *Je maalt maar door. Stop ermee. Concentreer je! Waarom loop je hier? Ben je hier gekomen om de planeet te helen of jezelf te helen?'*

'Is dat een vraag?' vroeg ik.

'Klopt, ik wil een antwoord.'

'Nu?'

'Nu!'

'Ik denk dat ik hier ben om de planeet te helen. Die 11e augustus en zo. Het beest dat uit de hemel komt...'

'Stop. Luister. Er is niets in de wereld dat jij kunt helpen of waardoor jij geholpen kan worden. Zie dat onder ogen en laat de arrogantie los dat je een redder van de wereld bent. Je gaat naar deze berg om jezelf te helen. Alleen op die manier draag je iets bij aan de heling van de wereld. Wees hier voor jezelf en maak je eigen stappen. Kijk naar je schaduw en accepteer je donkere kant. Wat kom je hier zoeken? Wat heb je nodig? Als je weet wat je hier komt halen, vraag er dan in alle nederigheid om. De donkere kant is een zeer voedende kant, zoals het zwart van de nacht. In het zwart van de nacht kun je de sterren zien flonkeren. Het zwart is ontkend in de wereld. Mensen streven naar het licht, maar zonder donker is er geen licht. Dus accepteer je eigen schaduw, je

eigen pijn en ga je pad met liefde voor alles wat donker is in jezelf. Door de duisternis te respecteren breng je licht in de wereld.'

De sjamaan zweeg en ik ploeterde verder door de modder. Eindeloze modder, modder op mijn schoenen, op mijn benen en modder in mijn kruis. Ik voelde me alleen en van God en alles verlaten. Het gevoel van eenzaamheid werd steeds sterker. Ik voelde de Dood als een metgezel naast me lopen. Was deze reis mijn dood? Zou ik ooit nog terugkomen bij mijn vrouw en dochter? Of was mijn angst voor de dood louter de angst om te veranderen, om het oude los te laten en het nieuwe te omarmen. Maar wat moest ik loslaten?

Ik werd opgeschrikt door geroep: 'Hé, Ton!'

De groep had me ingehaald. Wat was ik blij ze weer te zien. Gelukkig, ik was niet meer alleen. De Dood trok zich terug en ik stortte me in het leven. We wisselden verhalen uit en liepen gezamenlijk verder, luid pratend en zingend. De stemming was goed en even waren we de zwaarte van de reis vergeten. 'We gaan nog niet naar huis, nog lange niet, nog lange niet...' en: 'I'm dreaming of a white Christmas...' Dat hadden we beter niet kunnen doen. De volgende ochtend werden we wakker in een groot, wit sneeuwlandschap. Nadat we van de eerste verwondering waren bekomen beseften we de ernst van de situatie. Onze vingers bevroren van de kou, we hadden nauwelijks warme kleding bij ons en de kleren die we hadden waren doorweekt. De Altaise gids, die onder een boom lag te slapen, moesten we uitgraven. Onmiddellijk ging hij aan het werk. Hij bepakte de paarden en maakte het vuur aan. Dat ging moeizaam, maar uiteindelijk lukte het om een pannetje thee op te warmen. Het rode vuur stak als een eenzaam lampje af tegen de onmetelijke grijze wereld om ons heen: Siberië. Dit was zoals je het je voorstelde als je er nog nooit was geweest. Maar wij wisten beter. Het moest zomer zijn, 28 graden, bloeiende bergweiden, fluitende vogels en een strakblauwe hemel. Maar het mocht niet zo zijn.

Zodra we bepakt waren vertrokken we om warm te blijven. Die dag liepen we door zonder te stoppen. Iedere minuut die we stilstonden verloren we warmte en energie. David had een klein flesje Tequila bij zich en onderweg konden we een slokje nemen om op te warmen. Onze voeten zonken weg in de natte sneeuw, en de kou drong overal naar binnen. Door de sneeuw konden we niet goed zien waar we liepen en regelmatig zonken we weg in een kuil of met sneeuw bedekte waterplas. Halverwege de wandeling moesten we over een boomstam klauteren waaronder een kolkende rivier stroomde. De stam was bedekt met een dun laagje ijs en centimeter voor centimeter kropen we er overheen. We zwegen en konden maar aan één ding denken: overleven en zorgen dat we het laatste kamp haalden.

De Dood liep opnieuw naast me. Ik huiverde. Ik verlangde opeens naar mijn moeder, als een kind dat terug naar de baarmoeder wil. 'Is dit het einde? Mam, ik heb je nodig. Ik ben bang om dood te gaan.' Op dat moment voelde ik een intense liefde die mijn moeder voor me had gevoeld toen ik ter wereld was gekomen, zoals alleen moeders van hun kinderen kunnen houden: Onvoorwaardelijk. Ik begon te huilen van geluk en besefte me dat ik hier al die tijd naar op zoek was geweest. Zo vaak was ik boos geweest op mijn moeder, had ik haar weggeduwd uit mijn leven, omdat ik mezelf wilde zijn, haar bemoeienis niet wilde, op mijn eigen benen wilde staan, maar hier, op dit moment van doodgaan, voelde ik hoeveel ik eigenlijk naar haar verlangde.

Hier was ik, uitgeput, aan het einde van de wereld, op weg naar een heilige berg en ik vond de liefde voor mijn eigen moeder terug. Gek, dat je soms zover moet reizen om iets te vinden dat zo dichtbij ligt. In gedachten zag ik mijn moeder voor me en ze strekte haar handen naar me uit. Niet om me vast te houden, maar om me te zegenen. Ik hoorde opnieuw de stem van de sjamaan: *Deze inwijding kun je alleen krijgen van één van je ouders; iemand die hetzelfde bloed als jij draagt. De familie van jouw moeder draagt het bloed van de vrouwelijke lijn. Zij heeft je gebaard. Nu zal je jezelf baren, en in vol bewustzijn voor een leven op aarde kiezen. Er is niets wat je nu nog weerhoudt. Ga naar de berg en je zult verwelkomd worden.'*

Ik strompelde verder, maar mijn hart was verlicht. Ik voelde me herboren. Het wolkendek was opengebroken en daar lag ze in de scherpe zon: de Belucha, de Grote Moederberg, met de rivier die tussen haar dijen stroomt. Ik knielde op de grond en bedankte de sjamaan voor zijn begeleiding. Hij nam afscheid. *'De Moeder begeleidt je verder. Mijn werk is klaar. Je was een prettige leerling.'*

Ik lachte en dacht aan al mijn gestuntel en weerstand. Dat was waar het misschien allemaal om ging: Om onvoorwaardelijk van jezelf en anderen te houden, zoals een moeder van haar kinderen houdt. Je weet dat je van alles verkeerd doet, maar dat valt in het niet bij de liefde die er voor je is. Ik liep het laatste stuk naar het kamp en kwam glunderend aan.

Nadat we allemaal waren gearriveerd - ieder op zijn eigen manier en eigen moment -konden we de banya in die voor ons klaar stond. De hitte was weldadig en niemand sprak een woord. Overal om ons heen hingen kleren, broeken, ondergoed, sokken, natte slaapzakken en op de grond stonden onze afgetrapte schoenen. Alles en iedereen was tot op het bot toe nat. Sommigen vielen in slaap, anderen begonnen hun tent op te zetten en aan het eind van de dag was iedereen weer in goed humeur. We hadden het gehaald en na een warme maaltijd zag de wereld er volkomen anders uit.

Terwijl we om het vuur zaten, begon de gids zich te roeren. Iedereen schoof aan en in het schijnsel van de vlammen kwamen de volgende woorden:
'Vanavond is het begin van de grote bijeenkomst die al vele duizenden jaren is voorbereid. Dat klinkt misschien vreemd, maar dit is een moment in de tijd, waar al een lange tijd aan vooraf is gegaan. Er is eerder zo'n moment geweest. Er zijn toen afspraken gemaakt om weer bij elkaar te komen. En dan bedoel ik niet alleen jullie, maar ook anderen die zich vanuit verschillende hoeken van het universum hier verzamelen op aarde. Het is een intergalactische bijeenkomst, waar jullie deel van uit maken en die hier bij de Belucha plaats zal hebben.'
'Wat bedoelt je gids; dat hier allerlei UFO's aan komen vliegen of zo?' vroeg David, terwijl hij zenuwachtig lachte.
'Ik weet het niet,' antwoordde ik en ik voelde me ongemakkelijk bij de teksten en visioenen die er door kwamen. 'Ik zie allerlei beelden van... ja, een soort afgezanten van de Pleiaden en van Alfa Centauri. Het heeft een nogal hoog Star Trek-gehalte vanavond,' verontschuldigde ik me.
'Wat is onze rol? Is er iets wat wij kunnen doen? Kun je dat aan je gids vragen?' vroeg één van de anderen.
Ik stemde me af. *'Ja, dank voor deze vraag. We willen jullie inderdaad iets vragen, maar weet dat deze vraag in volkomen vrijheid gesteld wordt: Zijn jullie bereid om dood te gaan en opnieuw geboren te worden en daarmee dragers te worden van het licht?'*
De vraag viel als een bom in ons midden. We keken elkaar aan. Doodgaan om opnieuw geboren te worden. Betekende het dat we hier zouden sterven, of was het overdrachtelijk bedoeld?
'Ja' zei één van de mannen opeens, volkomen serieus.
'Ja,' zei de volgende, ja, ja, iedereen knikte. De spanning was om te snijden en er viel een lange stilte. Niemand wist iets te zeggen. We waren op reis gegaan omdat het spirituele avontuur ons trok, maar dit hadden we nooit verwacht.

Achter ons in de hut ontstond rumoer. Een aantal mensen van een andere groep die aanwezig was gebaarden en praatten druk. Er klonk gekreun en één van de mensen liep snel de hut uit. Tussen het groepje mensen zag ik een man op de grond liggen die er lijkbleek uitzag. 'Hij is aan het sterven,' zei iemand zacht. 'Dit ziet er helemaal niet goed uit.' Een van de Russische gidsen die er in allerijl bij was gehaald constateerde de toestand van de man: hij had een maagbloeding en moest zo snel mogelijk naar een ziekenhuis.
'Hoe kom je vanaf hier nu zo snel mogelijk naar een ziekenhuis? vroeg David zijdelings aan mij. 'We zitten midden in Siberië...'

Er leek niet veel hoop voor de man. In het donker reed iemand naar een naburige EHBO post en in allerijl werd er een geïmproviseerd infuus voor de man gemaakt om zijn bloed te verdunnen. Zijn gezicht was inmiddels asgrauw. Iedereen keek bezorgd. De dood was opnieuw vlakbij.

De hele nacht werd er bij de man gewaakt en de volgende ochtend was zijn toestand danig verslechterd. Er was inmiddels een helikopter gebeld, maar het duurde nog een dag voordat die arriveerde. Als de helikopter toch vloog, moesten er namelijk nog andere spullen worden vervoerd, zoals stenen en bouwmaterialen. Het bleef tenslotte Rusland...

De man moest een dag later te paard naar de EHBO-post worden vervoerd waar de helikopter kon landen. Hij werd de helikopter in gehesen en verdween. Wij bleven achter. Ik vroeg me vertwijfeld af of ik ooit nog heelhuids thuis zouden komen.

Het was 10 augustus. Nog één dag te gaan. We hingen als groep maar wat rond in het kamp, maakten af en toe een wandelingetje naar het meer dat aan de voet van de Belucha lag of spraken met deelnemers van de andere groep. Wat moet je doen als de wereld nog maar een dag te gaan heeft? Of was alles slechts een grap? Hielden we onszelf voor de gek met doemprofetieën, zoals velen mensen voor ons gedaan hadden? Was er niets aan de hand en maakten wij van een mug een olifant? Had Nostradamus gewoon maar wat gezegd over deze datum en waren wij erin getuind? Of vond er werkelijk een ingrijpende verandering plaats, een overgang naar het nieuwe millennium? Niet het einde van de wereld, maar een nieuw begin, een begin dat stralender zou worden dan we ooit hadden kunnen dromen. Zou het kunnen dat liefde inderdaad sterker is en alle wonden geneest? Hoe idealistisch kun je zijn?

Ik liet de vragen voor wat ze waren en zonderde me zoveel mogelijk af. Ik had nog steeds het gevoel dat ik alleen verder wilde, zonder de groep. Uiteindelijk hakte ik de knoop door en besloot alleen de bergen in te gaan. Ik vertelde mijn besluit aan David en hij zou het aan de rest van de groep vertellen. Een last viel van mijn schouder. Eindelijk durfde ik alles los te laten en mijn eigen weg te gaan. Ik pakte mijn rugzak, sloeg wat proviand in, nam een brandertje mee, een slaapzak en een tent en vertrok richting de berg. Het weer was helder en ik voelde me vrij. Uiteindelijk moet je de belangrijkste stappen in je leven zelf zetten. Er is niemand die je kan helpen. Mensen kunnen je raad geven, je steunen, je alternatieven aanreiken, maar uiteindelijk moet je zelf de keuzes maken. Mijn gids had gelijk: Ik ben hier voor mezelf en het was prettig om dat eindelijk te beseffen.

Ik kwam aan bij het meer en ging naar de veerman die me met een bootje het meer over kon zetten. De veerman was uiterst vriendelijk, maar vroeg een schandalig hoge prijs voor de overtocht. Hij deed me denken aan Cheiron, de veerman die de doden over de Styx brengt, en ik besloot maar gewoon te betalen. Tenslotte moet je als je de Styx overgaat niet knieperig doen. Toen ik naar de boot keek, zag ik dat er Russische letters op waren geschilderd. Ik ontcijferde de letters en kwam zo tot de ontdekking dat het bootje Titanic was gedoopt. Fijn, dat gaf hoop. Was dit een van de kosmische grappen die de dood met me uithaalde of een echte waarschuwing? Ik wist het niet meer en accepteerde maar gewoon wat er op mijn pad kwam. De boot voer over en de man vroeg wanneer ik terugkwam. 'Over twee dagen,' zei ik. Hij gaf me een lamp mee die ik weer aan hem terug moest geven en ik bedankte hem. Hij was mijn enige en laatste verbinding met de rest van de wereld. Voor mij lag het ongerepte berggebied en de hoge gletsjerwand van de Belucha. Ik wandelde een tijdje langs het meer en zocht toen een plekje om mijn tent op te slaan. Ik had een prachtige vallei gevonden met een oude, grote boom erin.

'S Avonds kookte ik mijn potje van bonen, vlees en groenten en ik was totaal gelukkig. Hier zat ik, weg van de wereld, weg van alles, weg van mensen en ik was gelukkig. Wantrouwig vroeg ik mezelf af of ik niet een beetje eenzaam was, of bang. Een beetje, gaf ik mezelf toe, maar er viel mee te leven. Dat veranderde toen de avond viel. Zo rustig als het die dag was geweest, zo anders zou de nacht worden.

Het begon met een bries die op kwam zetten die het vuur alle kanten op deed waaien. Ik maakte het vuur uit en probeerde bij het licht van de lamp wat te lezen. 'Geen paniek,' sprak ik mezelf toe. 'Alles onder controle.' Maar ik sleepte toch wat extra stenen aan en legde die op de rand van de tent. Ik kroop in mijn slaapzak en luisterde naar de wind. Wat begonnen was als een rustige wind, zwol allengs aan. Windstoten kaatsten tegen de bergwand aan en kwamen met donderend geraas de vallei binnen. Mijn tent klapperde en enkele haringen schoten los. Ik ging naar buiten en repareerde de tent. Steeds harder kwamen de windstoten aanrollen en zwiepten de bomen tot aan de grond. Ik keek bedachtzaam naar de oude boom waar mijn tent onder stond. De boom stond er weliswaar al heel lang, maar je kon niet weten... Een volgende windvlaag trok de halve tent de lucht in. Mijn slaapplaats was verkeken. Alles lag overhoop.

Toen knapte er iets in mezelf. Al dagen had ik naarstig geprobeerd de angst buiten de deur te houden en mezelf ervan te overtuigen dat alles OK was, maar nu werd ik boos. Boos over al die ellende van de laatste dagen, van de kou, de regen, de modder, de onderlinge strubbelingen, mijn twijfels en dit hele idiote avontuur. Ik was razend. Ik zette me schrap en begon te schreeuwen tegen de

wind: 'OK, als jullie het zo willen, kom maar op. Ik lust jullie rauw. Kom maar, Wind, probeer me maar omver te krijgen. Dood, waar ben je? Wil je me hebben? Dan zul je moeten komen halen!' Ik lachte als een gek en begon te dansen. Al die angst, ik had er zo genoeg van. Ik danste en danste en de wind danste om me heen. Als een zeeschip in een orkaan maakte ik mijn dans, de dans van de angst en van de dood. Het begon te onweren en ook dat deerde me niet meer. De regen sloeg in mijn gezicht maar ik was niet bang meer. Ik werd één met de regen, de wind, het onweer, de nacht en de bergen. Opeens, te midden van de orkaan viel een diepe stilte, een leegte als de klank van een gebed. Alles om me heen ging door, ik danste nog steeds, maar het leek alsof ik zélf niet meer danste, maar ik toeschouwer was geworden en de wereld om mij heen danste. *'Dit is wie je bent, Ton. Je bent de wereld. De wereld zit in jou,'* klonk de stem van de Moeder en ik voelde me volledig geborgen en veilig in haar armen. *'Door verbinding te maken met jezelf heb je de wereld veranderd, en veel meer dan je ooit hebt kunnen denken. Want je eigen hart is verbonden met het hart van de wereld, en door meer liefde voor jezelf te creëren creëer je meer liefde op aarde.'*
Ik zakte neer op de grond en hoorde de storm over me heen razen. Enkele minuten bleef ik zo liggen. Toen krabbelde ik op en viel tegen de boom in slaap.

Vandaag is de eerste dag van een nieuwe tijd. Deze dagen zullen het zaad worden van wat zich in de eeuwen hierna zal gaan ontplooien. Alles wat liefdeloos is zal worden weggehaald van jullie planeet. Het is een proces dat in jullie plaatsvindt, en wat zich als een zondvloed over de aarde heen zal bewegen. De mensheid heeft een bewuste keuze gemaakt om naar een staat van onbewustzijn te gaan, het duister zoals je wilt. Daarmee brengen jullie liefde naar plekken waar het voorheen nog nooit is geweest, in realiteiten die daarvoor volslagen duister waren. Hierdoor is een belangrijke stap in de evolutie gemaakt. Niet alleen voor planeet aarde, maar voor het hele universum. Vandaar dat er zoveel aandacht en bewondering is vanuit de andere sferen om het experiment wat deze dagen zijn bekroning zal vinden, bij te wonen. Door te kiezen voor liefde zijn mensen zich opnieuw gaan afstemmen op de centrale zon van het universum. De centrale zon is pure zuivere liefde, die de kern is van alles wat is.
Wij heten jullie van harte welkom op deze heilige en magische plek om deelgenoot te zijn van het grote ritueel. Er is continu begeleiding voor jullie, want jullie gaan door diepe processen die veel pijn en soms haat naar boven

*brengen, maar weet dat dat nodig is om jezelf schoon te maken en om de
verbinding met de centrale zon te verstevigen.'*

Ik zat in de zon op de aanlegsteiger van de Titanic. David zat naast me en
luisterde naar de teksten die door mij heen kwamen en nam het verhaal op
video op.

Na de nacht met de storm was ik teruggekeerd naar het meer. De veerman had
me overgezet en ik had de rest van de groep weer gevonden. Het was 11
augustus en we zouden samen de gletsjer opklimmen om naar het Zwarte Meer
te gaan. Onze reis ging naar het duister, zoals de gids had gezegd en het Zwarte
Meer leek ons een toepasselijke plek om de dag van de zonsverduistering door
te brengen.

Het werd een rustige dag. Het weer was mooi en vanaf het Zwarte Meer hadden
we een goed uitzicht op de hele vallei van de Belucha. Van de kwade geesten,
die volgens de Russen rond het meer hingen, hadden we geen last. Het meer
was kalm, vredig en blauw. We deden er een meditatie en opnieuw zag ik de
gouden stad die ik vier jaar geleden had gezien: Shambhala. In de geleide
meditatie liepen we de stad binnen en zagen voor onze ogen een onwereldse
schoonheid. De stad baadde in het licht. We werden allen toegelaten om de
stad te betreden en verschillende mensen kwamen ons tegemoet. Van de
verschillende gidsen die ik normaal alleen hoorde, zag ik nu ook de gestalte.
Het was alsof we nooit anders gekend hadden, zo gewoon en rustig leken deze
ontmoetingen. De scheiding tussen de aardse en de hemelse realiteit leek op
deze plek flinterdun.

*'Wees in het hier en nu en dicht bij jezelf, want je bent zelf de ingang tot die
andere wereld. Zoek het niet buiten je maar in je. Daar is de toegang tot de
wereld die zich aan de andere kant van je hart bevindt,' verklaarde de gids.*

*'Doordat er steeds meer liefde in de wereld komt, gaan de binnen- en
buitenwereld met elkaar versmelten. Dat betekent dat de uiterlijke
omstandigheden meer overeenstemmen met jullie innerlijke gesteldheid. Dat is
iets wat zich steeds vaker zal gaan voordoen. Op grote schaal en bij vele
mensen. Dat is een teken dat tijd en ruimte één worden. Onze felicitaties met
jullie werk, omdat jullie veel gedragen hebben als groep. Jullie zijn naar de
zwarte kant gegaan en dat was een moeilijke opdracht. Jullie hebben de
zoektocht naar je eigen schaduw gemaakt en die getransformeerd. Het
betekende dat je de pijn moest voelen en er tegelijkertijd liefde in moest
brengen. Dat was de opdracht waarmee jullie kwamen. En ieder voor zich heeft
die opdracht op zijn manier vervuld. Geniet de komende dagen van wat
volbracht is. Het is goed.'*

Dus dat was 'het beest' geweest uit de voorspelling; onze eigen schaduw, onze eigen angst. De wereld was niet vergaan. De aarde was niet gestopt met draaien, maar er was iets in onszelf gestorven. Een beeld van angst, van de dood en de illusie dat de hemel een plek is die ver weg is. De hemel was vlakbij, aan de *andere kant van ons hart'*, zoals de gids had gezegd. *'Het beest was een feest in vermomming.'* We hadden het duister opgezocht en de hemel gevonden.

Er wachtte ons echter nog een laatste beproeving: de tocht over de pas van het Zwarte Hart... Na het huis van de zwarte sjamaan, het bezoek aan het Zwarte Meer, volgde nu de pas van het Zwarte Hart: de Karaturech. Alleen de naam al boezemde me angst in. Om de pas te bereiken moesten we drieduizend meter klimmen. Urenlang liepen we met bagage bepakt omhoog. Stap voor stap. Het leek een eindeloze trap die eindigde in de ijle lucht van wolken, sneeuw en kou. Bij iedere stap liet ik meer los. Alles in mijn leven ging aan me voorbij en alles liet ik los. Het was als een soort sterven, maar dit keer uit vrije keus. 'Sterf voordat je sterft', zoals de Soefi's zeggen. Het enige dat ik niet losliet was mijn dochter, want ik voelde dat ik de band met haar in mijn hart moest bewaren. Ze was ver weg, maar niets kon me van haar scheiden. Zo zwoegde ik omhoog en de fysieke uitputting van de afgelopen dagen begon zijn tol te eisen. Toen ik eenmaal bovenop de pas was, was ik gebroken. Ik kon niet meer. En de hele afdaling lag nog voor de boeg. Mijn reserves waren op en ik wankelde naar beneden. Opnieuw was daar de dood. Ik zag diepe ravijnen naast me. Daar kwam bij dat ik begon te malen. Het zwarte hart begon te spreken...' De negativiteit en de angst maalde maar door en ik kon de gedachtenstroom niet stoppen. Het zweet gutste van mijn voorhoofd. 'Ik ben vervloekt,' dacht ik. Opeens zag ik een intens zwarte energie voor me. Ik moest al mijn krachten gebruiken om de vloek op te heffen en de zwarte energie leek de strijd op te geven en terug te keren naar het licht. Mijn gids stond achter me en ondersteunde het proces. Was dit het werk dat zwarte sjamanen deden, het transformeren van negatieve energieën? Nog steeds weet ik niet precies wat er op die pas gebeurde, maar ik kwam meer dood dan levend beneden aan. Anderen hadden bagage van me overgenomen. Ik wankelde in het donker het kamp in en viel zonder eten in slaap.
Ik had de pas overleefd, maar ik was er niet zonder kleerscheuren vanaf gekomen. De volgende dagen was ik stil en verlangde terug naar huis. De koek was op. Ik wilde geen gechannel meer, geen nieuwe inzichten, geen spirituele gebeurtenissen, geen sjamanen, geen heilige bergen, niets. Ik wilde alleen nog maar naar huis. De rest van de groep leek er niet anders over te denken.

Iedereen probeerde zo snel mogelijk en zo goed en kwaad als het ging, terug naar het basiskamp in Tyungur te komen.

De terugreis naar de bewoonde wereld duurde drie dagen en pas op de laatste dag begon de zon te schijnen en werd het warmer. Het was zomer, maar in de tien dagen dat we in de bergen waren geweest leek dat een vreemd woord. Vogels begonnen te fluiten, langs de weg groeiden kruiden, bloemen en aardbeitjes en het warme weer was als een weldaad voor de ziel. Alsof we na een lange gevangenisstraf eindelijk vrij waren.

Voordat we het eerste dorp inliepen zag ik dat er op een boom een teken was gekrast: het was een zwarte hand die met bloed was besmeurd. Het teken was bedoeld om het kwaad tegen te houden. Ik gaf de dorpelingen geen ongelijk. Ik begreep dat er naast alle goede krachten in het leven ook zwarte krachten waren waar je maar beter niet mee kon spotten. 'Dit is geen tijd om te spelen,' had de zwarte sjamaan gezegd. 'Neem jezelf serieus.'

Van de hele terugreis naar Nederland herinner ik me maar één ding. Onderweg moesten we stoppen voor een auto die halverwege op de weg geparkeerd stond. Een aantal van ons keek uit het raam om te zien wat er gaande was. In de auto zaten vier mannen, stil en zonder beweging. Ze waren dood. Er was niemand in de buurt te zien. Midden in de prairie, van God en alles verlaten. De Dood keek ons een laatste keer in de ogen, alsof hij afscheid wilde nemen. We reden door. Het interesseerde me niet meer. Ik wilde weg en ik was blij dat ik niet in die auto zat.

Behalve David heb ik geen van de andere mannen teruggezien. De reis zat erop en ieder van ons had zijn eigen weg te gaan. Maar diep van binnen wisten we dat we dezelfde weg gingen. Ieder op zijn eigen manier, met zijn eigen hindernissen en eigen lessen.

Ik dacht terug aan hoe mijn reis begonnen was, met de ontmoeting met Sophie en het verhaal van de zeven poorten. Ik besefte dat deze reis naar de Altai een nieuwe poort voor me had geopend, maar één waarvan ik niet wist of ik er blij mee moest zijn. De pas van het Zwarte Hart had zijn tol geëist en dat werd in de maanden en jaren na terugkomst steeds duidelijker. De drieduizend meter loslaatmeditatie, waar ik bij iedere stap had gezegd dat ik bereid was los te laten begon zich te manifesteren: Alles verdween in mijn leven. Geen enkel project wat ik opzette lukte. De boeken die ik schreef werden niet gepubliceerd. Financieel ging het steeds meer bergafwaarts en toen ik op een dag van een mannenworkshop terugkwam begon de totale ontmanteling van mijn leven. Maria vertelde dat ze iemand anders had ontmoet en die ontmoeting was het begin van een langzaam en pijnlijk proces van scheiding. Ik was razend en wanhopig en voerde een strijd die ik alleen maar kon verliezen. Hoe moet je strijden als je van iemand houdt?

'Ton, kijk naar Maria; ze is open, ze kiest voor het leven en voor de toekomst,' zei de vriend die voor ons bemiddelde.

'Maar een toekomst zonder mij,' sputterde ik nog tegen. Ik was alleen maar bang volgens hem en dat klopte ook. Bang om haar kwijt te raken. Bang om alles kwijt te raken.

Tijdens de bemiddeling besloten we dat ik het huis zou verlaten.

'Geef me alsjeblieft de tijd en het respect om mijn spullen weg te halen,' vroeg ik Maria. Het was mijn laatste poging om in de achterhoede van de strijd nog enige waardigheid te behouden.

Drie dagen later belde ik 's morgens aan. Ik had ergens anders gelogeerd en kwam mijn spullen ophalen.

'Het komt nu niet zo goed uit,' hoorde ik door de intercom.

'Oh', zei ik.

'Er is iemand anders hier'.

Ik pakte mijn twee plastic tassen met spullen en wandelde verder, verdwaasd. Het was stil op straat. Zondagochtend. Een zwerver kwam naar me toe. 'Hebt u een eurotje voor me?' Ik staarde naar de man en gaf geen antwoord. Ik keek naar de stoeprand en bemerkte dat het hoogteverschil tussen de stoep en de goot niet zo heel erg groot was. Ik liep naar het huis van David en belde aan.

'Kun je me even vasthouden?' vroeg ik toen hij de deur opendeed. Hij hield me
een half uur lang vast.

Die avond was er een bijeenkomst bij David waarop Indiase liederen
werden gezongen. Sinds een aantal jaar was hij zich gaan verdiepen in indiase
filosofie en hij was inmiddels al vele malen naar India gereisd. Mensen in witte
broeken, witte truien en witte T-shirts kwamen in stilte bij elkaar, gingen op de
grond zitten en zongen urenlang de meest mooie Indiase teksten. Ik zat achterin
de zaal en ik kon eindelijk mijn tranen laten lopen. De mantra's namen me mee
naar een andere wereld. Ik zag mezelf staan voor een groot vuur. Daarachter
stond de godin. Ze vroeg me om in het vuur te gaan staan en ik volgde haar
aanwijzing. Terwijl de vlammen om me heen flakkerden bemerkte ik dat het
vuur me niet verbrandde. Mijn lichaam bleef ongeschonden in de vuurzee
staan.
Toen hoorde ik de stem van de godin tot me spreken: *Je zal worden gereinigd
en geheeld en al je oude wonden zullen worden weggebrand.'* Ze gooide
bloemen aan mijn voeten en sprak het woord *'Samadhi'* uit.
Toen het zingen van de liederen klaar was, ging ik naar David en vroeg hem wat
het woord 'Samadhi' betekende.
'Het is een Sanskriet woord', legde hij uit, 'voor een soort trance voor heiligen
die op het punt staan te sterven.'
'Te sterven?' dacht ik, 'Dit is wel de limiet.' Maar het maakte me allemaal niet
meer uit. Ik stond op het punt om op te geven en te bedanken voor het leven.
'Ik heb mezelf voor de gek gehouden,' dacht ik. 'Al die onzin over vertrouwen,
geloof en innerlijke leiding.' Ik vervloekte mezelf. Ik stond op het punt de rest
van mijn leven vol cynisme en wraakzucht door te brengen. Die avond bad ik:
'Alsjeblieft God, neem alles van me weg, maar laat me mijn hart houden. Help
me om niet vol van haat en verbittering te worden.'
De volgende dag kwam David 's avonds laat thuis. 'Ik moet je wat vertellen', zei
hij. 'Je gelooft het nooit. Vanavond heb ik een Italiaan ontmoet die Samadhi
heet en hij zoekt iemand om op zijn huis te passen. Ik heb hem over jou
verteld'. En zo bleek het woord Samadhi de toegang tot een nieuw huis te zijn,
waar ik een paar maanden kon verblijven.

Zo verloor ik mijn huis, mijn gezin en mijn werk, want in de maanden van
de scheiding was ik niet meer in staat anderen te begeleiden. Ik kreeg een net
pak van mijn ouders en probeerde te solliciteren. Maar de headhunter die mijn
verhaal aanhoorde keek me verbaasd aan. 'Meneer,' zei ze. 'We nemen u echt
niet aan met uw CV.'

'Pardon?' zei ik.

'U doet veel te leuk werk. Als u niet financieel rond kunt komen kunnen we u daar nog wel mee helpen, maar u moet uw eigen werk absoluut niet opgeven. Dat zou zonde zijn.'

Ik moest lachen toen ik het bureau verliet en voelde een vreemde mengeling van opluchting en wanhoop. Ik was op mezelf aangewezen en uiteindelijk kwam ik bij de Sociale Dienst terecht. Daar hielpen ze me met de maandelijkse lasten te betalen en een regeling om van de schuldenlast af te komen die was ontstaan. Ik was terug bij af.

Vrienden zag ik steeds minder. Ik had geen behoefte aan contact en was op basaal niveau bezig met overleven. Hoe vond ik een dak boven mijn hoofd? Het enige dat ik wist was dat ik de band met mijn dochter moest behouden. Ik deed er alles aan om op gezette tijden met haar samen te zijn, haar naar school te brengen en zo goed en kwaad als het ging de tijd met haar door te brengen. Ik haalde haar in de weekenden op, nam haar mee naar de film, at bij Mc Donalds en vertelde haar 's avonds verhalen voor het slapen gaan. Ik verhuisde verschillende malen, woonde een tijdje in een krot op de Wallen en vond uiteindelijk een huis in Oud West. Het kostte me drie maanden om het huis op te knappen, maar toen de houten vloer eenmaal lag had ik het gevoel dat ik weer een nieuwe basis onder mijn bestaan had gelegd. Het was een lang en slopend proces waar ik me doorheen worstelde. Gelukkig schoten mijn ouders bij en hielpen me met geld, kleren en een tweede hands auto. Een vriend gaf me een paar rijlessen en binnen korte tijd scheurde ik als een maniak door de stad. Ik reed wild en gevaarlijk alsof de dood me op de hielen zat, maar het kon me niets schelen. Als ik dood zou gaan, jammer dan.

Ik had geen zin meer om braaf te leven en voorzichtig aan te doen. Nu het leven me zo uitdaagde kon niets me meer schelen. Geen zeven poorten, geen voorspelling, geen groepen meer en Sophie wilde ik niet meer zien. 'Kijk waar dit alles toe geleid heeft,' dacht ik. Dit hele idiote idee van een missie, van de zoektocht naar de zevende poort, alles heeft geleid tot één grote mislukking. Ik werd steeds stiller en keerde me meer en meer naar binnen. Ik deed de TV de deur uit, ging nauwelijks uit en bracht veel tijd alleen in mijn huis door. Waar ik voorheen altijd het gezelschap van anderen opzocht, zocht ik nu de stilte op. En juist in die stilte vond ik iets van mezelf terug. Ik hoefde niet meer zo nodig met de hele wereld bezig te zijn. 'Ze zoeken het maar uit,' dacht ik. 'Ik doe niet meer mee.'

Op een avond zat ik op de bank, en ik bad. 'God, ik weet niet meer wat ik met mijn leven aan moet. Ik zie geen enkele reden om ermee door te gaan. Wat moet ik nou?'

'Geef je pijn aan mij,' hoorde ik de rustige en vertrouwde stem zeggen.

'En wat dan?' vroeg ik wantrouwig.

'Geef je pijn aan mij', zei de stem nog een keer.

'Hoe doe ik dat?' vroeg ik.

'Geef je pijn aan mij.'

Ik bracht mijn handen naar mijn hart en stak ze vervolgens omhoog de lucht in. 'Hier is het,' en ik gaf al mijn wanhoop en pijn aan God. Er gebeurde niets. Ik voelde me nog steeds ellendig en ging naar bed. 'Stom', dacht ik, 'om te geloven dat zoiets zou werken.'

Maar die nacht droomde ik over een vrouw die ik een aantal weken ervoor ontmoet had. Ik had haar leren kennen tijdens een ritueel van Sebastian Holzhuber, een Oostenrijkse kunstenaar die schilderijen maakt van menselijke taferelen. Een achttal mensen zetelde in weelderige uitdossingen rondom een banket. Het leek op een barokke versie van het laatste avondmaal. Ik stond in het midden als een gevederde zwaan en in mijn armen lag een prachtige, naakte vrouw, in totale overgave. Lily.

Als een naakte engel was ze tijdens dat ritueel in mijn leven gevallen.

Ik was met haar uitgegaan, we hadden gevreeën, maar midden in de nacht verliet ik verward haar huis. Ik was nog volop aan het rouwen over de scheiding. 's Nachts droomde ik dat ze mijn naam riep. De volgende ochtend werd ik wakker en opeens was ze vol aanwezig in mijn hart. Ik was verliefd! Ik was verbaasd over dit plotselinge herstel van mijn gebroken hart en ik dankte God voor deze ommekeer. Ik leefde nog steeds en ik wist dat de liefde me niet had verlaten.

Op een avond belde Sophie me op. Hoe het met me ging.

'Goed,' loog ik.

'Waarom kom je deze zomer niet naar Zuid-Frankrijk?' zei ze door de telefoon.

'Luister, Sophie. Ik ben niet meer bezig met verhalen over zeven poorten. Ik leef mijn leven en dat is dat. Ik kan er niets anders bij hebben. Je zoekt maar iemand anders.'

'Het klinkt niet of het erg goed met je gaat.'

'Met mij gaat het goed,' antwoordde ik stoïcijns.

'Je bent geschrokken van de vijfde poort, is het niet?'

'Geschrokken?' riep ik uit. 'Mijn hele leven is verwoest. Er is niets meer.'

'Er is maar een manier om het weer heel te maken,' zei ze.
'En dat is?'
'De zesde poort.'
'Oh, nee. Ik pieker er niet over.'
'Dus je wilt het hierbij laten?' vroeg ze. 'Je geeft het op?'
'Ja, dat kun je wel zeggen,' antwoordde ik. 'Ik heb genoeg gehad.'
'Nu dan, mocht je ooit in de buurt zijn, je bent altijd welkom.'
'Dank je wel, maar ik laat het hier bij,' en we namen afscheid aan de telefoon.

Een jaar later

'Pap, wanneer gaan we weer naar Zuid-Frankrijk?' vroeg mijn dochter toen de zomervakantie naderde.
'Eh, ik weet het niet. Wat vind je van Engeland?'
Niet veel later waren de koffers gepakt en de keuze gemaakt: we gingen naar Zuid Frankrijk. Lily had op het laatste moment besloten niet mee te gaan. We hadden een stormachtige relatie, vreeën meer dan ik in zes jaar huwelijk had gedaan en ik moest door haar mijn hele beeld van vrouwen herzien. Lily hield van sex, was snel en doortastend in gevoelens, wist me daardoor keer op keer af te troeven en als ze sprak hing ik aan haar lippen. Zovéél als ik kon praten, zo zwijgzaam werd ik als ik bij haar was. Er maakte zich een stille ontroering van me meester als ze sprak. Ze was zo'n meisje in haar kwetsbaarheid en tegelijkertijd zo wijs en onvoorspelbaar. Als we vreeën was het alsof ik in het gezicht van mezelf keek. We zochten beiden naar houvast; zij kwam uit een relatie waarin alleen maar lust was geweest en ze naar liefde zocht; ik kwam uit een relatie waar wel liefde was, maar geen lust. Zij had in haar hele leven de weg van de sex gevolgd, ik de weg van de devotie. Zij was de hoer, ik was de monnik, en in de ontmoeting vonden we een vergeten stuk van onszelf terug. We dansten, wandelden langs de grachten, aten aan haar grote tafel en ze leerde me yoga. Ik schreef aan mijn boek 'De Mystieke Roos; relaties en sexualiteit als een weg naar God'. Zowel de scheiding van Maria en de nieuwe relatie met Lily gaven me de inspiratie voor het onderzoeken van en het schrijven over sexualiteit en relaties. Wat een vernietigende kracht en tegelijkertijd helende werking kon de liefde hebben. Ik had mijn meester gevonden. Niet de kennis, maar de liefde leidde me.

Ik haalde mijn dochter van school. Iedereen was opgelaten; het was de laatste dag voor de vakantie. We zouden de volgende morgen naar Zuid Frankrijk vertrekken. De vakanties waren belangrijke momenten voor ons om samen te zijn. Ik had bedacht dat we van de tocht naar het zuiden een avontuurlijke reis gingen maken in het teken van de 'godin'; Ik wilde mijn dochter iets meegeven van het vrouwelijke aspect van God. Zo begon onze tocht middag in de 'Onze-Lieve-Vrouwe kapel' vlak achter haar school. Er was een labyrint in de marmeren vloer uitgehakt, en dat midden in Amsterdam...
'Pap, we moeten het labyrint lopen,' zei mijn dochter en ze trok haar schoenen uit. Op haar blote voeten wandelde ze over de marmeren vloer de rondjes van het labyrint. Toen ze in het midden stond deed ze haar ogen dicht. Nadat ze weer terug gewandeld was verklaarde ze haar actie: in het midden mag je een wens doen.
'Oh,' zei ik. 'Wat wenste je?'
'Dat mag je niet zeggen, anders komt-ie niet uit. Nu jij.'
Ik trok mijn schoenen uit en wandelde stap voor stap naar het middelpunt van het labyrint. Ik bad voor een goede reis en zag mijn dochter bij het altaar staan en dacht aan het moment dat ik in Vezelay de kelk naar het altaar had gebracht. Een nieuwe generatie groeit op, niet meer met de oude zondige gedachten over sexualiteit, over vrouwen en over die strenge man met zijn grijze baard in de hemel. God leek langzaamaan een menselijker gestalte te krijgen.

Onze eerste stop de volgende ochtend was Maastricht, waar we zouden ontbijten en de Onze-Lieve-Vrouwe kapel bezoeken. Mijn dochter vond één kapel eigenlijk wel voldoende, waardoor we uiteindelijk in de Mac Donalds belandden om te ontbijten. In de middag stond een ander spannend evenement op het programma; de grotten van Han. Raya genoot van het avontuur, het treintje de heuvels in, de sprookjesachtige gangen met de stalactieten en stalagmieten en de reusachtige ondergrondse grotten en de boot die ons via de ondergrondse rivier weer naar buiten voer. Toen we daar aankwamen was het mijn beurt om verrast te zijn: op de brug over de rivier stond een nis met een wonderlijk beeldje: Maria Magdalena. Echter niet als gevallen vrouw, maar als koningin met een zwaard in de ene hand en een graal in de andere. Aan haar voet de toren van Bethanië, de plek waar Maria Magdalena vandaan kwam. Ik was op slag wakker en moest terugdenken aan mijn verhaal van 'Het boek der liefde'. Opnieuw leek ze mijn pad te kruisen.

Dat werd nog sterker toen we de dag daarna de kathedraal van Reims bezochten. Voordat ik Reims inreed wilde ik even uitrusten van de lange tocht over de snelweg en ik sloeg een zijweggetje in. '*Industrie de Bethanië*' stond er op een bordje. Het signaal was duidelijk. Ik was moest mijn ogen openhouden. Het was niet moeilijk om de boodschap te begrijpen. Toen ik voor de kathedraal stond met zijn reusachtige voorgevel - de grootste van Frankrijk - viel me één ding onmiddellijk op. In het midden van de gevel stonden naast het roosvenster twee beelden: links het beeld van Jezus, rechts het beeld van Maria Magdalena. De rij beelden onder hen vertegenwoordigden de voorouders van Jezus, Josef en Maria. Het roosvenster mondde aan de bovenkant uit in een tak waaruit het doopvont van koning Clovis tevoorschijn kwam. De Merovingische koning Clovis was de eerste die zich tot het christendom had bekeerd en naast hem stonden de vijftig andere koningen van Frankrijk. Wat werd hier verteld? Welk verhaal stond hier in steen afgebeeld op de kroningskathedraal van Frankrijk, waar ooit Jeanne d' Arc nog een Franse koning had gekroond?
Langzaam werd het me helder: Maria Magdalena was niet alleen verketterd omdat ze een vrouw was en predikte, maar ook omdat ze 'de partner van Jezus was', zoals in het evangelie van Philippus stond. Er waren zelfs schrijvers die beweerden dat Jezus en Maria Magdalena kinderen hadden gehad, maar dat leek me toch al te fantastisch. Maar hier in steen stond het bewijs dat de Franse koningen afstamden van het koningsgeslacht van David, dat via Jezus en Maria Magdalena door was gegaan in de koningslijn van de Europese vorstenhuizen. De voorgevel van de kathedraal met zijn vele beelden symboliseerde niets anders dan... een stamboom!
Jezus had dus een partner, had sex gehad met Maria Magdalena en twee kinderen gekregen. Zij was tevens degene die hem zalfde tot zijn koningschap met de kostbare nardusolie. Hier zou de paus niet blij mee zijn...

Het volgende station op onze reis was de basiliek van Vezelay. We kwamen er laat in de middag aan en namen onze intrek bij de nonnen van La Madeleine. We kregen een kamertje voor ons tweeën in het oude en muffige abdijhuis.
's Morgens vroeg, terwijl Raya nog sliep, ging ik opnieuw naar de basiliek. Ik had 'Het Boek der Liefde' over de bouw van de basiliek en de geheime rol van Maria Magdalena geschreven maar er was geen uitgever die het aandurfde. 'Een boek over Maria Magdalena? Een verhaal met expliciete sexscenes, onverbloemd? Te kinderlijk, puberaal, nog niet rijp.' Ik haalde er wat sex uit, maar de uitgevers bleven wijken. 'Misschien moet je mijn naam eruit halen, had Maria gezegd op een van de laatste momenten dat ik haar had gesproken. Ik

had het aan haar opgedragen. 'Ik schrapte haar naam, niet alleen uit het boek, maar ook uit mijn hart. Ik kon de herinnering niet verdagen. Ik bad om vergeving voor alles wat ik fout had gedaan, alle pijn die ik haar had aangedaan, de pijn die ze mij had aangedaan, en ik keek in de diepte van mijn eigen schaduw.

'Wat is er mis gegaan?' vroeg ik me af. 'Wat heb ik fout gedaan?' In de stilte van de ochtend hoorde ik de vertrouwde stem uit de diepte komen.

Je hebt niets mis gedaan. Je moet alleen leren accepteren. De dingen gaan precies zoals ze gaan. Je partner is je partner niet. Zij behoort je niet toe. Zij is niet jouw bezit. Ieder mens is van zichzelf. Ieder mens behoort God toe, zoals God de mens toebehoort. Daarom: verbindt je eerst met de God in je voordat je je verbindt met een partner. Want alleen in vrijheid kan liefde bloeien. Iedere aanspraak op de ander, openlijk of verhuld, bedekt de liefde en dooft haar vlam. Open je hart en laat de ander vrij. Vanuit de eeuwige liefde zul je ook de aardse liefde vinden.'

'Zoals met Lily?' vroeg ik.

'Lily is jouw inwijdster, je leermeester en begeleider. Zij toont je het gezicht van de dood en de manifestatie van je diepste angsten, omdat ze de grote moeder vertegenwoordigt die over dood en leven heerst. Ze eist dat je sterft en alles loslaat, zodat je je werkelijk kunt overgeven aan het kosmische orgasme. Liefde is doodgaan. Omarm de dood, omarm het leven. Alles wat echt is blijft. De ware liefde vergaat nooit, omdat ze is. Alles wat ze niet is, verdwijnt. Wie dit kan accepteren in het leven en in een relatie heeft de ware liefde ontsluierd. Lange tijd is de menselijke liefde gescheiden van de goddelijke liefde, maar door je relatie met haar kun je beiden weer verbinden. Het is de verbinding tussen hemel en aarde en een van de sterkste wegen naar verlichting. Door jouw overgave aan haar stop je je innerlijke strijd. Niets mag je doen om je lot te bepalen, alleen ondergeschikt zijn aan de liefde en haar ten volle accepteren. Alleen zo wordt je werkelijk mens. Je moet liggen om op te staan, je totaal overgeven om te kunnen triomferen, je laten leiden om jezelf te vinden. Zo lang je werk of roem najaagt zal je nooit ontvangen en kunnen proeven van het zoete geluk.'

'Het zoete geluk?' vroeg ik.

'Het zoete geluk is het geschenk van de godin van de dood voor diegene die kan sterven. Zij is de schenkster van liefde en genot. Als je dit ontvangt stopt de innerlijke strijd en ontvang je de vrede. Daarmee wordt een begin gemaakt met de allesomvattende vrede in de wereld. Om vrede te hebben in de wereld moet je stoppen met strijden met jezelf.'

'Maar als man moet ik toch sterk zijn, strijden, mijn mannetje staan? Ik kan toch niet blijven doorgaan met verliezen? Er moet toch een punt komen dat ik weer in mijn kracht kom?'

'Voor de man om heel mens te worden moet hij vrouw worden, ontvankelijk, open en passief. Voor de vrouw om heel mens te worden moet zij man worden, actief, penetrerend en handelend. Maak de man tot vrouw en de vrouw tot man en het innerlijke kind kan tot leven komen. Je moet bereid zijn te sterven aan de liefde. Niets is in je macht, zelfs je leven niet.'

Ik zuchtte. Dit was hogere wiskunde voor mij. Ergens begreep ik wel wat er gezegd werd, maar waarom moest het zo moeilijk zijn? Kon het niet eenvoudiger? En wat betekende het concreet op dit moment in mijn leven?

Ik keerde terug naar het kloosterhuis en maakte Raya wakker. We kregen een ontbijt van de nonnen en pakten onze spullen in. De reis ging verder.

Onze route liep langs de zwarte madonna van Rocamadour naar het huis van David in de Pyreneeën. We hadden een heerlijke week, waarin mijn dochter een vriendinnetje ontmoette waar ze de hele week mee kon spelen. Wat een opluchting... Als vader kun je je best doen, maar een hele week spelen trek je niet.

Toen ik haar uiteindelijk wegbracht naar Maria die in Italië vakantie hield, deden we de laatste plek aan op onze godinnenreis: Saintes Maries de la Mer. Hier was, volgens een legende, Maria Magdalena aan land gekomen nadat ze uit Israël was weggevlucht tezamen met Joseph van Arimethea en twee andere Maria's. Er bleek echter nog een opvarende in het bootje te zitten; een jong meisje, donker van huidkleur, met de naam Sarah...

Ik moest aan de teksten uit het Hooglied denken: *'Donker van kleur ben ik,'* zo zegt de vrouw die naar haar verloren geliefde zoekt. Deze tekst wordt in de katholieke kerk traditioneel voorgelezen op de naamdag van Maria Magdalena. In een boek had ik de theorie gelezen dat dit meisje de dochter van Jezus en Maria Magdalena zou zijn, die met haar moeder mee naar Zuid-Frankrijk was gevlucht. Hier was ze verder opgegroeid en was de stamboom begonnen die ik op de voorgevel van de kathedraal in Reims had gezien. De puzzel leek zich te sluiten. De zigeuners hadden het donkere meisje tot hun beschermvrouwe gemaakt, en hingen vele kleurige lappen om haar hals en brandden kaarsjes voor haar in de donkere crypte onder de kerk.

Op 24 mei wordt ze ieder jaar door duizenden zigeuners de zee in gedragen om daar als een Venus van Milo weer uit de golven te herrijzen. Het oeroude ritueel van de godin die uit zee kwam werd op deze manier ieder jaar gevierd. De lijn werd doorgezet. De godin was nog niet vergeten...

Door de vakantie en de liefde voor Lily had ik weer enige kracht opgedaan en ik voelde me rijp om de wereld weer in te gaan. Ik begon voor het eerst nieuwsgierig te worden naar de zesde poort.
Ik knielde neer voor het beeldje van de zwarte Sarah en bad: 'Ik ben klaar om weer aan de slag te gaan. Vertel me wat ik te doen heb. Wat is mijn werk?'
'Je werk is om van haar te houden.'
'Van wie?'
'Van Lily.'
'Maar dat is toch geen werk,' stribbelde ik tegen. 'Wat een vreemde opdracht.'
'Zij zal je leiden naar de zesde poort. De zesde poort is de poort van de heling.'
Ik keek naar de vlammen van de vele kaarsjes in de crypte. Drommen mensen kwamen naar de Madonna om te bidden, hun wensen te uitten en hun verdriet te delen. Over de hele wereld knielden de mensen voor Maria, voor de zwarte Madonna of voor een andere godin om te vragen om heling, genezing en liefde.
Ik dacht aan de zesde poort en de mogelijke uitdagingen die me te wachten stonden. Was ik wel in staat verder te gaan, na alles wat gebeurd was? Bij de vijfde poort was ik alles kwijtgeraakt, maar ik kon me niet voorstellen dat alles als bij toverslag weer zou helen.

'Pap, ik wil zwemmen,' zie mijn dochter plotseling. 'Onze reis is klaar.'
'Ja,' beaamde ik.
'Het was echt een avontuur, hè?' zei ze met pretlichtjes in haar ogen. 'Weet je, dat is wat ik gewenst had toen we in het labyrint stonden voordat we vertrokken.'
Mijn mond viel open. 'Wie begeleidde hier wie eigenlijk?' vroeg ik me af toen we naar het strand liepen. We doken de zee in en genoten van de laatste ogenblikken samen.

DE ZESDE POORT

DE ZESDE POORT IS DE MACHT VAN HET HELDER WETEN. DE SLUIER DIE DEZE MACHT VERBERGT IS DE WERELD VAN DE ILLUSIE. DE ILLUSIE KOMT VOORT UIT HET DENKEN. HET DENKEN KOMT VOORT UIT BEGEERTE EN HEBZUCHT. WETEN IS LOSLATEN. DENKEN IS WILLEN VASTHOUDEN. WIE LEEFT, HEEFT LIEF EN VRAAGT NIET WAAROM. WEET U VRIJ IN UW DENKEN, JA BESPEEL UW HERSENEN ALS EEN INSTRUMENT DAT STEEDS NIEUWE KLANKEN EN HARMONIEËN VOORTBRENGT. WANT DAT IS WAAR UW GEEST VOOR BEDOELD IS: HET CREËREN VAN WERKELIJKHEDEN DIE ZICH PAS KUNNEN MANIFESTEREN ZODRA ZE 'GEDACHT' ZIJN. ECHTER, ZODRA 'DE WERKELIJKHEID' HET DENKEN BEPAALT, VERSTART DE GEEST EN VERGEET U TE DANSEN OP DE GOLVEN VAN MOGELIJKHEDEN DIE ZICH AAN U VOORDOEN. MAAK U GEEN SLAAF VAN UW EIGEN CREATIE, MAAR WEET DAT U SCHEPPER BENT VAN DE WERELD OM U HEEN. DIT IS DE WET VAN DE ZESDE POORT.

'Hoezo je hebt geen geld?' gilde Lily uit. 'We hadden afgesproken naar India te gaan en nu zeg je dat je geen geld hebt.'

'Ja maar...,' probeerde ik haar te sussen.

'Va fanculo!' stampvoette ze en een heel scala van redelijke en onredelijke beschuldigingen vloog door de kamer. Lily was een ware meesteres van het Italiaans drama. Ze huilde, schold, hield hele tirades waarbij alles uit het verleden in nieuwe variaties nog een keer langskwam en deelde steken uit boven en onder de gordel. Op de een of andere manier was ik door haar ongeremde emotionele uitbarstingen steeds meer van haar gaan houden. Ze had haar hart op de tong en ook al kon ze meest tegenstrijdige, onbegrijpelijke dingen zeggen, ik had geleerd er recht doorheen te kijken. Op één van onze reizen had ik nog meegedaan met het Italiaanse ruziemaken, totdat ik me besefte dat het niet mijn stijl was. Vanaf dat moment liet ik haar begaan en sloot haar in mijn armen als ze gekalmeerd was. Ze tierde nog enige momenten na, liep boos naar de slaapkamer en sloot zich op.

Geld was een gevoelig punt. Ik worstelde al jaren met een minimaal inkomen en schulden en kon het altijd net redden. Ik had verwacht dat er geld binnen zou komen zodat ik de reis naar India kon maken, maar hoe lang ik ook wachtte, er kwam niets. Ik besloot me neer te leggen bij de situatie. Ik kon leven van heel weinig geld en wist dat er altijd voor me gezorgd werd. Door de jarenlange angst of ik wel of niet genoeg zou hebben had ik uiteindelijk voldoende vertrouwen ontwikkeld waardoor ik wist dat er altijd geld was als ik het nodig had. Soms had ik met tien euro de week door moeten komen en zelfs dat gaf me geen ongemakkelijk gevoel meer. Geld was een spel geworden in plaats van een overlevingsmiddel. Blijkbaar had ik de harde les van weinig geld nodig gehad om te leren wat vertrouwen en overgave is. Ooit had ik een boekje gelezen met de titel: 'Doe wat je hart je ingeeft en het geld zal volgen'. Ik had besloten dit principe toe te passen in mijn eigen leven en had altijd mijn hart gevolgd, maar in het boekje stond niets over de prijs die je er voor moest betalen. Typisch zo'n fraai new-age idee; helemaal waar, maar onbeschrijfelijk moeilijk om ook echt toe te passen. Door schade en schande had ik geleerd dat het geld inderdaad volgde, maar dat het soms verrekte lang kon duren...

India leek voor het moment onbereikbaar en onze relatie kreeg een ernstige deuk.

Die avond kwam ze naar me toe en hield me vast. 'Het spijt me dat ik zo tegen je uitviel. Ik hou zoveel van je en India is mijn grootste wens. Ik wil er al mijn hele leven heen. Het is de bakermat van de yoga en ik wil zo graag samen met jou gaan. Maar als het niet kan, dan is het ook goed. Misschien moet ik leren om alleen te gaan in plaats van jou te gebruiken als veilige reisgenoot. Het spijt me als ik je gekwetst heb.'

Wat er ook gebeurde, hoeveel Lily ook kon uitvallen, altijd kwam ze er weer op terug en nam haar eigen aandeel in het conflict. Ze ontplofte als een vulkaan, maar bleef nooit boos. Door iedere uitbarsting werd de lucht geklaard en zorgde ze ervoor dat de liefde schoon en helder bleef. Het was een van de dingen die ik in haar bewonderde. Ze nam volledig verantwoordelijkheid voor alles in haar leven.

Ze maakte die avond een Italiaanse maaltijd klaar van groene salade, pasta, gedroogde tomaten, verse olijven en rode wijn en we genoten van het stille samenzijn. Ze sprak over van alles en iedereen, maar het waren niet de woorden die me boeide, maar de diepe verbinding die ik achter de woorden voelde en die me vaak tot tranen toe roerde.

Na het eten dekte ze af en kwam naast me staan. 'Als jij alvast naar boven gaat en op bed gaat liggen, dan ga ik je verwennen.'

Toen we enkele uren later naast elkaar in bed lagen, keek ze me ernstig aan. 'Ik heb nagedacht waarom het me zo raakte. Het is iets wat ik al langer heb aan voelen komen. India wordt onze afscheidsreis.'

'Afscheid?' zei ik. 'Maar ik wil helemaal geen afscheid van je nemen. Ik hou intens van je. Voor jou zou ik alles willen op geven.'

'Dat is nu juist het probleem. Je hebt nog veel te doen en door met mij te zijn laat je de rest in de steek. Jij hebt je taak in de wereld en je mag je niet terugtrekken op een eiland.'

Ik dacht na over haar woorden en wist dat ze gelijk had. Maar de wereld kon me gestolen worden. Het liefst wilde ik met haar trouwen en ergens in Italië gaan wonen, rustig op het platteland. Trainingen en workshops geven, me bekommeren om andere mensen, het verhaal van de zeven poorten; het kon me allemaal niet meer boeien. Ik had het paradijs - de Tuin van Eden - gevonden in de verbinding met deze wonderlijke en soms onbegrijpelijke vrouw. In haar vond ik een zielsherkenning die ik nog nooit was tegengekomen en het vervulde me totaal. Maar ik wist ook dat het niet zou blijven duren en dat er een moment zou komen dat ik de tuin zou worden uitgegooid omdat ik andere dingen te doen had. Ik was totaal onwillig om ook maar in het minst of geringste te denken dat onze relatie eindig was en verzette me hevig, maar Lily suste mijn onrust.' Je moet je niet verzetten. Het is zoals het is. Ik ga verder, en jij ook en ik zal altijd van je blijven houden. Onze zielen zullen altijd verbonden blijven. Dat is de belofte die ik doe van mijn kant. Sluit me niet uit als ik weg ben, of met iemand anders ben. Kies voor de liefde, boven alles. Ik zal altijd de mooie man in je zien die je bent. Ik weet dat de reis naar India goed komt, maar je moet niet voor mij meegaan. Je moet voor jezelf gaan.' Ze omhelsde me en we hielden elkaar vast tot diep in de nacht.

Een dag later kwam het geld dat ik verwacht had binnen en kon ik de reis naar India alsnog boeken. De eerste tien dagen zou ik samen met David reizen en aansluitend zou ik twee weken met Lily samen zijn. Sinds mijn reis naar Glastonbury was India David's tweede thuis geworden. Hij had alles geleerd over de oosterse filosofie en levensgewoonten, en kwam met de meest wonderlijke verhalen terug. 'Ton, je moet een keer meegaan. India verandert razendsnel en het is prachtig als je nog iets van de oude tradities wilt opsnuiven voordat het land totaal verwesterd is.' We hadden het er vaak over gehad en toen Lily voorstelde om samen naar India te gaan was het besluit gevallen om deels met hem en deels met haar te reizen. Ze waren mijn twee eigen leraren in de oosterse spiritualiteit. Een spiritualiteit waarin alles vergankelijk is en het leven niet meer is dan het werkelijk genieten van de dag van vandaag. India was de proef op de som voor het liefdevol loslaten.

Drie weken later vloog ik met David samen naar Bombay. Het was vroeg in februari en de hitte begon inmiddels te stijgen. Toen we uit het vliegtuig stapten overviel ons een wolk van stank, vochtige warmte, mensenzweet en oosterse geuren. Bombay was een kakofonie van toetertjes, bellen, gezangen, auto's, riksja's, dieren en oogverblindende travestieten die door het taxiraam om geld vroegen. 'Please, darling, give me rupi. You are so beautiful. India loves you. Please...'
'Houd je geld bij je. Geef niets. Maak geen contact. Houd je spullen in de gaten. Ik handel de zaken in het begin af en kijk maar naar wat ik doe,' had David gezegd. Ik volgde zijn raad op en was blij met zijn ervaring in dit wonderlijke en chaotische land. De autogassen waren bijna onverdraaglijk en na een uur langs allerlei sloppenwijken te hebben gereden kwamen we uiteindelijk in een iets geciviliseerder wijk aan. We stopten voor het huis van dokter Sanghavi, een oude bekende van David. We liepen de kleine praktijk van de dokter binnen en kwamen in een kamertje waar een aantal patiënten op een bed zat. De een had een doek om zijn hoofd, een ander kreunde van de pijn, een oude man strompelde naar buiten en midden op tafel lag een patiënt die ter plekke werd geopereerd aan zijn achterste. 'Aaah, David. I'm soo happy to see you!' riep de dokter uit terwijl hij opkeek. 'One moment please.' Hij maakte nog wat hechtingen terwijl de patiënt kronkelde van de pijn en dekte hem daarna toe met een laken. Niet het meest gewone welkom dat je je kunt bedenken.

114

Hij fluisterde een assistent enige woorden toe en vervolgens verdween iedereen uit de praktijk.

'Morgen, morgen', riep de dokter naar de mopperende patiënten. 'Jullie kunnen je bagage hier neerzetten,' zei hij tegen ons. 'Eén slaapt op de bank en de ander op de operatietafel. Goed?' en hij schudde zijn hoofd op een Indiase manier van links naar rechts. David gaf me een knipoog. 'Goed,' zei hij.

'Kom, dan gaan we naar mijn huis,' zei de dokter en hij deed zijn schort af. 'Mijn vrouw verwacht ons en als we niet op tijd zijn zwaait er wat', en hij lachte breeduit. 'Daar is mijn zoon al om ons te halen,' zei hij en een jonge, knappe Indiër kwam binnen lopen.

We werden door de hele familie gastvrij onthaald. We kregen slingers met bloemen om en op een ruimte van drie bij drie werd een uitgebreide Indiase maaltijd op de grond uitgestald op bananenbladeren. Een heerlijke currie, rijst, sauzen en chutneys, dadels en mango's, noten en drankjes maakten van de kleine woonkamer een waar restaurant. Ik bekeek het huis en zag dat het uit niets anders bestond dan een keuken van twee bij drie achter de woonkamer, een kleine douche en een wc-kabine. Het huis was in het totaal niet groter dan vijf bij drie meter. Ik telde drie kinderen en vroeg me af hoe het hele gezin in een dergelijke woning kon leven. 'Dit is een redelijk welgestelde familie,' fluisterde David me toe. 'Dokter Sanghavi is een gerenommeerde dokter en er komen mensen van overal naar hem toe.'

'Ooh,' antwoordde ik. India leek nog veel verrassingen voor me in petto te hebben, maar hoe wonderlijk het land ook was, er was iets in de hele sfeer waardoor ik me helemaal thuis voelde.

De Moeder verwelkomt je. Het is tijd om thuis te komen. Er is zo lang op je gewacht,' had de stem gezegd toen ik in de nacht aanvloog en de talloze lichtjes op het onbekende continent onder me zag. Het was alsof ik na een lange, lange reis eindelijk thuiskwam en me kon nestelen in de schoot van de Moeder. India had de traditie van de godin al meer dan vijfduizend jaar bewaard en ademde nog steeds haar sfeer. De ziel van India was te voelen in elke tempel, iedere ontmoeting, ieder gezicht en iedere gebeurtenis; chaotisch, organisch, niet te volgen of te beredeneren, maar duidelijk en liefdevol in haar zoete omarming van leven en dood. Mens-zijn was hier kwetsbaar, maar daardoor juist zo veel verrukkelijker. Iedere dag was er één om geleefd te worden, iedere maaltijd was er één om dankbaar voor te zijn en elke ontmoeting had zijn betekenis. Niets in India was zonder diepere waarde en ieder die er voor open stond kon de essentie van leven op iedere hoek van de straat tegen komen.

De dag na onze aankomst reden we per trein naar het centrum van Bombay waar een boot ons naar één van de kleine eilandjes voor de kust bracht. We zouden een bezoek brengen aan de Olifants-tempel, een van de oudste tempelcomplexen van India. De tempel was niet meer in gebruik, maar was een bezoek meer dan waard. Hij was geheel uitgehakt in een heuvel van graniet. De beelden van goden en godinnen als Laksmi, Kali, Parvati en Vishnu waren hier voor de eeuwigheid afgebeeld. Maar de belangrijkste god van de Olifant-stempel was Shiva, de god van de schepping en de destructie.

'Hij wordt meestal afgebeeld als een dansende god in een cirkel van vuur met een slang om zijn nek en een trommel in zijn hand,' vertelde David. 'Met zijn dans brengt hij de wereld in beweging. Hij vernietigt wat oud is en roept tot leven wat nieuw is. Niets is door hem ooit hetzelfde. Alles is in constante verandering. Hij is één van de oudste goden en wordt door een selecte groep Shiva-priesters nog steeds op verschillende plaatsen geëerd. Ook de Sadhu's, de naakte heiligen die door India trekken of zich in de bergen ophouden, vereren de ascetische Shiva als hun ideaal. Sommigen staan en slapen jarenlang op één been, andere mediteren maanden zonder te eten zodat ze bijna in een staat van halfdood verkeren. Ze hebben echter geleerd dat de levensadem, de prana, het hele lichaam in leven kan houden. Hun haren groeien tot op de grond, hun nagels krullen om tot ze zo lang als messen zijn en hun huid smeren ze in met as.

Sommigen gaan tot het uiterste om de illusie van de dood te ontmaskeren. Op de plek waar de doden worden verbrand langs de rivier zitten ze op lijken en mediteren de hele nacht. 's Morgens wassen ze de schedel van de overledene uit in het water van de rivier en nemen hun ontbijt eruit.'

'Gaat het niet wat ver om uit een schedel te eten?' onderbrak ik hem voorzichtig in zijn betoog.

'Waarom? Als het leven heilig is, is de dood het ook. Kijk naar het meest gruwelijke en leer ook daar God te vinden. In hun totale onthechting van alles wat in de gewone wereld als normaal wordt beschouwd overstijgen ze de dualiteit en de angsten van gewone mensen.'

'Maar het zou ook kunnen dat ze gewoon gek zijn,' dacht ik erachteraan.

'Sommigen zijn gekken of oplichters,' raadde David mijn gedachten. 'In India weet je het nooit. Je kunt de grootste heilige ontmoeten in een arme sloppenwijk of een totale gek die vereerd wordt door duizenden. Er is geen zinnig woord over te zeggen. Je zult zelf uit moeten vinden waar je pad je heen brengt. Dat is de magie van India.'

Ik kuierde wat op mijn eentje verder door de catacomben van het complex en kwam uit op een open ronde ruimte. Het leek een soort dansplek of arena te zijn. De zon scheen en er was niemand te zien, behalve wat apen die vanaf de rotsen toekeken. Ik liep naar het midden van de ruimte en rekte me uit. Eindelijk rust en stilte. De beelden in de uitgehakte rotsen keken me aan. Ik bewoog mijn arm, tilde een been op en in vloeiende bewegingen begon mijn lichaam de yogahoudingen te herhalen die ik in de jaren ervoor zo vaak geoefend had. Maar dit keer was het anders. Het leken geen lastige en onmogelijke oefeningen, maar een aaneenschakeling van dansbewegingen en natuurlijke houdingen. Het was alsof mijn lichaam zich de oorspronkelijke bewegingen van het universum herinnerde, niet bedacht, maar volslagen spontaan. Leven en dood speelde zich in mijn eigen lichaam af, schepping en vernietiging vond plaats in iedere handeling, in iedere ademhaling. De adem zelf was het enige dat onveranderlijk was, alsof ik bestond in de adem, zonder lichaam, zonder gedachten, zonder persoonlijkheid.

'Dit is de dans van het leven, de dans zonder begin en zonder einde. Hecht je niet aan de uiterlijke verschijningsvormen. Dat zijn slechts schaduwen op de wand van het bestaan. De werkelijke schepping bevindt zich achter de illusie van het zichtbare. Kijk door alles heen en zie God in het Eeuwige. Niets is wat het lijkt. Alles is eeuwig in beweging. Volg de dans en je zult Mij vinden.'

De apen schreeuwden en gooiden steentjes naar beneden. De rotsen met hun godenbeelden leken om me heen te draaien. De stem stopte en David kwam bezorgd aanlopen. 'Gaat het goed met je?'

Ik keek op. 'Ja, ik was hier even aan het uitrusten,' zei ik wat versuft.

'Midden in de offerplaats?' vroeg-ie verbaasd.

'Is dit een offerplaats?' vroeg ik en zag op dat moment het grote offerblok aan de voet van het Shiva-beeld. 'Ooh.'

'Kom, we gaan. De anderen wachten op ons. Ze hebben een lunch klaargemaakt.' We liepen terug naar de ingang van het complex. De apen lieten we krijsend en gillend achter bij de offerplaats.

Ik proefde langzaam van het land en voelde me meer thuis dan ik me ooit had gevoeld. Ondanks de legers aan armen, bedelaars, halfgare yogi's en Sadhu's voelde ik me wonderlijk op mijn plek. Er hing in dit land een kennis en oude wijsheid die in het westen al lang vergeten was. Hier waren nog veelmensen die op welke manier dan ook het mysterie van het leven in ere hielden, door kleine rituelen, door yoga en mediatie, door magische figuren voor hun voordeur te tekenen of door prachtige bloemenkettingen te maken en die om hun godenbeelden te hangen.

Twee dagen na ons bezoek aan de tempel verlieten we Bombay en trokken naar het zuiden, naar de provincie Kerala. In het kleine oerwoudstadje Mamanthavadi zouden we Moeder Amma ontmoeten, een Indiase goeroe die met een karavaan aan medewerkers door Zuid-India trok om haar volgelingen te bezoeken. We namen onze intrek in een eenvoudige hotelkamer en verkenden het stadje, dat net als alle andere plaatsen een wirwar van straatjes, rommel, verkeer en beesten was.

In een donkere winkel met allerlei prullaria vond ik een klein Indiaas boekje, wat eerder tot het oud papier leek te behoren dan dat het een boek kon heten. *'Chakra's, de zeven poorten van bewustzijn,'* stond er op de cover, met daaronder een klein tekeningetje van een yogi in lotushouding. Door zijn lichaam waren zeven cirkels getekend, van boven naar beneden. Ik bekeek het boekje, rook eraan, muf, en stak het bij me. Ik rekende af en keerde terug naar het hotel.

'Wat heb je daar?' vroeg David.

'Oh, een boekje over chakra's,' antwoordde ik. 'Het is een beetje een vod, maar wellicht interessant.'

Ik sloeg het boekje over de chakra's open en begon te lezen.

De chakra's zijn zeven poorten tot bewustzijn die in het lichaam zetelen, en langs de ruggegraat liggen van kruin tot kruis. De bovenste, zevende, chakra is gelegen op de kruin. Dit is het chakra van het ontwaken. Zonder de verbinding met het goddelijke blijft de mens in een slaaptoestand, totdat het moment komt dat hij ontwaakt. Dit wordt het spirituele ontwaken genoemd.

Ik dacht terug aan mijn droom van de burcht in het dorre landschap van Kreta, waardoor ik op weg was gegaan om mijn bestemming te vinden. Het had me geleid naar de meest bizarre plaatsen op aarde. Zonder die eerste droom was ik nooit aan de hele onderneming begonnen. Blijkbaar was dat mijn moment van ontwaken geweest.

Als de weg van de spirituele leerling een aanvang heeft genomen komt hij op het pad van zijn bestemming. Het zesde chakra is het derde oog dat ligt tussen de twee hersenhelften in. Het is het chakra van inzicht. Door het spirituele inzicht in de bestemming van iemands weg overstijgt hij verleden en toekomst en kan zijn spirituele werk in de wereld aanvangen. Hij zal daardoor de weg van de maatschappij verlaten en het pad van zijn bestemming gaan volgen.

Ik bedacht me hoe ik op de heuvel in Glastonbury de rode en de witte draak had gezien en begrepen had dat er een soort nieuwe tijd aan het aankomen was. Ik had een jaar later mijn studie opgegeven en was naar Amerika gegaan. Daar was ik het mannenwerk tegengekomen wat ik sinds die tijd was gaan doen.

144.000 lichtwerkers zullen ontwaken in hun energielichamen, had de voorspelling gezegd. Wie was ik? Wat was ik? een lichtwerker? Een belachelijk idee, maar ik kon de ervaringen van de afgelopen jaren ook niet meer zomaar aan de kant schuiven. Mijn leven was onherstelbaar veranderd. Ik zou nooit meer de normale organisatieadviseur worden die ik ooit tijdens mijn studie gedroomd had te zullen worden. Al was de wereld dan wellicht niet veranderd, ík was het wel. En ik kon niet meer terug.

Het vijfde chakra is de kemelshaar, las ik verder, *en ligt tussen nek en keel in. Het is het chakra van de expressie. De leerling zal zijn spirituele waarheid gaan verwoorden en zijn plek in de wereld innemen. Hij zal leren dat hij wel ín de wereld is, maar niet ván de wereld. Hij geeft hiermee uiting aan de roep van zijn ziel.*

Vlak na de eerste reis naar de Altai had ik mijn boek 'De terugkeer van de koning; het boek voor mannen over liefde, lust en leiderschap' geschreven. Het boek was een doorbraak in mijn leven. Er waren inmiddels meer dan 25.000 exemplaren van verkocht en nog steeds hield de verkoop niet op. Hoeveel duizend doodsangsten had ik niet uitgestaan tijdens het schrijven, bang als ik was om voor gek te worden versleten. Blijkbaar had ik mijn eigen angst overwonnen om werkelijk op te schrijven wat ik te zeggen had. De roep van mijn ziel was sterker geweest dan mijn ego.

'Is het wat?' riep David vanuit de badkamer.

'Ja, aardig,' zei ik. 'Het beschrijft de verschillende poorten van bewustzijn die je doorloopt in het proces van verlichting. Ik ben nu bij het vierde chakra.'

'Lees eens voor.'

Het vierde chakra is de poort van het hart. Zodra de spirituele leerling bij deze poort komt verbindt zijn ego zich met zijn hogere zelf. Binnen en buiten vallen samen. Hij zal de kracht van liefde in zijn leven ontdekken en weten dat wijsheid en liefde twee kanten van dezelfde medaille zijn. Door het hart krijgt hij mededogen en inzicht in de spirituele ontwikkelingsweg van zijn medemensen. Hij zal zijn weg niet verder kunnen gaan, behalve als hij zijn kennis gaat delen met anderen.

'Boeiend,' zei David. 'Volgens moeder Amma ligt daarin de grootste schat; zodra je gaat geven gaat je eigen spirituele ontwikkeling veel sneller. Daarom kun je nooit in je eentje de verlichting bereiken. Zolang er nog een persoon niet verlicht is, kun je niet verder.'

'Maar dat is toch onmogelijk.' zei ik. 'Dan kunnen we dus nooit verlicht worden.'

'Jawel, maar het vergt dat je iedereen in je hart kunt toelaten. Verlichting gaat niet over afscheiding, maar over verbinding. Je verbindt je met de hele schepping, met de hele mensheid. Daarvoor moet je een hoog niveau van compassie en mededogen hebben.'

'Ook met moordenaars?'

'Met iedereen. Alle mensen worden als onschuldige baby's geboren en sommigen hebben een gelukkiger karma dan anderen.'

'Karma?'

'Karma is de wet van oorzaak en gevolg. Sommige mensen hebben een bepaald karma uit te werken. Als mens kun je daar geen oordeel over vellen. Dat is deel van het goddelijke plan. Je kunt alleen maar compassie hebben, ook al is iemand nog zo slecht.'

'Redelijk onmogelijk dus,' antwoordde ik.

'Wacht maar tot je Amma ziet,' zei David. 'Dan krijg je een idee van allesomvattende compassie. Ze zit uren per dag om alle mensen die bij haar komen te omhelzen.'

'Dat is haar roeping?'

'Ja, dat is wat ze doet. Al jaren. Ze heeft inmiddels al meer dan 20 miljoen mensen omhelst.'

'20 miljoen? Dat is een paar duizend per dag, dag in dag uit,' riep ik uit.

'Dat klopt. Er komen gemiddeld zo'n vijfduizend mensen per dag bij haar om een omhelzing te krijgen.'

'OK, dit gaat mijn verstand te boven. Wat gebeurt er dan? Ik heb ook weleens mensen omhelst.'

'Je krijgt de zegen van de Moeder. Ze deelt haar energie met je. Let maar op.'

Ik besloot me verder te verdiepen in mijn boekje over chakra's en het bezoek aan Amma te laten rusten. India was een wonder, maar dit klonk wel van een zeer hoog abracadabra-niveau. 'Goed, niet oordelen,' dacht ik. 'Gewoon ervaren. Baat het niet, dan schaadt het niet'.

Het derde chakra is het chakra van de overgave. Het ego sterft en stelt zich volledig ten dienste van het hogere Zelf. Daarmee wordt een kracht ontwikkelt die niet meer persoonlijk is, maar transpersoonlijk. De ziel gebruikt het zelf als instrument om zijn werk te kunnen doen. De eigen wil wordt ondergeschikt gemaakt aan de universele wil.

Met die universele wil had ik nog een appeltje te schillen na mijn jaren van totale verlating na mijn tweede Altai-reis. Ik was er inmiddels weer aardig bovenop gekomen, maar dat ik er nu echt enthousiast over was, nee. Nog steeds worstelde ik om mijn leven te accepteren zoals het nu was. Geen gezin, geen geld en één of andere vage roeping. Je moet er maar zin in hebben. 'Dat is de keus van je ziel,' had David gezegd. 'Fijn, heb ik daar ook nog iets over te zeggen? Of moet ik alles voor zoete koek slikken?'

'Het maakt niet uit of je het leuk vindt of niet. Dat is het ego.'
Soms haatte ik die spirituele inzichten. Wat een dooddoeners. Maar goed, hij
had gelijk. Of ik het leuk vond of niet, de waarheid kon niet veranderd worden.
En tenslotte zat ik hier op een hotelkamer in India op een prachtige reis, dus
wat had ik te zeuren. Er waren talloze mensen die een beroerder karma hadden
uit te werken dan ik.

Het tweede chakra is het chakra van de heling. Oude zielenwonden worden
genezen en oud karma wordt ingelost. Het mannelijke en het vrouwelijke
verbinden zich en dat resulteert in creativiteit en ongekende vermogens. Het
zicht neemt toe en de zintuigen van reuk, smaak, gehoor en tast verscherpen
zich. Het lichaam wordt een levend instrument van scheppende energie. De
mens die deze staat heeft bereikt verenigt zich met het kosmische bewustzijn.

Dit boek leek steeds meer een cursus in het onwaarschijnlijke te worden. Maar
goed, openstaan. Misschien was mijn reis naar India wel een reis om te helen
wat er ooit kapot was gegaan, zoals Sophie tegen me gezegd had. De zesde
poort zou de pijn van de vijfde poort verzachten.

'Het eerste chakra is het wortelchakra en zorgt voor de verbinding met de
aarde. Door het zevende chakra volledig te openen maakt de ingewijde een
diepe verbinding met de aarde waardoor zijn ziel volledig incarneert in het
lichaam. Hiermee verwerft hij meesterschap over de materie. Hij wordt één met
de aarde.

Terwijl voor sommige spirituele leerlingen de ontwikkelingsweg verloopt van
kruin naar kruis, omdat hun ziel verder moet indalen, kan het omgekeerde ook
voorkomen: Mensen die teveel gehecht zijn aan de materie maken de
ontwikkeling door van beneden naar boven, om hun verbinding met de geest te
versterken. Beide ontwikkelingswegen ontmoeten elkaar in het hart.

Ik besefte me dat ik bij de eerste groep hoorde. Spiritualiteit leek ruim gezaaid
te zijn op mijn pad, maar wat betreft de materiële kant van het bestaan maakte
ik een lange worsteling door. Misschien was dat waar mijn heling over ging: me
werkelijk thuis gaan voelen op aarde en mijn plek in nemen in de maatschappij.
Alleen: welke plek?

'Ben je klaar?' vroeg David. Hij had zich uitgebreid gewassen en schone
witte kleren aangetrokken. 'Kom, we gaan naar Amma.'
Het zou ons eerste bezoek worden aan de vrouw die zijn goeroe was geworden
en waar ik hem al vele jaren over had horen spreken. We liepen het hotel uit en
sloten ons aan bij de stroom Indiërs die zich door de straten heen bewoog.
Allemaal gingen ze in de richting van de tijdelijk ingerichte ashram voor het
bezoek aan Amma.

Hoewel de straten modderig waren verbaasde ik me over de smetteloze en prachtige sari's van de vrouwen. In allerlei kleuren liepen de Indiase vrouwen in uiterste elegantie over de modderpaden. Geen spatje. Zelfs aan het eind van de dag zagen ze er oogverblindend uit, en af en toe kreeg ik een brede glimlach van een van de dames. Oogcontact was in India toegestaan, en maakte dat je je altijd thuis voelde, hoewel er verder niets mee werd bedoeld. Een blik was geen verholen uitnodiging tot meer, maar een spontane en onschuldige manier van contact maken. De regels waren duidelijk en daardoor leek er zoveel meer verbinding te zijn tussen deze mensen.

David legde me de regels en procedures van de ashram uit. We gingen om darshan te krijgen, wat betekende dat we in de rij gingen zitten om een omhelzing van Amma te krijgen. Tijdens de darshan zouden er liederen worden gezongen en kon je mediteren. Toen we bij het geïmproviseerde dorp aankwamen zag ik grote tenten staan tussen het oerwoud en een kilometers lange rij wachtenden. 'Moeten we hier aansluiten?' vroeg ik wat benauwd.

'Nee, kom maar. Westerlingen mogen altijd voor. We kunnen verder lopen.'

'Mooi is dat. Dat is ook niet erg eerlijk,' mompelde ik, terwijl ik diep in mijn hart erg blij was dat ik niet in de rij hoefde te staan.

'Dit is India,' antwoordde David. 'Probeer het niet allemaal te begrijpen.'

We liepen langs grote gaarkeukens waar op de grond voor duizenden mensen werd gekookt. Mensen kregen niet alleen een omhelzing van Amma maar ook een gratis maaltijd. Dag en nacht ging de bedrijvigheid in de keuken door. De stoom kwam uit de tent en bracht geuren van currie en gefrituurde groenten met zich mee.

In een foldertje dat ik in mijn handen kreeg las ik dat Amma de Gandhi King prijs in Genève had gekregen. De woorden die ze tijdens de Geneefse conventie had uitgesproken gingen over moederschap in de wereld: *'Op dit moment slapen de meeste vrouwen. Vrouwen moeten wakker worden en tot leven komen! Dit is één van de meest dringende behoeftes van deze tijd. Niet alleen vrouwen in ontwikkelingslanden moeten wakker worden - dit geldt voor vrouwen overal ter wereld. Vrouwen uit landen waar materialisme overheerst, zouden wakker moeten worden voor spiritualiteit. En vrouwen uit landen waar zij gedwongen worden om binnen de nauwe muren van hun religieuze tradities te blijven, zouden wakker moeten worden voor het moderne denken. Alleen wanneer vrouwen zich de eeuwige wijsheid van spiritualiteit eigen maken samen met modern onderwijs, dan zal de kracht in hen ontwaken en zullen zij opstaan en tot actie overgaan. Vrouwen zijn de oerkracht en de ware basis van ons bestaan in de wereld. Het is daarom van het allergrootste belang dat vrouwen*

*overal ter wereld alle moeite doen om hun ware natuur te herontdekken omdat
we alleen dan onze wereld kunnen redden.'*

David en ik waren voorbij de rij gelopen en kwamen bij de grote tent in het midden van het terrein aan. Overal hingen slingers, vlaggen en posters met het gezicht van Amma erop. Ik zag meerdere mensen in witte kleren lopen en een enkeling had een knaloranje jurk aan. 'Dat zijn de Brahmachari's,' vertelde David. 'Een soort priesters die met Amma meereizen.'
Uit de grote tent kwam een éénstemmig gezang, langzaam en harmonieus. Een paar duizend mensen zaten op de grond en zongen de mantra's die door een groep zangers op een podium werden voorgezongen. Daarachter speelden een groep muzikanten de zich steeds herhalende muziek, maar met elk couplet werd er een kleine nuance in de toon aangebracht.
Toen zag ik haar, midden in een kluwen van mensen. Een kleine donkere vrouw met een eenvoudige witte sari om. Haar ogen straalden en één voor één omhelsde ze de mensen die voor haar op hun knieën knielden. Tegelijkertijd gaf ze instructies aan de mensen die achter haar zaten. 'Dat zijn haar medewerkers,' legde David uit. 'Terwijl ze mensen omarmt runt ze ook nog een aantal ziekenhuizen, universiteiten, scholen en ashrams. Dat gaat hier allemaal tegelijkertijd.'
Ik zag Amma naar achteren gebaren en vervolgens een aantal woorden in de oren fluisteren van degene die voor haar zat. Daarna kwam de volgende die een omhelzing kreeg. Ik keek naar de zaal vol met duizenden mensen. 'Je wilt toch niet zeggen dat ze al die mensen vanavond gaat omhelzen?' vroeg ik ongelovig.
'Jawel, ze zit hier tot morgenochtend negen uur of later en de volgende dag weer en de dag daarop ook en zo gaat dat alsmaar door. Ze stopt nooit.'
'Ook niet als ze naar de wc moet?' vroeg ik, denkend aan de praktische kant van de zaak.
'Nee, ik heb haar nog nooit tussendoor zien stoppen. Kom, we gaan in de rij zitten. Daar aan de zijkant is de rij voor westerlingen.'
'Gaan we weer voordringen?'
'Kom nu maar.'
We liepen naar voren en kwamen dichter in de buurt van de bijenkorf van mensen die zich om Amma heen verzamelde. We gingen op de grond zitten en ik had uitgebreid de tijd om het hele gebeuren gade te slaan. Het meest verbaasde me Amma's gezicht. Allerlei soorten expressie wisselden zich in een snel tempo af. Nu eens was ze de geruststellende moeder, dan weer de strenge baas, dan een diepbedroefde vrouw om op een ander moment te stralen en te schaterlachen. Op dat kleine middelpunt in de zaal leek zich een heel

universum af te spelen. Hoe langer ik keek hoe meer ik het beeld van de godin in haar vele vormen voor me zag. De rij was inmiddels naar voren geschoven en ik was nog maar enkele plaatsen verwijderd van mijn 'hug'. Twee helpers instrueerden me: op mijn knieën naar voren schuiven, niet teveel voorover leunen, mijn hoofd schuin houden etc. Ik werd een beetje zenuwachtig en toen ik drie minuten later de plek weer verliet wist ik niet precies wat er nu gebeurd was. 'Mijn zoon, mijn zoon,' had Amma in mijn oor gefluisterd en ik had me aan haar boezem gedrukt. Verwonderd vroeg ik me af of dit nu alles was; de omhelzing was prettig, maar ik had geen openbaringen, geen gevoel van verlichting of goddelijke gebeurtenis ervaren.

Dat veranderde in de dagen erna.

We reisden een aantal dagen met Amma en haar groep medewerkers mee van stad naar stad en iedere dag dat ik haar zag begon ik me gelukkiger te voelen Totdat ik me besefte dat ik bijna één van die malle volgelingen leek te worden die met een gelukzalige glimlach de hele tijd over Amma sprak. Toen ik haar op een ochtend uit haar tent zag komen en de menigte haar verwelkomde begon ik opeens verschrikkelijk te huilen. Deze kleine vrouw raakte me zo diep, zo intens, dat ik niet wist wat me overkwam. David keek me aan met een begrijpende blik alsof hij wilde zeggen: 'Ik weet wat je doormaakt. Dat heb ik ook gevoeld.'

Dagenlang zaten we te zingen, liepen door de ashrams waar we waren en genoten van de tijd die in het niets opgelost leek te zijn. Rondom Amma leek de tijd niet te bestaan. Alles ging dag en nacht door in een verrassend tempo terwijl toch nooit iemand haast had. Het leven werd vloeibaar als olie en ik voelde me verliefd op alles en iedereen die ik tegenkwam.

Als het me teveel werd trok ik me terug op mijn kamer en las in mijn boek over de zeven chakra's. Langzaamaan begon ik te begrijpen dat India een schatkamer was van spiritualiteit, een oceaan van wijsheid en kennis waar we in het Westen nog maar een fractie van begrepen hadden. In het boek las ik:

'De oorspronkelijke kennis over het bewustzijn van de mens werd eerst in Egypte en later in India bewaard. De kennis over het lichaam als tempel, de chakra's als de heilige wielen van energie en de werking van het aura om de onsterfelijkheid van de mens te bewaren werden in vroeger tijden door de Egyptische priesterkoningen bewaakt en doorgegeven aan de volgend generaties. Toen duidelijk werd dat de Egyptische beschaving ten onder zou gaan is alle kennis en wijsheid van de mysteriescholen verplaatst naar het Indiase continent. De zieners wisten dat de vedische cultuur duizenden jaren lang een spirituele ontwikkeling zou doormaken zonder dat het door grote oorlogen onderbroken zou worden. Hiermee werd de kennis van het leven

voor de volgende generaties en tijdperken beschermd. In tempels, ashrams en mysteriescholen werd de spirituele kennis dagelijks beoefend en van goeroe op leerling doorgegeven. Sommige heiligen bereikten een dermate hoog bewustzijn dat ze de ankerpunten vormden voor een energetisch veld van bewustzijn dat heden ten dage nog steeds de wereld redt van haar ondergang. Het zijn de heiligen die met heel hun zijn voor het welzijn van de mensheid bidden.

Maar onlangs is de grote verandering gekomen. De vedische astrologische kalender heeft het tijdperk van de Kali Yuga bereikt, de tijd waarin de mens het meest verdicht is geraakt. Oorlogen, materiële gehechtheid en egoïsme voeren de boventoon en het bewustzijn bereikt een diepte lager dan het ooit is geweest. Dit is het punt van de grote transformatie, wat de zieners duizenden jaren geleden voorzien hebben: de geboorte van het nieuwe tijdperk. Er staat ons een belangrijke kosmische gebeurtenis te wachten. De aarde zal in één lijn komen met de centrale zon, het middelpunt van het universum. Daardoor ontstaat er een afstemming tussen het menselijk bewustzijn en het goddelijk bewustzijn en kan het gouden tijdperk opnieuw aanbreken. Uit de as van het oude, rijst de phoenix van de nieuwe tijd.'

Toen de laatste dag was gekomen van onze tijd samen liepen David en ik naar de grote zaal voor onze laatste darshan. 'Vanavond is Devi Bava,' vertelde David. 'Nadat ze iedereen omhelst heeft zal ze in de gedaante van de godin verschijnen. Ze heeft dan een prachtige jurk aan met een kroon op.'

'Een soort toneelstukje?' vroeg ik.

'Niet echt, ze wordt als het ware de incarnatie van de Grote Moedergodin zelf.'

'Echt?' vroeg ik.

Die avond wachtte ik vol spanning op de laatste akte van mijn bezoek aan Amma. Ik was zenuwachtig over mijn reis door India zonder David en over mijn ontmoeting met Lily de volgende dag. Tijdens mijn omhelzing pakte Amma me stevig beet, keek me aan en zei: 'Geen zorgen, geen zorgen, de Moeder zorgt voor je.' Ze omhelsde me nogmaals, en ik voelde me geborgen als een baby die net op aarde was gekomen. Ik wist dat me niets kon overkomen en dat de Moeder me altijd beschermde, waar ik ook was.

Aan het eind van de nacht verscheen Amma als Devi Bava. In een blauw met goud gewaad en een kroon op haar hoofd stond ze voor op het podium en ze leek veel groter dan ze was. Ze straalde een diepe ernst uit alsof ze door de tijd heen kon kijken. Ik sloot mijn ogen en opeens voelde ik haar aanwezigheid vlak bij me. Ik keek even op of ze misschien de zaal in was gelopen, maar ze stond nog steeds met gesloten ogen op het podium.

*'Hier ben ik. Binnenin je. Ik praat met je zoals ik met allen communiceer. De
godin manifesteert zich in mij zoals ze zich in jou manifesteert. Luister goed,
want ik heb belangrijke dingen te zeggen. De komende jaren zullen grote
veranderingen brengen op aarde. Er zal veel schade en pijn zijn. Mensen zullen
veel te lijden hebben. De twee torens van materialisme zullen ineen storten. Er
zullen grote overstromingen en aardbevingen komen, omdat de aarde zich moet
schoonmaken en zuiveren. Daardoor kan het bewustzijn zich vernieuwen en op
een hoger niveau gaan trillen. Veel mensen zullen angstig worden en zich
terugtrekken in hun huizen van isolement en eenzaamheid. Maak je klaar voor
de grote eindstrijd. Vecht met de wapens van liefde, vertrouwen en positieve
gedachten. Dit is niet het einde, maar een periode van overgang. Verbind je met
iedereen van goede wil en creëer zodanig een veld van liefde waardoor al mijn
kinderen gedragen worden. Het is belangrijk dat de oude kennis wordt
doorgegeven, zodat volgende generaties haar nog steeds kunnen horen. Laat je
niet verleiden tot de donkere kant; tot angst, zorgen of negativiteit. Verbindt je
onverzettelijk met de energie van liefde. Word een krijger van liefde en hoop.
Geef, zoals ik geef. Ik zal altijd met je zijn, zoals ik met al mijn kinderen ben.'*
Haar stem zweeg en ik opende mijn ogen. Amma stond nog steeds met gesloten
ogen en gevouwen handen op het podium. Opeens opende ze haar ogen en
begon breed te lachen. De muzikanten begonnen te spelen op hun sitars en
trommels en een langzame mantra werd door de hele zaal ingezet.

De menigte stond op en liep langzaam naar voren. Amma greep met beide
handen in een grote mand met rozenblaadjes en strooide de blaadjes over de
menigte uit terwijl ze in extase lachte en straalde. Mensen omhelsden elkaar en
renden lachend door de regen van rozenblaadjes heen. Nog nooit had ik een
dergelijk festijn meegemaakt waar zoveel mensen als kinderen zo blij en
uitbundig feest vierden.

In stilte dankte ik Amma voor de wijze lessen die ze me gegeven had. Ik bad
voor kracht en moed en boog als afscheid met gevouwen handen voorover uit
respect voor deze uitzonderlijke Indiase vrouw.

De volgende dag zei ik David gedag en vertrok. Ik reisde naar Bangalore om
Lily van het vliegtuig op te halen. Ik was klaar voor het volgende deel van het
India-avontuur.

Tussen rijen Indiërs stond ik te wachten totdat de passagiers uit het
gebouw van het vliegveld kwamen. Het was laat in de avond en de nacht was
klam en warm. Ik had een bloemenslinger meegenomen als welkomstgeschenk
en keek naar de mensen die hun familie, geliefden of vrienden verwelkomden.
Sommige Indiërs probeerden wat te ritselen met de bewakers bij de deur zodat

ze naar binnen konden om in de hal te wachten. Er werd druk onderhandeld en als iemand genoeg bood mocht hij verder. Ik had het proces al vaker gezien. Ik keek naar de Indiër naast me.

'Is dat altijd zo,' vroeg ik, 'dat je met geld alles kunt regelen hier?'

Hij begon breed te grijnzen. 'Het is deel van onze cultuur. Iedereen is omkoopbaar, althans van de officiële instanties. Het is een genoegen voor ons om te frauderen met de overheid, maar in onze persoonlijke relaties zijn we zeer trouw en integer.'

'Vreemd,' zei ik.

'Nee hoor,' zei hij. 'Weet je wat vreemd is, dat jullie in het Westen het omgekeerde doen: jullie zijn zeer trouw aan de overheid, maar in intieme relaties verraden jullie elkaar continu.'

Daar had ik niet van terug. Ik keek naar de bloemenslinger in mijn hand en dacht aan het glibberige pad van relaties dat ik de afgelopen jaren had gelopen. Ik dacht aan de pijn die ik had opgelopen in de scheiding met Maria en de wonderlijke houding die Lily erop na hield wat betreft haar ideeën over relaties. Als vrijgevochten Italiaanse was ze ervan overtuigd dat het mogelijk moest zijn er meerdere relaties op na te houden.

'Het gaat om de liefde', zei ze altijd, 'en de liefde is vrij. Zodra je haar inperkt verdwijnt ze. Het is relatie van de toekomst, van het watermantijdperk,' voegde ze er aan toe.

Hier in India waren de mensen voor het leven getrouwd. Als ik ze vertelde dat ik gescheiden was keken ze me vreemd aan. Dat was hoogst ongebruikelijk. 'Maar als je nu niet meer van elkaar houdt?' vroeg ik ze.

'Onze huwelijken zijn meestal gearrangeerd. Het is de bedoeling dat je léért van elkaar te houden. Dat is dé grote opdracht van het huwelijk. Verliefdheid is een voorbijgaande passie, maar echte liefde rijpt door de jaren. Dat is de werkelijke kunst van een relatie.' Ik dacht aan de vele huwelijken in het Westen die ik in de jaren had zien verdorren tot droge en levenloze verbintenissen, waar geen enkele liefde of passie meer uit sprak. Dan leek het toch gerechtvaardigd om te scheiden; juist in naam van de liefde? Of hadden we in het Westen gewoonweg nog niet de essentie van het huwelijk begrepen zoals de Indiërs dat zagen: een spirituele verbintenis die je leert om onvoorwaardelijk van elkaar te houden...

Eén ding was duidelijk: ik begreep er zelf nog steeds niets van en worstelde met de vele paradoxen van het leven. En terwijl ik mijmerde over de liefde kwam de vrouw aanlopen die ik in de voorbije twee jaar had leren liefhebben, in al haar grilligheid en sensualiteit.

Met een kleine rugzak op, haar yogamat eronder gebonden, eenvoudige leren sandalen en een luchtige rok met bloemen kwam ze aanlopen. Lily was een

schoonheid en overal waar ze liep keken de mannen haar na. Dat was één van de dingen waar ze van genoot.
Ik sloot haar in mijn armen en gaf haar de bloemenslinger. 'Welkom in India,' zei ik. Ze begon honderduit te vertellen over de reis, over haar moeder, over haar angst om te vliegen, de katten die ze nog eten had moeten geven voor vertrek. Onderwijl loodste ik haar naar de taxi die stond te wachten.
Toen ze uitgepraat was snoof ze de warme lucht vol met geuren op en werd stil. De sterren fonkelden met duizenden aan de hemel. 'Eindelijk,' zei ze. 'Ik ben er.'

De volgende dag reisden we per trein naar Mysore, de eerste stop op onze reis tezamen. De treinreis was lang en warm, maar gaf een prachtig beeld van het Indiase platteland: palmbomen, rijstvelden, bananenplantages, kleine dorpjes en overal mensen en vuilnis. Vroeger hadden de mensen in de trein hun eten in bananenbladeren gegeten die vervolgens naar buiten werden gegooid. Alles was onderdeel van een natuurlijke cyclus, die eeuwenlang had voortgeduurd. Maar sinds de komst van westerse producten zoals plastic, autobanden, haarsprays, computers, mobieltjes, et cetera was de Indiase cultuur in snel tempo aan het veranderen. En hoewel de gevolgen van de consumptiemaatschappij in de westerse wereld netjes werden weggemoffeld, lagen ze hier open en bloot langs de spoorbaan. Dode koeien met meters plastic in hun buik, bergen afval met oude TV's, brandende autobanden en stukken beton die geen dienst meer deden. Maar ondanks alle chaos bleef het land zijn betovering behouden. Of misschien wel dankzij. Elke opgelegde structuur werd hier onderuit gehaald door de overweldigende variëteit en inherente magie van het leven zelf. India had zelfs de Engelse overheersing geïncorporeerd in haar eigen systeem en bleef ondanks alles toch typisch Indiaas.

Voor ons lag Mysore, een oude stad bekend om haar kleurige zijde, het paleis van de Maharadja, de geur van sandelhout en haar beschermgodin Chamundeshwari die boven op de heuvel in haar tempel uitkeek over de eeuwenoude stad. Maar voor ons was het vooral de bakermat van de yoga. In de ashrams hadden duizenden leerlingen de beginselen van de yoga geleerd in beroemde yogascholen. Net als duizenden jaren geleden werd hier van meester op leerling de spirituele kennis en de Asana's, de yogahoudingen, geoefend en doorgegeven. Ik had inmiddels twee jaar les gehad van Lily en hoewel het in eerste instantie iets was dat ik vooral om haar deed, werd ik langzamerhand gegrepen door de yoga zelf. Ik begon te ervaren dat de houdingen een diep verlangen en herkenning in me wakker maakten. Het was alsof mijn lichaam precies begreep wat het doen moest, en ik de houdingen, die in beginsel zwaar en ingewikkeld leken, van binnenuit ging aanvoelen.

'Er is geen verschil tussen lichaam en geest,' zei Lily altijd tegen me als ik zei dat yoga vooral een lichamelijke oefening was. 'Er is alleen de ziel die zich uitdrukt. Alles is één. Door de splitsing te maken tussen lichaam en geest wordt het bestaan opgedeeld in een hoofd dat maalt en een lichaam dat moet gehoorzamen. De kunst is om het denken tot zwijgen te brengen, zodat de ziel zich vrij gaat voelen. De ziel wil vliegen en niet gekooid zitten in wat jij het lichaam noemt. Als je je oefeningen vaker doet zul je begrijpen waar ik het over heb.'

Ik oefende en oefende en nu en dan ving ik een glimp op van wat ze bedoelde.

'Maar dit is onhaalbaar,' klaagde ik meestal als ik in een onmogelijke houding lag.

'Het gaat er ook niet om of je het haalt; het gaat alleen om de intentie, niet om het resultaat. Misschien bereik je de verlichting pas over honderd levens. So what? Je moet altijd weer opnieuw beginnen. Maak je hoofd leeg en doe alleen de oefening. In het nu ligt de eeuwigheid verborgen.'

En zo zwoegde en klaagde ik voort en merkte niet dat ik allengs geen beginner meer was en steeds meer begon te ontspannen en te genieten van de yogalessen.

We namen een klein hotel in het centrum van de stad waar we hartelijk werden ontvangen, zoals overal in India. Het hotel had een plat dak met zicht over de hele stad waarop we 's morgens voor het rijzen van de zon onze yogaoefeningen konden doen.

Op een avond zaten we boven op het dak onder de volle maan. In de verte zagen we de tempel van de godin in het heldere maanlicht liggen. 'Ik zou altijd bij deze vrouw willen blijven,' bedacht ik me. 'Iets in mij voelt zich thuis, hoe anders ze ook is dan ik'.

'*Vraag haar ten huwelijk,*' hoorde ik mijn gids zeggen.

'Dat durf ik niet,' antwoordde ik in gedachten. 'Ze heeft het altijd over vrij zijn en dat deze reis onze afscheidsreis is.'

'*Maar waarom laat je het van haar afhangen. Volg je eigen pad. Als je van haar houdt, vraag haar dan ten huwelijk. Vertrouw je eigen gevoel. Maak je liefde niet afhankelijk van wat een ander doet of voelt. Wees onvoorwaardelijk trouw aan je eigen hart.*' Opeens gingen als bij toverslag duizenden lichtjes aan op het paleis van de Maharadja. Het leek een sprookje. Een paleis van licht schitterde over de stad en ik hoopte dat de avond eeuwig zou duren.

'Ik moet je iets vertellen,' zei Lily. 'Er is iemand anders.' Het was alsof het decor van de romantiek in één slag verbrijzeld werd. Ik kon niet antwoorden en werd ijzig stil.

'Niet weer,' dacht ik. 'Niet weer. Waarom wordt ik altijd in de steek gelaten als ik van iemand houd? En waarom maken jullie me belachelijk door voor te stellen met haar te trouwen?' vroeg ik razend aan mijn gidsen. 'Wat een farce. Is dit de heling waar ik voor kwam?'

'Laat je niet om de tuin leiden door wat je hoort en ziet. Blijf haar trouw, dat is je opdracht. Houd je hart open, onvoorwaardelijk, ook al houdt ze van een ander.' Terwijl ik innerlijk een gevecht leverde met mezelf vertelde Lily over de Italiaanse man die ze ontmoet had, dat ze verliefd op hem was en met hem verder wilde. Ze zag dit als onze afscheidsreis, zoals ze al eerder had aangegeven. Ze wilde met me naar Arunachala gaan, de tempel van Shiva, om onze band te eren.

'Waarom zou ik?' vroeg ik. 'Wat heeft het voor zin om met jou te reizen als je in je hart bij iemand anders bent?'

'Omdat ik van je houd en nog steeds met jou deze reis wil maken.'

'Je durft gewoon niet alleen te reizen,' stelde ik verbitterd vast. Lily zweeg. De lichtjes van het paleis van de Maharadja gingen net zo plotseling weer uit als ze aangegaan waren. We wisten beiden niet meer wat te zeggen. Lily ging naar bed en ik bleef alleen op het dak achter, totaal verbijsterd. 'Hoe kon het dat ik zo'n diepe verbinding voelde met haar en zij toch voor iemand anders koos?' Ik begreep er helemaal niets meer van en op mijn gidsen kon ik al helemaal niet meer vertrouwen. Die maakten me gek met illusies. *'Houd je hart open, onvoorwaardelijk, ook al houdt ze van een ander,'* hadden ze gezegd. Wat een waanzin. Dit sloeg toch nergens meer op. Hoe kon ik me overgeven aan haar en mijn hart openhouden als ze me verraadde en met een ander ging. En dan wilde ze ook nog met mij naar een tempel ergens aan de andere kant van India. Mijn woede en teleurstelling streden met mijn liefde voor haar. Kon ik van haar houden, ook al was ze niet meer van mij? Was dat de les in onvoorwaardelijke liefde? Maar waarom was dat zo moeilijk? Ik kon van iedereen onvoorwaardelijk houden, behalve van de vrouw die ik liefhad. Daar stelde ik de hoogste voorwaarden, ten eerste dat ze voor mij koos en niet voor iemand anders. Mijn liefde was een exclusieve liefde, geen onvoorwaardelijke liefde, en dat wilde ik ook helemaal niet. Wie zit er te wachten op een onvoorwaardelijke liefde als je uiteindelijk met lege handen achterblijft? Was dat waar de heiligen het over hadden? Dat je bereid moet zijn alles los te laten om het nirwana te bereiken? Dan kon wat mij betreft het nirwana gestolen worden. Ik wilde helemaal geen heilige zijn. Ik wilde gewoon het leven ervaren, gewoon zijn, geen gidsen horen, geen zeven poorten zoeken, maar trouwen en samenleven. Tegen het eind van de nacht was ik doodop van de eindeloze discussie die zich in mijn hoofd en hart afspeelde, en de strijd bleef onbeslist. Ik wist niet wat ik hier mee aan moest; India stelde me voor raadsels en ik had tijd nodig om tot inzicht te komen. In mijn pijn en vertwijfeling wilde ik alleen zijn en ik kwam tot het besluit dat ik wilde alleen verder reizen. De volgende ochtend pakte ik mijn spullen en vertelde Lily dat ik vertrok. Ze keek me aan: 'Het spijt me als ik je kwets. Ik had graag met je verder gereisd. Ik ga naar Arunachala, de heilige berg. Het is één van de poorten van bewustzijn en ik had er met jou heen willen gaan. Ik dacht dat je daarvoor mee was gegaan. Maar ik respecteer het als je alleen wilt zijn.'

'Ik ben niet geïnteresseerd in poorten van bewustzijn,' antwoordde ik haar. 'Doe dat maar alleen, of met je geliefde...'

Verdoofd verliet ik haar en pakte de trein naar de kust, waar ik uiteindelijk terecht kwam in het plaatsje Mahabalipuram. Daar nam ik intrek in een van de hotelletjes aan zee, Laksmi-lodge.

Terwijl ik naar mijn kamer liep kwam de plek me vreemd bekend voor. In de brochure van Laksmi-lodge las ik dat het hotel een voormalig bordeel was geweest. Op de een of andere manier leek het alsof ik de plek kende, maar niet uit dit leven. Laksmi, de godin van de liefde en van de overvloed leek te glimlachen om mijn boosheid en mijn ongenoegen. Als een kleine jongen die niet tegen zijn verlies en verdriet kan zonderde ik me af op mijn kamer, boos over het onrecht dat me werd aangedaan. Ik ging op mijn bed liggen met mijn boek over chakra's. Eigenlijk wilde ik niet verder lezen, maar het was het enige boek dat ik had en het lezen was minder erg dan de maalstroom van mijn gedachten en gevoelens. Ik sloeg het boek open en mijn oog viel op het woord 'Mahabalipuram, de oude tempelstad.'

Ooit was Mahabalipuram een van de mooiste steden van het oude moederland Mu, dat lang geleden is vergaan in de oceaan. Het was deel van de eerste wereld, een beschaving die ver voor de onze op aarde leefde. De wereld van Mu of Lemurië was de eerste wereld. Mahabalipuram was een van de heilige steden en stond bekend om zijn schoonheid, architectuur en de tempels die gewijd waren aan de godin van de liefde. Zeven pagodes vormden samen de inwijdingsweg in de oude godinnencultus. Zes pagodes zijn verzwolgen door de Indische Oceaan en de enige die nog uit de tijd van Lemurië stamt ligt inmiddels half onder water. Het is een herinnering aan een oeroud verleden.

Ik had bij mijn aankomst de tempel in zee zien liggen, maar wist niet dat-ie zo oud was en tot een vorige beschaving scheen te behoren. Met geld van Wereld

Monumenten Zorg was er een grote dam om de tempel gebouwd om het oude gebouw tegen de golven van de zee te beschermen. Laksmi-lodge lag vijf minuten van de tempel vandaan. Ik besloot er de volgende dag naar toe te gaan en de godin om raad te vragen. Ik was tenslotte niets voor niets in de stad van de liefdesgodin terechtgekomen. Ze had me het een en ander uit te leggen.

Toen ik de volgende dag vroeg naar de tempel liep had ik weer het vreemde voorgevoel hier al eerder te zijn geweest. Ik kende de straatjes, de marktkooplui, de ambachtsmannen die op de grond zaten en de mooiste tempelbeelden uit steen hakten, de vrouwen in hun sari's en de dieren die overal tussendoor liepen.

Eenmaal bij de tempel aangekomen overviel me een oud verdriet, alsof ik eeuwen eerder ook al mijn geliefde had verloren. Het leek alsof de geschiedenis zich keer op keer herhaald had. Door de eeuwen heen was ik iedere keer weer de godin van de liefde vergeten en waren haar tempels in de golven verdwenen. Hoe lang moest het duren voordat de liefde opnieuw geëerd kon worden en ontdaan werd van haar kluisters van jaloezie, pijn, verdriet en afscheiding? Hoe lang bleef ik vasthouden aan mijn eigen kleinzieligheid en onbegrip? Ik ging de tempel in en bad voor een nis in de oude rotsen. 'Alstublieft, help me. Vertel me wat ik moet doen.'

En zoals altijd hoorde ik de stem van de godin in mijn hoofd, helder en krachtig: *'Ga terug naar Lily. Maak de reis met haar af. Zet je over je pijn heen. Volg haar naar Arunachala, de heilige berg. Daar zul je haar vinden aan de voet van de berg. Lily is je inwijdster in de zesde poort. Geef je eigen wil op en geef je over aan de liefde die groter is dan jouw eigenbelang. Door de zesde poort te betreden wordt de pijn van eeuwen ongedaan gemaakt. De kennis van het vrouwelijke zal spoedig in grote mate bekend worden gemaakt en een nieuwe inspiratie vormen voor de mensheid. Door jouw toewijding draag je bij aan het ontdekken ervan. Laat je niet leiden door angst of jaloezie. Wijd je aan de liefde, ongeacht wat je er voor terugkrijgt.'*

Ik was niet blij met haar advies - hoe kon ik nu teruggaan, mijn gezicht verliezen en uiteindelijk toch nog degene zijn die aan de kant wordt gezet. Ik keek niet erg uit naar het vooruitzicht, maar ik besloot ten lange leste het advies van de godin te volgen. Ik had niets te verliezen. Ik was al talloze keren voor dezelfde pijn weggerend. Iedere keer trad hetzelfde patroon op. Mijn allereerste herinnering was de geboorte van mijn jongere broer toen ik drie en half jaar oud was. Op dat moment verloor ik de liefde van mijn moeder en trok ik me terug. Er was een ander die veel leuker, knapper, boeiender was dan ik. Ik sloot me af en trok me terug in mijn eigen wereld. Datzelfde verhaal had zich inmiddels in vele relaties voorgedaan. Het werd tijd om het patroon voor eens en voor altijd te stoppen. Als dat betekende dat ik terug naar Lily moest gaan, dan moest dat maar. Ook al werd ik verscheurd door tegenstrijdige gevoelens van liefde en jaloezie.

Die nacht kon ik niet slapen. Weer kwamen beelden uit een ver verleden naar boven drijven; alsof ik ooit deel was geweest van de priesters van de tempel. Ergens, diep verscholen in mezelf voelde ik de oude tantrische kennis van de godinnencultus waarin liefde, sexualiteit en spiritualiteit met elkaar verbonden werden. Ik wist dat er een manier was waarmee jaloezie, pijn en afgescheidenheid getransformeerd konden worden in heelheid, eenheid en extase. Ik pakte mijn dagboek en begon te schrijven alsof de godin het me zelf dicteerde. De ene oefening na de andere verscheen op papier en toen ik 's ochtends klaar was lag er een heel boek voor me met 64 oefeningen over tantra. Hoewel ik er zelf nog verre mee klaar was, had ik mijn eerste stappen gezet op weg naar heelwording van mijn sexualiteit en de relaties in mijn leven.
De volgende ochtend nam ik afscheid van Laksmi-lodge en Mahabalipuram, dankte de godin en nam de bus naar Arunachala.

Onderweg stapte ik uit bij Chidambaram. Hier werden de palmbladbibliotheken van de Rishi's, de oude zieners, bewaard. Van iedereen die er ooit was geweest of ooit zou komen hadden ze een palmblad gemaakt met de beschrijving van iemands leven erop. Hoewel ik grote argwaan koesterde over het hele idee had David me geadviseerd er naar toe te gaan. Ik twijfelde toen ik de bus uitstapte. Hoe konden er nou ooit zieners zijn geweest die precies wisten hoe mijn leven eruit zou zien? Lag dan alles al vast? Was er niet zoiets als vrije keus? En hoe wisten die Rishi's dat ik ooit langs zou komen om dat palmblad te bekijken? Toen ik uiteindelijk bij één van de palmbladlezers terecht was gekomen - een man van mijn leeftijd - werd er lang gezocht, maar uiteindelijk kwam de man terug met mijn palmblad.
'Bent u Ton van der Kroon, hebt u drie broers en bent u geboren in 1965?' vroeg hij.
'Ja, dat klopt,' antwoordde ik, 'dat heb ik u net zelf verteld.' Mijn argwaan groeide. Hoe kon deze Indiase man ooit weten wie ik echt was en mijn leven via een palmblad voorspellen. De man begon te vertellen:
'U bent schrijver; u wilt een boek uitgeven maar dat lukt niet. Nog niet. U moet wachten. Pas over een jaar zult u publiceren. De vrouw die bij u is zal niet blijven. U moet geduld hebben. U hebt nog karma dat niet verwerkt is. U moet aan de God Shiva offeren, daarmee zal uw karma worden opgeheven.'

'Wat moet ik dan aan Shiva te offeren?' vroeg ik achterdochtig. Ik verwachtte
hoge bedragen om mijn slechte karma af te kopen en was op alles voorbereid.
'Het is niet veel', zei de man, 'maar wel erg belangrijk in uw geval.'
'Daar komt het,' dacht ik.
'Niet ver hiervandaan is een tempel,' zei de man. 'Het is de oudste Shivatempel
van Tamil Nadu. U moet bloemen offeren aan de God en aan zijn vrouw
Parvati. U moet dat doen binnen drie dagen. Daarmee wordt u van uw karma
verlost.'
Ik was nog steeds niet op mijn gemak. 'En die tempel,' vroeg ik, 'Waar moet
die zijn?'
De man keek me aan en zag dat ik hem niet geloofde.
'Uw scepsis staat u in de weg, meneer. U kunt zich niet echt overgeven. Dit is de
les die India u te geven heeft. U moet vertrouwen hebben in de wegen van de
Goden. Alles is al geregeld. U kunt gaan of niet, maar als ik u was zou ik niet
twijfelen aan de kennis van de Rishi's. De tempel waar u naar toe moet ligt aan
de voet van één van de oudste heilige bergen van Zuid-India. De naam van de
berg is Arunachala.'
Ik keek de man glazig aan. 'Arunachala?'
'Dat klopt, ik zal u de routebeschrijving geven.'
'Dat is niet nodig,' zei ik. 'Ik ken de weg.'
Ik gaf de man een hand, betaalde en stond even later verdwaasd buiten bij de
ingang van de tempel. Arunachala...
'Wat een vreemd land,' bedacht ik me. Alsof iedereen op de hoogte was van
wat ik hier kwam doen en alles volgens een goddelijk plan werd geregeld.
Langzaam begon ik weer vertrouwen te krijgen in de wegen van de Goden en
van mijn gidsen. Mijn tocht met Lily was nog niet klaar en mijn bezoek aan de
palmbladlezer van Chidambaram had mijn vertrouwen versterkt om naar haar
terug te gaan. En niet te vergeten; om de zesde poort te vinden.

*In Arunachala staat de oudste tempel van Shiva, gewijd aan het element
vuur. De berg heeft van oudsher bekend gestaan als de schenker van bevrijding,
de vernietiger van het ego en degene die het valse idee van afgescheidenheid
opheft. Toen de godin Parvati de staat van het opperste goed wilde bereiken
stuurde Shiva haar naar Arunachala. Arunachala werd de plaats waar ze haar
individualiteit opgaf om één te worden met het grote geheel en met Lord Shiva
zelf. Door de eeuwen heen zijn er heiligen en mystici geweest die hun leven
biddend en mediterend op de berg doorbrachten en zo tot zelfkennis kwamen.
De laatste van deze heiligen was Ramana Maharishi. Op zijn 16e jaar kreeg hij
een visioen over de berg Arunachala. Hij verliet zijn ouders en vertrok naar de*

berg. Omdat hij geen geld had leefde hij in een grot in de berg en daar bleef hij zijn hele leven. Hij heeft Arunachala nooit meer verlaten. Tijdens zijn leven kwamen steeds meer mensen naar de heilige van de berg om onderricht te krijgen en ingewijd te worden in de mysteries van het zijn. 'Wie ben ik?' was de centrale vraag van Ramana. 'Wie is het die alles ervaart, voelt, denkt?' In veel therapieën wordt er ingegaan op de inhoud van dat denken en voelen en de oorzaken ervan, maar Ramana bracht zijn leerlingen naar de directe ervaring van het ware Zelf; degene die achter het masker zit, achter het spel van het ego dat zich bezighoudt met alle ervaringen. Degene die we in werkelijkheid zijn, maar die we vergeten zijn in de illusie van ons kleine zelf. Zodra het ego wegvalt wordt de waarheid van het Zelf geopenbaard.

Arunachala was het thuis van Ramana en in de loop van zijn leven zaten er duizenden mensen aan zijn voeten om de waarheid van het Zelf in hun wezen op te nemen. Hij zei zelden iets. Zijn onderricht verliep in stilte.

'Arunachala is pure wijsheid (Jnana),' zei Ramana ooit. 'Uit compassie voor diegenen die de waarheid zoeken heeft lord Shiva zich gemanifesteerd in de vorm van een berg. De berg is de fysieke belichaming van de waarheid Sat, en een bezoek aan de berg is niets anders dan Satsang. (het zoeken van de waarheid) Voor degene die Shiva werkelijk willen eren is er niets heiliger dan rond de berg te wandelen bij volle maan, of naar de top te klimmen, waar de waarheid van het Zelf zich openbaart.

Ik sloeg het boek dicht en besefte dat ik inderdaad in de buurt van de zesde poort was gekomen. Lily had gelijk gehad. Hier moesten we heen. Onze hele weg samen, onze hele relatie leidde naar deze ene berg en zijn eeuwenoude traditie van mystici die hier de kennis van het Zelf openbaarden. Dit was waar de zesde poort over ging: Mijn echte ik was voorbij pijn, verdriet, trots, gehechtheid aan verleden of toekomst; het enige wat overbleef was het hier en nu. Ik voelde me opeens zeer onbelangrijk en klein.

Ik keek uit de bus en zag hoe de zon snel daalde in het wonderlijke landschap waar ik doorheen reed. Overal lagen enorme ronde rotsblokken. De bus scheurde over de weg en herhaaldelijk mistten we op een haar na een kar met hooi, een fietskar of een overstekende geit.

En opeens, aan de horizon, zag ik de contour van de berg die ik nooit meer vergeet; een kleine berg, niet meer dan een heuvel, geen Himalaya of Mount Everest, maar van binnen voelde ik de grote kracht en uitstraling van deze plaats, alsof heel zuidelijk India om de spil van deze ene berg draaide: Arunachala. Innerlijke waarheid kan soms zoveel sterker zijn dan uiterlijke waarheid.

Toen ik in het stadje was aangekomen begon het licht te schemeren. Ik wandelde naar de ashram van Ramana Maharshi en vele mensen kwamen net de tempel uitlopen. Ik keek rond of ik Lily zag, maar ik vond haar niet. Misschien moest ik eerst Shiva eren en de opdracht vervullen die de palmbladlezer me geven had. Ik moest voor zonsopgang naar de top van de berg gaan, daar bloemen offeren en bidden voor verlossing.

Opeens werd ik opgeschrikt door veel lawaai en geschreeuw. Een man stond vastgebonden aan een boom en werd door een priester van de tempel afgeranseld. De man jammerde en klaagde maar de priester ging door met hem te ranselen.

'Zou dit ook horen bij de verlossing?' vroeg ik me cynisch af. Ik bad in stilte dat ze de man vrij lieten. Een Amerikaanse dame kwam naast me staan en verklaarde het tafereel; de man bedroog toeristen en maakte ze veel geld afhandig.

'Verlichting en bedrog liggen dicht naast elkaar,' zei ze met een knipoog. 'Als je werkelijk rust wilt vinden moet je het stenen pad volgen naar de voet van de berg. Er is daar een klein huisje waar Ramana geleefd heeft. Daar voel je werkelijk zijn aanwezigheid.' Ik volgde het advies van de vrouw en betrad het stenen pad.

Na een kwartier kwam ik bij een klein paradijsje uit en vond het huis van Ramana, niet meer dan een kleine aanbouw voor een grot. De sfeer was van een innige eenvoud en heiligheid. Ik ging zitten en keek uit over de vlakte. Zonder moeite kwam ik in een staat van totale vrede, alsof ik mediteerde zonder te mediteren. Ik weet niet meer hoe lang ik er zat, maar toen het al bijna donker was zat er een man naast me, een kleine Indiër.

'Je bent een yogi,' zei de man. 'Je bewandelt een heilige weg. Laat je niet bang maken. Niets is wat het schijnt.' Het leek alsof de man mijn gedachten raadde.

'Je moet naar de top van de berg. Ken je de weg?'

'Nee,' zei ik.

'Als je wilt breng ik je morgen. Kom hier om vijf uur, dan neem ik je mee naar de top. Om zes uur kunnen we dan de zonsopgang zien.'

'Dank u. Ik zal zien,' zei ik, voorzichtig als ik was geworden.

'Prima, kijk maar of je komt. Ik ben hier om vijf uur.' De man boog en verdween in het duister.

Ik vond die nacht een plek om te slapen in de ashram en de volgende ochtend werd ik vanzelf om half vijf wakker. Ik besloot in het duister naar het huisje te lopen om te kijken of de man er was. Ik vond niemand, maar na een half uur wachten kwam hij aangelopen.

'Hier, ik heb ontbijt voor je gehaald,' en hij stelde allerlei lekkere etenswaar uit. We aten in de stilte van de nacht en aan de horizon begonnen de eerste stralen licht op te komen.

'Kom, we moeten gaan,' zei de man opeens. Hij pakte de spullen weer in en maande me mee te komen. Voor het eerst kon ik iets van zijn gelaat zien; klein en tenger en zijn contouren kwamen me vaag bekend voor. Ik wandelde achter hem aan en vroeg me af waar ik deze man toch van kon kennen. Hij was als een engel op mijn pad gekomen om me de weg te wijzen en mijn opdracht te vervullen om Shiva te eren, maar hoe wist-ie dat ik naar de top wilde? En als ik hem kende, waar had ik hem dan gezien? De vragen bleven door mijn hoofd draaien terwijl ik achter hem aan over het stenen pad liep, en opeens, als bij donderslag, wist ik het... Ik stond als aan de grond genageld terwijl de akelige realiteit zich aan me opdrong: dit was de man die vastgebonden had gestaan aan de boom en door de priester was afgeranseld.

'Kom, niet wachten,' zei de man, toen hij merkte dat ik stil stond. 'We moeten de top bereiken voordat de zon opkomt.'
'Ja, natuurlijk,' mompelde ik. Ik wilde wegrennen, ter plekke opbranden als een braambos, wakker worden uit deze nachtmerrie en opgelucht adem halen en beseffen dat alles slecht een droom was. Maar dit was werkelijkheid en ik zat er midden in. Ik sjokte achter de man aan en de gedachten raasden door me heen. Een plan, een plan. Hoe kon ik ontsnappen, om hulp roepen, de aandacht trekken van andere beklimmers? Maar er was niemand zo vroeg in de ochtend. Ik was alleen. Wat een stom idee ook om op een berg naar verlichting te gaan zoeken. Alsof je dat niet overal kon vinden. Die zakkenwasser van een palmbladlezer had me er weer ingeluisd, zoals iedereen dat hier in India continu probeerde. En ik was de stomme westerling die zo naïef was dat-ie er intuinde... Ik haatte het. Hoeveel geld had ik bij me? Kon ik de man afwimpelen? Kon ik omkeren en terugrennen? Nee, geen kans, de man kende de weg en was veel sneller.
'Gaat het?' vroeg de man die mijn gesteun en gezucht hoorde.
'Ja hoor, het gaat uitstekend. Ik geniet van de tocht,' zei ik zo monter mogelijk. Niets laten merken. Hij mag niet weten dat ik hem doorheb. Ik moet hem te slim af zijn. Wat een klote avontuur; zo zie je dat achter een vrouw aan reizen helemaal geen goed idee is. Ik had gewoon mijn eigen weg moeten blijven volgen. Het absurde verhaal van een berg die Shiva zelf zou zijn. Ik ben toch niet achterlijk? Maar ik was wel degene die hier liep. Dit was mijn waarheid, mijn 'Sat'. Klinkt als zat, dacht ik, en een glimp van verlichting brak door mijn grimmig brein.

'Ik ben het zat, dat is mijn waarheid!' en ik foeterde alles en iedereen in gedachte uit. Ik tierde en mopperde over alles in mijn leven, ik haatte alle stommiteiten die ik had uitgehaald, de vrouwen die me verlaten hadden, mijn ouders die niets goed hadden gedaan, mijn werk dat niets opleverde en in plaats van verlichting leek ik eerder de totale zonsverduistering in mijn leven op deze berg te gaan meemaken. Ik sleepte me naar boven en iedere stap leek zwaarder dan de vorige. Ik haatte de man die voor me liep en dacht erover om hem aan te vallen en ter plekke van een rots af te duwen.

'Dood of minstens levenslang gehandicapt, dat is wat hij verdient,' dacht ik en mijn humeur klaarde licht op van leedvermaak bij de gedachte eraan. Maar direct werd ik afgestraft door de volgende klimpartij waarbij ik zelf met mijn voet bijna van een rots gleed.

'Kom, ik help je,' zei de man en hij stak zijn hand uit.

'Nee,' gilde ik.

'Geen paniek,' riep de man en hij trok me naar boven. 'Ik heb je vast,' zei hij.

'Dat kun je wel zeggen,' dacht ik erachteraan. 'Ik zit vast, maar zo makkelijk heb je me niet, mannetje. Hoe het ook loopt; ik zal hier op mijn manier weer uitkomen.' Ik zon op wraak op de hele business van nep-goeroe's, semi-verlichten en halve spirituelen die dachten me te slim af te zijn.

'AAAAAArrrrrqqq,' krijsde opeens een aap in mijn oor en hij probeerde mijn pet af te trekken. Ik bukte net op tijd en zag een hele groep kleine, bruinoranje apen op de rotsen voor ons op het pad. Ze krijsten en sprongen op en neer als een horde losgeslagen wilden.

'Kksssst,' riep mijn leidsman. 'Weg, scheer je weg, ongedierte.'

De apen gingen op een afstandje naar ons zitten kijken, grinnikend en schreeuwend en toen we doorliepen kwamen ze achter ons aan.

'Welke gek heeft hier ooit gedacht de verlichting te vinden?'

'We zijn er bijna,' zei de gids, en inderdaad, de top van de berg kwam in zicht. Eenmaal bovenaan gekomen zag ik een aantal Indiërs druk bezig. Ik wilde naar ze toelopen om ze te waarschuwen over mijn gids, maar ze maanden me direct om te zwijgen en te gaan zitten. Het heilige ritueel van de zonsopgang was net begonnen.

'Mediteer,' zei mijn gids.

Ik kon me nauwelijks concentreren want de apen waren ons gevolgd naar de top en bleven om ons heen springen. Af en toe verdween er een Indiër in een klein bruin tentje en kwam er even later weer uit. Hij knielde vele malen en prevelde gebeden.

'Binnen zit een heilige die hier al jaren zit en niet eet. Hij leeft louter op thee met ghee, geklaarde boter. Als we geluk hebben zullen we hem zo zien.' Het tentje ging weer open, dit keer aan twee kanten en de Indiër gebood ons op een rij te gaan staan. Opeens begon iedereen in de rij in zijn handen te klappen, te zingen en een soort danspasje te maken. In polonaise dansten we het tentje in en vervolgens weer uit om in een cirkel het hele ritueel zeven keer te herhalen.

'Om Namah Shivaya. Om Namah Shivaya, Ooooom.' Het groepje hupte in en uit het minuscule tentje. Iedere keer als ik binnenkwam vroeg ik me af waar toch die heilige moest zitten die van licht en thee leefde, maar ik zag hem niet.

Toen het ritueel klaar was gaf de Indiër me een kopje met groezelig groen water wat thee moest zijn. In het midden dreef een grote vieze klont vettige ghee.

'Drink,' zei de man. 'Het zal je helpen.'

'Ja,' dacht ik, 'mijn graf in.' Ik herinnerde me alle waarschuwingen voor bacteriële vergiftigingen, gele koorts, malaria, tetanus, bloedziektes en al het andere wat ik kon bedenken toen ik een slokje van de thee nam. 'Dit is het einde,' dacht ik. 'Als ik dit brouwsel overleef is er een wonder geschied.'

De man stak zijn hand uit: '200 roepies.'

'Wat?' riep ik. '200 roepies voor een bakje vieze thee?'

De Indiër keek me boos aan.

'Nee, Sahib, voor de inwijding. Het geld is voor onze heilige goeroe.'

Ik telde 100 roepies neer en besloot dat ik genoeg was ingewijd. 'We gaan weer naar beneden,' commandeerde ik mijn gids.

'Maar u bent nog niet klaar,' riep hij uit.

'Geeft niet, ik wil nu terug.'

'U heeft de voetafdruk van Shiva nog niet gezien,' jammerde hij.

'Kan me niet schelen, blijft u maar hier, ik ga.'

De man kwam wat mopperend achter me aan. 'Lord Shiva is niet blij.'

'Ik ook niet,' dacht ik en beende stevig door.

'Wacht, niet te snel, anders valt u,' probeerde hij nog. 'Ik wijs u de weg.'

'Ik weet de weg,' zei ik nors, 'Naar beneden.'

De houding van de man veranderde. Hij liep langs me heen en nam opnieuw de leiding. Hij wist wat ik wist, dat onderaan de weg het moment van de waarheid wachtte: de afrekening. Ik bedacht me dat ik geen slachtoffer van zijn praktijken wilde worden, alleen wist ik nog niet hoe. Ik riep de goden aan om hulp.

'Shiva, ik heb u misschien niet geëerd zoals de bedoeling is, maar alstublieft: help me.'

Je zocht toch verlichting?' klonk het antwoord enigszins ironisch.

'Vergeef me,' antwoordde ik. 'Dat was mijn hoogmoed. Ik zie nu dat je verlichting niet kunt zoeken of vragen...

'Dat heb je goed begrepen. Zodra je naar het hoogste vraagt, krijg je direct ook het laagste. Waar zwart is, is wit. Waar licht is, is ook donker. Het is de wereld van de dualiteit, van goed en slecht, van beter willen zijn dan het nu is. De kunst is om ieder moment te rusten en te weten dat het goed is zoals het is. Er is geen beter, er is alleen dat wat is. Het ego maakt er goed of slecht van en daarmee begint het eeuwige streven naar hoe het anders zou moeten zijn. Alles is hier en dat is goed.'

'Dat snap ik nu. Ik heb alleen een praktisch vraagje.

'En dat is?'

'Hoe kom ik van die gids af?'

'Wil je er vanaf dan?'

'Bedoelt u dat-ie ook bij het verhaal hoort? Maar het is een boef, een leugenaar die me geld afhandig probeert te maken. Hij licht mensen op.'

'Hij heeft je anders een heel belangrijke les geleerd. Hij had het niet beter kunnen doen.'

'Bedoelt u dat hij op dit moment mijn leermeester is, ook al weet hij dat niet?'

'Precies, hij is je gids, dus het lijkt me niet meer dan fair dat je hem betaalt. Je hebt niet voor niets gewenst dat hij los werd gemaakt van die boom waaraan hij vastgebonden zat.'

'Maar hij zal me willen afpersen...'

'Wat heb je er voor over?'

Ik had direct een bepaald bedrag in mijn hoofd dat goed voelde: '500 roepies.'

'Prima, een cursus verlichting voor 500 roepies. Dat is een koopje,' lachte de stem.

'Nou ja, het lijkt me reëel, het is tenslotte India.'

'Ik heb ook niet gezegd dat het goed of slecht is. Het belangrijkste is dat je zelf weer de macht in handen hebt en je geen slachtoffer meer maakt van zijn verhaal. Dat doe je je hele leven al. Je legt telkens de verantwoordelijkheid buiten jezelf en gaat er dan over klagen.'

'Dat is wat overdreven. Niet altijd...,' sputterde ik tegen.

Je klonk op de weg naar boven anders niet zo positief over je leven en wat daarin allemaal gebeurd is...'

Ik perste mijn lippen op elkaar en liep door naar beneden. Hier had ik geen weerwoord op. Het klopte; over veel dingen in mijn leven was ik eigenlijk niet tevreden. Ik vond het oneerlijk dat ik gescheiden was, dat ik zoveel moeite had om geld te verdienen in mijn leven, dat ik niet altijd erkend werd in mijn werk en zo was er nog een waslijst.

'Wat vind je ervan om het aan mij over te laten?'

'Overlaten? Dat is wel heel riskant. Ik weet niet of ik dat durf...'

140

mijmerde ik.

'Je kunt het proberen...,' opperde de stem.

'Ik weet het niet, het lijkt me doodeng. Zoiets als in een autorijden en het stuur loslaten.'

'Precies, dat is het. Dat is verlichting. Jij rijdt, wij sturen. Je hoeft alleen maar te genieten van de rit. Is dat een deal?'

Het angstzweet brak me uit, maar ik begreep dat er geen andere keuze was.

'Oké,' zei ik. 'Deal.'

Ik keek naar de gids die voor me liep, en begreep dat ook hij driftig moeite deed om het stuur in handen te houden. De buit was bijna binnen; hij hoefde me alleen nog maar naar het laatste punt te leiden en mijn geld af te troggelen.

Niet ver beneden me zag ik het huisje van Ramana staan en ik kreeg een ingeving.

'Ik wil je heel graag 500 roepies geven als dank dat je zomaar met me mee bent gekomen,' zei ik tegen hem. Hij stond stil en keek me aan.

'Ik wil niet dat je dit voor niks doet,' zei ik. 'Ik ben je dankbaar dat je me geholpen hebt, dat je mij ontbijt hebt gegeven en me geleid hebt en hoop dat je mijn dank niet weigert.' Ik gaf hem de 500 roepies.

Hij weigerde het aan te nemen.

'Sir, we zijn nog niet beneden. Beneden zullen we het hebben over de prijs. Nog een klein stukje.'

'Dat weet ik, maar ik wil nog even naar het huis van Ramana.'

'Dat kan niet. We hebben een ander pad naar beneden genomen. Die afslag is voorbij.'

Ik keek naar het huis en zag dat hij gelijk had. Hij wilde me duidelijk ergens heen leiden, maar ik was vastbesloten. Tot hier en niet verder. De man liet echter niet los en deed zijn uiterste best om me te overtuigen verder te gaan.

En terwijl we daar stonden te delibereren zag ik opeens een kleine lichte gestalte de berg opkomen, met haar rok wapperend om haar heen en een grote Italiaanse zonnebril op haar hoofd.

'Lily!' riep ik.

'Ton, je bent gekomen!' Ze rende op me af en omhelsde me. De Indiër keek me verbaasd aan; waar kwam zíj vandaan? De hele betovering leek verbroken.

'Moet je iets met die man?' vroeg ze.

'Ja, ik moet hem nog betalen.' Ik gaf hem de 500 roepies en zei hem gedag. De man keek me woedend aan en besefte dat ie verloren had. Ik was hem ontglipt, gered door mijn Italiaanse engel.

We liepen terug naar boven waar de afslag was naar Ramana's huis, en toen ik omkeek zag ik dat de Indiër druk stond te gebaren tegen een paar handlangers die net na Lily waren aangekomen. Te laat, te laat, dacht ik, de Goden hebben me geholpen.

Ik was ontzettend blij Lily weer te zien en we wisselden onze avonturen uit van de afgelopen dagen. Ze was al enkele dagen bij Arunachala en ging regelmatig naar het huis van Ramana om te mediteren.

'Dit is een onvoorstelbare plek,' zei ze. 'Ik voel me zo licht als een veertje en ik hoor de hele dag Ramana's stem in mijn hoofd. Het is alsof hij nog steeds hier is, maar in de vorm van bewustzijn.'

Ze praatte honderduit, en al wandelend kwamen we aan bij het huisje van Ramana.

'Kom, we gaan naar binnen,' zei ze. We gingen zitten en sloten onze ogen. Een diepe stilte en rust viel over me, alsof mijn bewustzijn zich moeiteloos uitbreidde en ik in een zee van innerlijke vrede terecht kwam. Geen leegte, maar een ruimte die vol was van helderheid, liefde en wijsheid. In de ruimte zag ik de ogen van Ramana; de meest liefdevolle ogen die ik ooit gezien had. Ze leken tegen me te spreken alsof de man tegenover me zat.

'Dit is jouw pad, Ton. Het werken met mannen en vrouwen en de kennis van de bhakti verspreiden, de weg van het hart. De zesde poort is de verbinding tussen man en vrouw, tussen actief en ontvankelijk, tussen graal en zwaard; het is je levensthema en altijd zullen er vrouwen op je pad komen om je daar aan te herinneren. Ze zullen je helpen het mannelijke element vorm te geven door je uit te dagen als man. Jij zult hen op jouw manier inwijden door hun vrouwelijkheid helemaal te beleven. Lily heeft je hier gebracht omdat ze een oude zielenafspraak met je had. Jullie zijn hier al eerder samen geweest en zullen hier ook weer terugkomen. Maar voor nu is jullie weg samen klaar. Zij zal zich verbinden met iemand anders en jij hebt je eigen weg te gaan, maar jullie liefde en verbinding zal blijven. Houd je hart open, dat was de opdracht en die blijft. Steeds meer zul je mensen in je hart toelaten waardoor je vermogen om lief te hebben groter wordt, totdat je liefde bent. Streef niet tegen, maar ga mee op de stroom. Er wordt voor je gezorgd. Maak je klaar voor de grote inwijding.'

Ik luisterde naar de woorden en voelde me rustig en gezegend. Lily stond op en nam mijn hand. We pakten mijn spullen en wandelden naar haar hotel aan de overkant van de ashram. 'Vanavond is het grote jaarlijkse feest van Shiva, Shivaratri. Dan gaan we naar de tempel. Dus we hebben nog tijd...' en ze knipoogde.

We gingen haar kamer in en bedreven de liefde, zacht en liefdevol als afscheid van elkaar.

Die avond was de gehele tempel verlicht met duizenden kaarslichtjes. De Indiërs hadden zich op hun mooist gekleed voor het grote feest en overal stonden priesters te zingen, hun puja's uit te voeren, bloemenkransen te verkopen voor de altaren en de godenbeelden en een olifant zegende met zijn slurf de mensen op hun hoofd. Op de grond waren grote kleurrijke afbeeldingen gemaakt met krijt en het hele tafereel leek een sprookje uit een andere wereld.

Een jonge priester kwam op ons aflopen en terwijl ik me al wilde omdraaien, hield Lily me tegen.

'Ik ken hem, het is OK,' zei ze.

De priester nam ons mee de tempel in en leidde ons naar het beeld van Shiva. We kregen allebei twee bloemenslingers omgehangen. Daarna werden we naar een kleinere tempel gebracht waar het beeld stond van Parvati, Shiva's echtgenote. We knielden neer, raakten het huwelijksbed van het godenpaar aan en kregen de zegen van de priester terwijl hij diverse gebeden uitsprak. Aan het eind feliciteerde hij ons en gaf ons een derde bloemenslinger. Hij lachte uitbundig en ik betaalde hem voor zijn diensten. Toen we eenmaal de tempel uitliepen keken vele mensen ons aan en lachten ons toe.

'Doen we iets vreemds?' vroeg ik Lily toen ik alle mensen naar ons zag kijken. 'Misschien mogen we niet hand in hand lopen?'

'Niet zo bang zijn. Het is goed, toch? Ik zal het eens vragen.' Ze stapte naar één van de Indiase vrouwen en stond even met haar te praten. Met een rode blos op haar wangen kwam ze terug.

'Je gelooft het niet,' zei ze, 'maar de vrouw vertelde dat de drie bloemenslingers betekenen dat we net getrouwd zijn. Het is een huwelijksritueel wat ze binnen hebben uitgevoerd.'

Ik stond perplex. Ik had zo veel gedroomd en gewenst dat ik met haar zou trouwen, en op het moment dat ik bereid was haar los te laten, werden we voor eeuwig verbonden. Ik kuste haar.

'Ik hou van je, wat er ook gebeurt.'

'Dan ben je nu mijn zielsechtgenoot,' zei ze.

De zesde poort leek zich te openen en te sluiten en daar tussen lag een moment van eeuwigheid. We genoten van de avond en laat in de nacht keerden we terug naar het hotel.

De volgende dag vertrok ik en Lily verdween uit mijn leven, maar in mijn hart bleef ze mijn geliefde.

DE ZEVENDE POORT

DE ZEVENDE POORT IS DE ONDERGESCHIKTHEID AAN DE GODDELIJKE WIL. STERK UW GEEST, WEES ZELFSTANDIG, VOEDT UW EIGEN WIL, OPDAT U HAAR KUNT AFLEGGEN ALS DE GODDELIJKE WIL ZICH OPENBAART. ZIJ DRINGT NIET OP, MAAR BIEDT ZICH AAN ALS DE POORT NAAR EEN GROTER KONINKRIJK. ALS DE DRUPPEL ZIJN GRENZEN DURFT OP TE GEVEN, OPENBAART DE ZEE ZICH IN HEM. DIT IS HET PRINCIPE VAN DE ONDERGESCHIKTHEID AAN DE GODDELIJKE WIL. WEES EEN OPEN KANAAL WAARDOOR HET WATER VAN DE ZIEL OP AARDE KAN STROMEN. STEL UZELF BESCHIKBAAR OM DIENSTBAAR TE ZIJN AAN DE GROTERE LIEFDE. LEID, MAAR LEID VANUIT UW HART EN LAAT UZELF GELEID WORDEN DOOR DE GOD VAN LIEFDE, WANT ALLEEN DAN VINDT U WARE VERVULLING. 'NIET UW WIL, MAAR GODS WIL GESCHIEDDE, WANT ZIJN WIL IS OOK DE UWE.' WIE DIT WEET IS GESTORVEN EN WEER OPGESTAAN EN BEKLEEDT ZIJN ZIEL MET DE MANTEL DER LIEFDE. DIT IS DE WEG VAN HET WATER, DAT OP AARDE STROOMT OM DE MENSHEID TE DRINKEN TE GEVEN EN HAAR DORST TE LESSEN.

IK HEB GESPROKEN.

Twee jaar gingen voorbij. Ik had Lily niet meer gezien sinds India, maar ik droeg haar nog steeds in mijn hart. Ik hield meer van haar dan ooit, ook al was ze niet meer in mijn leven. *'Je werk is om van haar te houden,'* had de godin gezegd en dat deed ik. De dualiteit van leven leek zich op te lossen in de liefde. Samen of alleen, in dit leven of in andere, het maakte niet uit. Het is alleen onze persoonlijkheid die zich hecht aan de aardse vorm. En hoewel ik dit allemaal wist, mistte ik haar en voelde me eenzaam.

Op een nacht droomde ik van de vallei met de burcht waarin ik het teken van de leeuw had gezien, twintig jaar eerder. Dat teken was het begin geweest van mijn lange zoektocht naar de graal en de zeven poorten. Dit keer was de vallei niet meer droog en zonder water, platen of dieren. Integendeel, de hele vallei was veranderd in een vruchtbare oase en de vlaggen op het kasteel hingen uit. Wat ooit een kale vlakte was geweest was nu een groene vallei waar rivieren doorheen stroomden, kinderen speelden en vrouwen water gingen halen in de rivier. De vloek van het land was opgeheven. Ik wandelde door de vallei en genoot van het nieuwe leven, totdat ik plotseling Sophie voor me zag staan. Ze zag er gehavend uit en keek me treurig aan.

'Vergeet de zevende poort niet,' zei ze tegen me.

'Maar alles is toch goed, Sophie,' antwoordde ik. 'De vloek is opgeheven. Het leven stroomt.'

'Jawel, voor jou, maar niet voor anderen.'

'Hoe bedoel je?' vroeg ik verward.

'De donkerte die je in je binnenste hebt gezien zal zich binnenkort gaan manifesteren in de buitenwereld. De wereld gaat onontkoombaar naar haar donkerste uur toe. Alle crisissen zullen zich gaan versterken en in een grote apotheose tot een climax komen. Daarom is het nodig dat je zichtbaar wordt.'

'Waarom ik?' vroeg ik.

'Waarom niet? Het gaat niet om jou. Het gaat erom dat mensen een verhaal horen dat gaat over heling, over transformatie, over de zevende poort. Het einde is het einde niet. Het einde is een nieuw begin. Iemand moet ze dat vertellen.'

'Maar niemand zal luisteren...'

'Begin bij het begin. Vertel je verhaal. Over de zeven poorten. Iedereen zal zijn eigen verhaal erin ontdekken en daardoor zijn eigen poorten kunnen openen.'

'Dus door het verhaal op te schrijven...'

'Door het verhaal op te schrijven,' onderbrak ze me, 'verander je de afloop van het verhaal. Je zult binnenkort de zevende poort aanschouwen, sneller dan je denkt. Je tocht is nog niet ten einde. *Maar onthoud, de poort opent zich alleen van binnenuit.'*

Ik schrok wakker met een gevoel van haast en urgentie, maar ik had geen idee wat te doen. Ik nam een ontbijt en zette de radio aan. De oorlog in Irak leek steeds bizardere vormen aan te nemen. De Amerikanen, die tegen de halve wereldopinie in aan de oorlog waren begonnen, raakten steeds meer verstrikt in een web van problemen. Er sneuvelden steeds meer soldaten en nu waren er foto's naar buiten gekomen van gemartelde Irakezen die naakt op elkaar gebonden waren en vernederd werden. De nobele 'bevrijders' waren veranderd in wrede bezetters.

In Israël speelde Sharon een kat-en-muis spelletje met de Palestijnen. Hij bouwde een acht meter hoge muur om de Palestijnse dorpen heen en als vergelding bliezen Palestijnse terroristen zich op in Israëlische bussen. In Ghana leek een nieuwe genocide zich aan te kondigen. De wereld was gek aan het worden. Zou het inderdaad zo zijn dat de wereld naar een punt van climax toegaat? Een alles omvattende transformatie, zodat we uiteindelijk klaar waren voor een nieuw tijdperk? Het leek er alle schijn van te hebben. Met mijn verstand kon ik niet begrijpen hoe al deze ontwikkelingen ooit tot een goede afloop leiden. Er waren teveel kritische factoren. Het milieu, de ozonlaag, de tijdbom in het Midden Oosten, alles leek zich te versnellen in een negatieve spiraal en geen enkele oplossing leek nog enig soelaas te brengen.

'De zevende poort opent zich alleen van binnenuit,' had Sophie in mijn droom gezegd. Ligt daar de oplossing? Als iedereen ophoudt een oplossing te vinden in de buitenwereld maar zich naar binnen keert en daar de zeven poorten van bewustzijn opent? Dat zou een soort collectieve verlichtingservaring worden. Maar hoe krijg je zoveel mensen er toe de weg van innerlijke ontwikkeling op te gaan en de zeven poorten in zichzelf te openen? Dat leek onmogelijk. Ik begreep er zelf niets van, ondanks al mijn reizen en ontwikkelingen, en ook de zevende poort bleef een mysterie. Misschien was het beter de hele zaak te laten rusten. Het was immers maar een droom.

Ik besloot naar de Onze Lieve Vrouwe kapel te gaan waar ik vaker kwam als ik verward was. Het was nog vroeg in de ochtend en via het Vondelpark liep ik richting het oosten van de stad. Al mijmerend over de droom zag ik vanuit mijn linker ooghoek een standbeeld van een vrouw met een kruik boven haar hoofd, en het leek in een flits alsof ze de kruik voor mijn voeten op de grond wilde gooien. Gezichtsbedrog, dacht ik. Maar ik schrok toen ik enkele meters verder hetzelfde beeld zag, aan de andere kant van de oprijlaan, maar dit keer

147

ontbrak de kruik boven haar hoofd. Ze had alleen nog haar armen in de lucht opgeheven. Vreemd, dacht ik, en besefte me dat de zielenwereld op een wonderlijke manier opnieuw mijn aandacht probeerde te trekken om me iets duidelijk te maken. Maar wat?

Toen ik de kapel binnenliep werd me een volgende sleutel aangereikt. Ik liep naar de bijbel die altijd in het midden van de kapel op een standaard lag en zag op de linker pagina een afbeelding van een vrouw met een kruik op haar schouder. Weer die kruik... Daarnaast stond het verhaal van Maria Magdalena die de kruik met Nardusolie breekt en met de kostbare olie Jezus voeten zalft. Het was duidelijk, de godin, of Maria Magdalena, of Sophie, of wie dan ook probeerde me ergens heen te leiden, maar waar?

Ik ging zitten en sloot mijn ogen en in de stilte van de kapel hoorde ik de stem van mijn gids.

Je bent op de drempel van de zevende poort gekomen. De zevende poort staat vlak voor je. Vanaf hier kan niemand je meer begeleiden. Je zult de poort zelf open moeten doen, op eigen kracht.'

'Maar wat moet ik doen?' vroeg ik wanhopig.

Je kunt niets doen. Dit is de poort van het Zijn. Je moet begrijpen wie je bent.'

'Wie ik ben?'

Je bent niet wie je denkt dat je bent.'

'Maar wie ben ik dan wel?'

Je Zelf', kwam het antwoord en de gids deed er verder het zwijgen toe.

'Wat een open deur', dacht ik, 'Zo ken ik er nog wel meer. *Ik was mezélf*. Wát een openbaring. Dit was hopeloos. Ik stak een kaarsje aan en liep de rest van de dag wat doelloos door de stad.

Die avond werd ik gebeld door Sophie. Ze vroeg of ik misschien tijd had en direct kon komen. Ze vertelde dat ze in Amsterdam op bezoek was en dat ze een verrassing voor me had. Ik was enigszins argwanend over het voorstel - waarom kon ze me niet gewoon vertellen waar het om ging - maar ik besloot haar te vertrouwen.

Toen ik twee uur later arriveerde op de afgesproken plek stelde ze twee mensen aan me voor.

'Dit zijn Jan en Jackie uit Jeruzalem. Jan is Nederlands en Jackie is Joods. Ze leiden daar samen een theatergroep met Palestijnse acteurs.'

Ze vertelden over hun werk in de Palestijnse gebieden, waar ze twee groepen begeleidden; één groep in Hebron en één in Gaza. De acteurs waren allemaal Palestijnse mannen. Artistiek waren ze van hoog niveau, maar de oorlog begon aan ze te vreten. Ze liepen vast op persoonlijk vlak.

'Zou jij naar Israël willen komen om een training aan ze te geven? Wij betalen de reis en de onkosten.'

Ik dacht aan de radioberichten die ochtend over de oorlogssituatie in Israël met de muur en de terroristische aanslagen, de beelden van woedende Palestijnen en aan mijn bezoek aan de kapel en de vrouw met de kruik. Israël, het land van Jezus en Maria Magdalena, het land met de verhalen waar ik in mijn kinderjaren mee was opgevoed, het heilige land, maar tegelijkertijd een van de laatste plekken op aarde waar ik op dit moment naar toe wilde. Dit was gekkenwerk.

'Er is nogal haast bij,' zei Jan. 'We trekken het niet veel langer. Anders moeten we ermee stoppen.'

Hij leek een sympathieke man.

'Waar moet ik heen?' vroeg ik.

'Naar de Gazastrook...'

Israël, maart 2004

'Papa, waarom maken mensen oorlog?' vroeg mijn dochter toen ik haar de dag voor mijn vertrek naar bed bracht.

'Ik weet het niet, schat. Misschien zijn ze bang.'

Opeens begon ze te huilen. 'Ik wil niet dat je gaat', snikte ze.

'Ik beloof je dat ik veilig weer terug zal komen,' stelde ik haar gerust en ik wiegde haar in slaap.

Ik vloog in de nacht naar Israël. De hemel was vol met sterren. Ik keek naar buiten en zag onder me de donkerte van de Middellandse Zee. In de verte doemde de kustlijn van Israël op. Kleine lichtjes markeerden de steden en dorpen. Het leek alsof er iemand sterrengruis over het land had uitgestrooid. Van bovenaf leek alles rustig.

Nadat ik had ingecheckt werd ik opgehaald door een taxi die me midden in de nacht naar een buitenwijk van Jeruzalem bracht.

'Ik ben Omar', zie de jonge taxichauffeur. Hij had een grote zonnebril op terwijl het midden in de nacht was, een gouden ketting om zijn pols en in zijn auto hingen verschillende kaarten van popsterren.

'Jij slapen, ik rijden,' zei hij vastberaden en hij stoof over de stille wegen van Israël. Als een dief in de nacht, herinnerde ik me een gezegde uit de bijbel. Hier was ik dan, in het heilige land, het land waar ik zoveel verhalen over had gehoord, het land dat verscheurd was door godsdienstige twisten en oorlog, en ik reed met een Palestijnse taxichauffeur naar de heilige stad. Mijn bed stond klaar en met een islamitisch kralenkettinkje ernaast als welkom viel ik in slaap. Niet veel later werd ik wakker door een oorverdovend geluid dat uit luidsprekers kwam die vlak in de buurt van het huis moesten staan. Het waren de islamitische gebeden die voor het krieken van de dag in de moskee werden gereciteerd.

Na een korte nacht in het appartement in Jeruzalem werd ik door Omar weer opgepikt om verder te reizen naar Gaza. Terwijl we de bagage inlaadden zag ik achterin de taxi een jonge vrouw zitten die er Arabisch uitzag.

'Wie is dat?' vroeg ik aan Omar.

'Dat is Sannam. Ze rijdt mee naar Gaza.'

Ik maakte met haar kennis en kwam erachter dat ze uit Duitsland kwam. Toen ze mijn verbaasde blik zag, verklaarde ze haar afkomst: 'Mijn ouders kwamen uit Iran, vandaar dat ik er zo islamitisch uitzie. Maar ik heb mijn hele leven in Berlijn gewoond. Ik ben danslerares.'

'Oh,' zei ik, 'en waarom ga je naar Gaza?'

'Hebben Jan en Jackie het je niet verteld? Ik geef een dansworkshop voor elf Palestijnse vrouwen. We zullen samen het gebouw moeten delen.'

'Dat lijkt me geen probleem,' zei ik.

'Toch wel,' antwoordde ze. 'De mannen mogen de vrouwen niet zien.'

'Niet zien? Hoe bedoel je?'

'Zonder hun boerka's aan mogen de vrouwen niet gezien worden door de mannen. Jullie moeten dus goed opletten voordat je de zaal inkomt.'

'Dat kan nog spannend worden.'

'Ja, het is een vreemde wereld. Ik zal me zo goed mogelijk proberen aan te passen, maar het valt niet mee als vrouw. Ik ben blij dat ik hier niet woon. Júllie mogen vanavond naar het strand om te zwemmen, heb ik gehoord, wij niet. Dat mag niet als vrouwen.'

'Kunnen we niet aan het eind van de workshop iets samen organiseren?' vroeg ik. 'Jij met de vrouwen en ik met de mannen.'

'Ik bedacht me dat we toevallig met hetzelfde aantal mannen en vrouwen waren: twaalf mannen, met mij erbij, en twaalf vrouwen, met Sannam erbij.

Opeens zette Omar de radio uit en maande ons te zwijgen.

'Controle'. Hij zette zijn glanzende zonnebril af. 'Niets zeggen,' zei hij.

Een Israëlische soldaat hield ons aan.

'Hè, ken je me niet meer?' riep Omar in het Hebreeuws. De soldaat keek hem aan.

'Uit het leger!'

De soldaat keek verbaasd en wenkte dat we door mochten rijden. Omar zette de radio weer aan en zijn bril op. Zo, dat was weer opgelost.
'En als ze nou ontdekken dat je geen Israëliër bent?'
Omar lachte en liet zijn blinkende tanden zien. 'Ach... Je moet leven.'

Bij de grensovergang naar Gaza, de beruchte checkpoint van Erez, moesten we de taxi verlaten. Een jonge soldaat kwam naar ons toe. 'Waar kom je vandaan?' vroeg hij aan Sannam.
'Duitsland,' antwoordde ze.
'Oh, ja, ik herinner me de Duitsers,' grinnikte de jongen. Het duurde even voordat ik zijn toespeling begreep.
'Grapje,' zei de jonge soldaat. Hij doorzocht grondig mijn bagage.
'En... waar is de bom?' vroeg hij me met een knipoog. We moesten lachen. Deze gozer was het tegengestelde van wat we verwacht hadden. Hij vertelde ons dat zijn grote idool Michael Jackson was.
'Echt waar, hij is de beste,' probeerde hij ons te overtuigen.
'Ja, voor kinderen,' antwoordde Sannam.
'Je weet dat ik je hier kan houden, hè, als je Michael Jackson niet goed vindt?' dreigde hij met gemaakte ernst.
'OK, we geven ons over,' zeiden we en hij liet ons door.
We wandelden door de eerste checkpoint naar een tweede. Daar was de ingang tot een lange, metalen gang, die de 'corridor' werd genoemd en die was afgesloten met een groot metalen hek. De corridor was een halve kilometer lang en deed me denken aan beelden van concentratiekampen: ijzeren hekken, prikkeldraad, camouflage en enkele gescheurde kleren die in de draden hingen. 'Het lijkt net echt,' zei ik. Door het mooie weer, de stilte in de corridor en het gezelschap van Sannam had ik meer het gevoel dat ik door een museum wandelde dan door de meest bevochten grensovergang op aarde. Maar diezelfde nacht zou dit rustige beeld totaal veranderen.

Toen we aan de andere kant van de corridor kwamen leek het alsof we een derde wereldland binnenwandelden: één grote stad van vernielde straten en huizen, rommel, oude auto's, armoede en slechte omstandigheden. Hier woonden op een gebied van een aantal tientallen vierkante kilometers meer dan anderhalf miljoen Palestijnen. De strook land werd door de twee Israëlische wegen verdeeld in drie stukken. Niemand kon erin of eruit, behalve door de corridor. Ook voedsel en water werden door de zwaar bewaakte poort binnen gevoerd. Het leek erop alsof we de grootste openlucht gevangenis van de wereld waren binnengetreden.

De eerste avond werd ik voorgesteld aan de elf mannen met wie ik zou gaan werken. We gingen naar het strand en de sfeer was uitgelaten. Iedereen had uitgekeken naar de workshop en de verwachtingen waren hooggespannen. Ik vertelde de mannen over het werk dat ze te wachten stond en we bespraken de werktijden. Na de bespreking sprongen we de Middellandse Zee in en tot laat in de avond genoten we van onze vrije tijd en de bijzondere ontmoeting. Er werd gezongen, getrommeld en er werden verhalen verteld. De verschillen tussen onze culturen en achtergrond bleken geen enkel probleem te zijn. Ik kende alleen de televisiebeelden van schreeuwende Hamas-aanhangers, Palestijnen die vlaggen in brand staken en woedende menigten. Maar hier zat ik aan het strand met elf Palestijnse mannen en we hadden een geweldige tijd. Terwijl ik me had voorbereid op het allerergste, had ik het gevoel in het paradijs terecht te zijn gekomen.

's Nachts echter veranderde de situatie drastisch. Toen ik in het hotel kwam hoorde ik dat er een aanslag was geweest op een Israëlisch kamp waarbij zes doden en 30 gewonden waren gevallen. Direct waren alle toegangen tot Gaza gesloten. Het betekende dat Sannam en ik gevangen zaten en alleen konden afwachten op wat er ging gebeuren. Toen ik me op bed legde kondigde de reactie van het Israëlische leger zich aan: ik hoorde zes raketaanslagen in de nabije omgeving van het hotel. Stil luisterde ik naar het neerkomen van de bommen. Ik wist dat het precisiebombardementen waren en voelde me relatief veilig in het hotel. Het hotel werd mijn thuishaven in de drie volgende dagen in een land dat werd geregeerd door angst en geweld.

De eerste dag van de workshop begon direct heftig. De groep acteurs stonden te popelen om aan het werk te gaan. In een oefening die de 'vader-zoon-cirkel' heet onderzochten we de band die de mannen met hun vaders hadden. Ik had de oefening al met honderden mannen gedaan en iedere keer stond ik versteld van het resultaat. De mannen zaten in tweetallen achter elkaar, deden een ademhalingsoefening en beeldden zich hun vader in zoals ze die als kind hadden meegemaakt. Daarna vroeg ik ze terug te denken aan hun pijnlijkste herinnering met hun vader. Een van de meest voorkomende verhalen in alle workshops was het grote gemis van mannen naar hun vader. Vaak hadden ze geen enkele aanmoediging, trots of liefdevolle ondersteuning ervaren als jongen, en de rest van hun leven leek een grote zoektocht naar houvast en begrip. Die zochten ze vaak bij vrouwen of moeders, in werk of sport, in sex of drugs, maar bijna nooit bij mannen. Een helder voorbeeld van mannelijkheid ontbrak en de meeste mannen kozen voor het enige alternatief: ik zoek het zelf wel uit. Daarmee werden generaties verloren zonen geboren, die dezelfde afwezigheid van hun vaders weer doorgaven aan hun zonen.

De oefening veroorzaakte een damdoorbraak van emoties bij de Palestijnse acteurs. Zodra de mannen vertelden over hun vader kwamen de eerste tranen, en na een half uur huilde de hele groep, terwijl de vertaler huilend vertaalde en ikzelf de verhalen huilend aanhoorde. De hoeveelheid pijn en verdriet was niet te overzien, en ik begreep de diepe trauma's van dit volk. De put van leegte, wanhoop en verdriet leek onpeilbaar diep te zijn. Hoewel de oorlog om ons heen plaatsvond leek het proces in de groep alles in de buitenwereld te reduceren tot een tijdelijk decor.

Eén voor één vertelden de mannen hun verhaal; hoe ze hun vader gemist hadden of hoe ze hem juist haatten. Hoe ze zich afvroegen wat hun vader eigenlijk bezielde; of-ie trots op hen was of niet. Ze vertelden over hoe ze vastdraaiden in de ellende van de oorlog, altijd maar weer die oorlog; hoe ze wanhopig zochten naar een uitweg die er niet leek te zijn, niet in hun huwelijk, niet in de religie, niet in de stad, niet in werk. Het enige belangrijke was het theater. Het spel.

Amer, een oudere Palestijnse man en leider van de groep, vertelde hoe hij als jongen voor het theater koos. Het theater was zijn passie. Hij zette zich helemaal in voor de Palestijnse zaak, totdat hij op een gegeven moment tijdens een voorstelling een mes op zijn keel kreeg van zijn eigen mensen. Of hij maar wilde stoppen met spelen. Dit was niet passend. Hij solde met de Palestijnse zaak; te veel humor, teveel spel, teveel plezier. Dit was niet wat Allah wilde. Dit was een serieuze zaak.

Na het incident werd hij ziek; hij kon niet meer eten, niet meer drinken en belandde in het ziekenhuis. Een half jaar lang balanceerde hij op de rand van leven en dood. Hij wilde niet meer leven. Zijn ziel was verkracht.

De jongens waren stil terwijl Amer vertelde. Ze kenden hem al zeven jaar als hun medespeler en regisseur, maar dit verhaal kenden ze niet.

'Maar ik wilde leven,' ging Amer verder, 'en ik besloot opnieuw te gaan spelen. Ik wilde niet dood.' Diepe snikken kwamen uit zijn grote, dikke buik. 'Ik ben door mijn eigen mensen bijna vermoord. Maar ik laat me nooit meer vermoorden. Ik blijf spelen.'

Hij keek rond en oogde plotseling als een groot leider, die zijn mannen toesprak, die hun hart raakte, die hun bezielde voor ze de strijd ingingen. De mannen keken elkaar aan.

's Avonds probeerde ik een rustiger programma in te bouwen, maar het liep volledig anders. Tijdens een oefening met klank stond één van de jongere mannen in het midden van de groep. Zijn naam was Mohammed en hij was ongeveer 22 jaar. Het was een wat zachtaardige, schuchtere jongen en terwijl de mannen om hem heen zongen sloot hij zijn ogen. Maar toen de mannen de naam van Allah aanriepen zag ik dat zijn lichaam begon te trillen en ik stopte de oefening. Ik vroeg hem om te gaan liggen en ik zag dat zijn ogen naar achteren waren gerold. Ik voelde de duisternis en de angst om hem heen hangen als een zware deken en realiseerde me dat de jongen zich in een gevaarlijke staat bevond.

Terwijl ik contact met hem probeerde te maken stamelde hij dat zijn lichaam één en al vuur was en dat geesten van binnenuit zijn lichaam aan het opeten waren.

'Kijk me aan, wat is je naam?' vroeg ik hem, maar hij kon me niet meer antwoorden. Zijn geest was ver weg en worstelde met demonen die niemand van ons kon bevroeden.

Het duurde een half uur voordat de jongen weer terug in zijn lichaam was. Al die tijd sprak ik tegen hem en hield zijn hand vast. Zijn beste vriend was naast me komen zitten.

'Er is onlangs iets gebeurd,' fluisterde de vriend in mijn oor, 'maar ik weet niet wat. Hij wil er niets over zeggen.'

Toen ik 's avonds terugging naar het hotel was ik uitgeput en geshockeerd door de dingen die ik gezien had. Ik had ervaring in het omgaan met trauma's, maar de pijn die deze groep mannen in Gaza meedroeg was groter dan ik ooit had meegemaakt.

'Ik heb een borrel nodig,' bedacht ik me, maar helaas werd er geen alcohol in het hotel geschonken. Een Nederlandse vrouw die ook in mijn hotel logeerde en een documentaire maakte bracht de oplossing. 'Ik heb nog een fles whisky in mijn kamer,' zei ze. De alcohol hielp niet echt, maar voor even was ik de ervaringen van de dag vergeten.

De tweede dag van de workshop verliep rustiger. We deden oefeningen, spraken over theater, over hoe het is om acteur te zijn, hoe het is om in Gaza te wonen en over vrouwen. Ze vertelden me hoe graag ze de hele situatie zouden willen ontvluchtten.

In de ruimte naast ons lokaal werkte de vrouwengroep onder leiding van Sannam. Ze had me verteld dat ze een dans instudeerde, maar we mochten niet komen kijken naar de uitvoering. Doordat de twee groepen vlak bij elkaar

154

werkten ontstond er een situatie die deed denken aan een schoolkamp. Als de jongens langs liepen en naar binnen probeerden te gluren werd er gegild en gegiecheld. Terwijl de meiden in de zaal in strakke leggings repeteerden, zagen we ze buiten de zaal slechts gekleed in hun donkere boerka's.
In de middag werkten we met thema's uit het Arabische liefdesverhaal van Majnun en Layla, één van de meest beroemde verhalen uit de mystieke Perzische literatuur. Majnun was stapelverliefd op Layla, het mooiste meisje uit het dorp. Maar haar vader verbood Majnun om bij haar in de buurt komen en besloot dat Layla met iemand anders moet trouwen. Majnun werd gek van verdriet en verliet uiteindelijk het dorp om zijn leven in de woestijn door te brengen. Daar maakte hij vrienden met de dieren en schreef gedichten voor zijn geliefde Layla. In de loop van de jaren raakten de gedichten zo bekend dat haar naam synoniem werd voor schoonheid, liefde en verlangen. Majnun werd bekend als de verliefde gek. Toen hij oud geworden was en hoorde dat Layla was overleden, sleepte hij zich samen met de dieren naar het graf van zijn geliefde Layla. Hij legde zich op het graf en stierf.

Toen ik de mannen vroeg om hun eigen versie van het verhaal te vertellen kwam er een aantal schokkende feiten aan het licht. Mohammed, de jongen die de vorige dag was flauwgevallen, vertelde hoe hij intens van Layla hield. Hoewel er nog niets tussen hen was voorgevallen, kwamen haar ouders er op een dag achter. Ze waren zo verbolgen dat ze hun dochter het ziekenhuis in sloegen.
Terwijl Mohammed zijn verhaal vertelde was het doodstil in de groep mannen. Hij vertelde hoe hij achter haar aan was gegaan naar het ziekenhuis, maar daar door de familie van Layla in elkaar was geslagen. Ze zeiden hem nooit meer terug te komen.
Een andere man, Rafat, nam het verhaal over. Hij vertelde hoe zijn Layla getrouwd was en hij onmogelijk bij haar kon komen. Hij zag geen enkele toekomst meer en besloot uit wanhoop een zelfmoordterrorist te worden. Hij vertrok naar Egypte om naar een trainingskamp te gaan. Zijn moeder kwam echter achter hem aan en smeekte hem om afscheid te nemen. Hij keerde terug over de grens om haar te zien maar toen hij weer naar Egypte wilde gaan ontdekte hij dat zijn moeder zijn paspoort had gestolen. Er zat niets anders op dan in Gaza te blijven. Hij werd theatertechnicus, later acteur en inmiddels was hij het hoofd van de theatergroep.
Een volgende Mohammed ging verder. Hij vertelde dat zijn grote liefde moest trouwen met zijn beste vriend. Hij was verplicht aanwezig te zijn op de bruiloft en zag voor zijn ogen hoe zijn geliefde aan een ander werd gegeven. De man

vertelde het verhaal zo tragikomisch dat we in korte tijd over de grond rolden van het lachen. Pijn en humor bleken dicht bij elkaar te liggen.

Machmud, een oudere man die ieder uur naar huis belde omdat er een tank voor zijn huis stond, vertelde over hoe hij lang geleden hield van Layla. Op een gegeven moment in het verhaal stopte hij en brak in huilen uit. 'Ik wist niet dat ik nog steeds zoveel van haar houdt,' snikte hij.

Elf mannen: elf verhalen over verbroken liefdes, gedwongen huwelijken en ongelukkige relaties met hun vrouwen. Toen het verhaal eindelijk uit was, was iedereen stil. We keken elkaar aan en wisten, meer dan we ooit in woorden konden zeggen.

's Middags na de lunch klonk er een gil uit de zaal van de vrouwen. Machmut ging kijken en opende de deur. Er klonk nog meer gegil. Sannam kwam naar buiten.

'De stoppen zijn doorgeslagen. Kan iemand ons helpen?'

'Daarvoor ben ik hier,' zei Machmut.

'Maar je moet kloppen voordat je naar binnen komt. We moeten ons eerst verkleden. De vrouwen staan nog in T-shirts.' De rest van de mannen was inmiddels komen kijken wat er scheelde, en de één was nog nieuwsgieriger dan de ander. Er ontstond een hilarische sfeer rond de deur toen één van de technici, een verlegen jongen, uiteindelijk naar binnen ging.

'Je mag niet kijken!' riep Sannam.

'Nee, nee, ik kijk niet,' en hij hield zijn hand voor zijn ogen. 'Maar hoe kan ik dan ooit de stoppenkast vinden?' vroeg hij wanhopig. De andere mannen gierden het uit.

Na het incident gingen we weer terug naar onze zaal. Muhammed had een CD bij zich met gezangen van de Koran; gebeden die worden gezongen tijdens de rondgang om de Ka'ba in Mekka.

In het midden van de rechthoekige ruimte stond een ladder. Op de grond lagen de vellen van twee dagen werk. Om ons heen zwarte gordijnen, alsof we in de Ka'ba zelf liepen. Ik zette de CD op en mixte de gezangen met muziek. Zeven keer liepen we rond, daarna klommen we één voor één op de ladder naar boven en zeiden onze naam: 'Ihab, zoon van Muhammed, zoon van Ackbar, zoon van Ared, zoon van Omar, zoon van... De muziek zwol aan. 'Achmed, zoon van...zoon van... , zoon van... , zoon van...'

De muziek werd oorverdovend terwijl de gebeden doorgingen en iedereen de namen van zichzelf en zijn voorvaderen riep.

Als Amer als laatste de trap weer afklom begon hij te schreeuwen en te rennen rondom de ladder. De rest volgde. Ik ook. We konden niet meer stoppen en renden als gekken een kwartier lang rond. De energie was niet te stuiten. Ik begreep niet wat er gebeurde. We waren Majnun, gek. Aan het eind vielen we op de grond.

Amer was de eerste die sprak. 'Religie heeft zoveel van mijn leven verwoest. En toch kan ik het niet opgeven,' zei hij. 'Ik geloof in een mysterie, iets groters, in Allah, maar ik ben bang voor de Imams. Ze verkondigen de religie van angst, van haat, van vernietiging.'

Ik vertelde ze over mijn eigen ervaring met godsdienst - katholiek opgevoed - hoe ik ook genoeg had gekregen van de strakke moraal van het Christendom en op zoek ging naar nieuwe bezieling. 'Ik zoek het vrouwelijke gezicht van God,' zei ik. 'Het vrouwelijk element is nodig voor de heling, de verbinding, de genezing, de liefde. Zonder liefde geen waarheid, en zonder waarheid geen liefde.'

'Het is hetzelfde met Layla,' voegde Amer toe. 'Layla betekent nacht, het donkere. In de Arabische woestijn is de nacht zonder grenzen. Kamelen, zandduinen, mensen, alles wordt nietig in de onmetelijke nacht. De schoonheid van Layla symboliseert de schoonheid van de schepping, het mysterie, het onbekende. Ze is de tegenhanger van Allah. Majnun betekent gek, maar in werkelijkheid is hij in dronken extase van de ziel, van het vrouwelijke. Hij is een Soefi die naar God zoekt. In dit land waarin iedereen Layla vergeet is de persoon die werkelijk naar Allah zoekt een gek. Hij kan zich alleen maar afzonderen in de woestijn en haar naam roepen. Layla...'

's Avonds kwamen we allemaal bij elkaar in de tuin van het hotel. We rookten de waterpijp, praatten met elkaar en het leven leek een stuk gemakkelijker. De sterren in de hemel schenen helder en leken te vertellen over de schoonheid van de nacht, Layla.

We bespraken de symbolische betekenis van het verhaal. Layla is de ziel, het vrouwelijke, het deel van ons dat verborgen is, het mysterie van de innerlijke wereld. Mannen proberen oplossingen te vinden voor hun problemen in de buitenwereld: door hard te werken, te vechten, te praten etc. Maar zo kunnen we niet bij de ziel komen, en zonder haar worden we gek. De grootste uitdaging is de innerlijke wereld te betreden, het domein van Layla, om tot bezinning te komen en een dieper begrip van het menselijk bestaan te krijgen.

'Maar hoe doe je dat?' vroegen de mannen me. 'Hoe vind ik de innerlijke wereld? Hoe kan ik het eindeloze gevecht met mijn vrouw oplossen?'

'Ik weet het niet,' zei ik. 'Er is geen antwoord, geen hulp, geen oplossing. Je kunt de deur alleen van binnenuit opendoen.' Toen ik 's avonds in bed lag dacht ik na over het gesprek. Ik besefte me dat het verhaal van Majnun en Layla de sleutel was tot deze cultuur, tot de harten van deze mannen en misschien wel de sleutel tot het conflict in het hele Midden Oosten. Misschien draaide de oorlog helemaal niet om religie, of politiek of land, maar om de vraag of mannen het contact met Layla kunnen maken; de innerlijke geliefde, het mysterie, de ziel. Zolang ze de pijn van de afgescheidenheid bleven onderdrukken konden ze niet anders dan die pijn naar buiten brengen en op anderen projecteren. Zo blijft de cyclus van geweld in stand. Pas als mannen de vrede in hun innerlijk gaan ervaren kan er vrede in de wereld zijn. En de vrouwen maar wachten...

Maar wat betekende dit voor de workshop? Hoe vonden we Layla? Wat was de toegang tot het mysterie? Het was een vreemd toeval dat we tegelijkertijd met een groep vrouwen werkten, en op de een of andere manier zocht ik een weg om beide groepen bij elkaar te brengen. Maar hoe? Hoe kun je in een cultuur waarin geliefden elkaar alleen in de dood lijken te kunnen vinden, mannen en vrouwen bij elkaar brengen? Het moest toch mogelijk zijn het verhaal van Majnun en Layla een andere wending te geven. Opeens viel me iets te binnen. De vrouwen hadden drie dagen geoefend om een voorstelling te geven voor hun vriendinnen, moeders en dochters. We waren als mannen weliswaar niet welkom, maar hoe zou het zijn als we ze uitnodigden om de lunch voor ze klaar te maken? Dat klonk onschuldig genoeg. Al piekerend viel ik in slaap.

'We gaan Layla ontmoeten,' vertelde ik de mannen toen we de derde dag begonnen. 'Het wordt tijd dat het verhaal een nieuw einde krijgt.'
'Maar hoe?' vroegen ze.
'Door haar uit te nodigen.' Ik legde hun het plan voor om de zaal te verbouwen tot een romantisch restaurant en de vrouwen uit de andere workshop te verrassen met een lunch voordat ze moesten optreden.
De mannen reageerden uitgelaten en er werden wilde plannen geopperd.
'Ho, ho, niet zo hard van stapel lopen. Denk aan het verhaal van Majnun en Layla. Het moet een liefdevolle ontmoeting worden. We willen niet dat de vrouwen gillend weg rennen.'
Terwijl de mannen aan de slag gingen om de zaal om te bouwen tot een restaurant, eten te bestellen, rozen en fruit te kopen en mooie muziek uit te zoeken, zocht ik Sannam op.
Ik vond haar in de kantoorruimte. Ze kwam naar me toe en legde haar hoofd in wanhoop op mijn schouder. 'Het gaat helemaal niet goed. We hebben net de doorloop gehad en het lijkt nog nergens op. Ik kom tijd tekort.'
'Hoe zou het zijn als wij de lunch verzorgen, dan hoef je daar niet meer aan te denken?' vroeg ik schijnheilig.

'Ze keek me dankbaar aan. 'Zouden jullie dat willen doen?'
'Ach, wij moeten tenslotte ook eten. Een broodje meer of minder maakt niet uit.'
'Fijn, dank je wel,' Ze gaf me een zoen op de wang en liep terug naar haar vrouwengroep.

Anderhalf uur later was de theaterzaal onherkenbaar veranderd in een kleurrijk en romantisch restaurant. Overal stonden potten en kruiken, de muren waren versierd met schilderijen en doeken en in het midden stond een prachtig gedekte tafel met twaalf stoelen aan de ene kant en twaalf stoelen aan de andere kant. Er stonden volle schalen met meloen, brood, humus, groente en op de borden lag een rode roos en een cadeautje.
De laatste versieringen werden aangebracht, de kaarsen werden aangestoken, en een zachte muziek klonk op de achtergrond.
Toen ik de vrouwen ophaalde bij de danszaal moest ik lang wachten. De laatste danspasjes werden ingestudeerd en voordat iedereen zijn boerka om had en klaar was voor de lunch was er een half uur voorbij.
'We zijn zover,' zei Sannam. 'Waar is de lunch?'
'In de theaterzaal.'
'Maar...'
'Kom maar gewoon mee.'
De vrouwen liepen giechelend achter ons aan en toen we bij de zaal waren aangekomen leidden we ze één voor één naar binnen.
Het effect was overweldigend. De vrouwen waren met stomheid geslagen. Een enkeling pinkte een traan weg. Nog nooit hadden ze als gelijken met mannen aan tafel gezeten. Ze voelden zich gezien en geëerd. De mannen gaven de vrouwen de rode roos en na de eerste verwondering kwam het gesprek op gang.
Het leek een soort 'laatste avondmaal nieuwe stijl', dit keer met twaalf mannen en twaalf vrouwen. Sannam zat aan het andere eind van de tafel en knipoogde naar me: goed gedaan.
Toen de vrouwen weer vertrokken waren om hun voorstelling te geven bleven de mannen in de zaal achter en begonnen te dansen. Een langzame Arabische dans waarbij we schouder aan schouder dansten. We voelden ons trots en tevreden. We hadden de vrouwen de eer gegeven die ze toekwam en we hadden voor onszelf de vloek van de verboden liefde voor Layla opgeheven; De ziel werd weer geëerd.
Toen de dansshow van de vrouwen bijna was afgelopen slopen we naar de zaal waar de voorstelling werd gehouden en luisterden als schooljongens met ons

oor aan de deur. Binnen klonk een groot applaus. Nog lang bleef de muziek door ieders hoofd zweven.

Toen ik die middag vertrok kreeg ik van iedere man vier zoenen.
'Is dat gebruik?' vroeg ik.
'Als we iemand erg mogen,' zei Ihab. We omhelsden elkaar. Sommige huilden. Ik besefte me dat ik erg van deze mannen was gaan houden: hun warmte, hun enthousiasme, hun gastvrijheid, hun passie. Mohammed gaf me als afscheid een zelfgemaakte ketting van een haaientand met daarop gekerfd: 'Mohammed loves Ton.'
'Ooit kom ik naar Amsterdam,' beloofde hij.

Zo gemakkelijk als onze entree in Gaza was, zo moeilijk werd onze terugtocht. Sannam en ik namen een taxi terug naar Erez, de toegangspoort naar Gaza, maar een kilometer ervoor werden we aangehouden. De weg was opgebroken en het leger liet niemand door. De Palestijnse soldaten keken grimmig. 'Er staat een tank op de weg. Niemand kan er langs.'
Er werd druk gebeld met de Israëlische kant. Ik liep wat rond en zag de kapotgeschoten huizen aan deze kant. Een paar straatschoffies hingen als vliegen rond de wachtpost.
'What's your name?' vroegen ze.
'Ton, and you?'
'Abdoullah,' zei de grootste.
'Do you live here?' vroeg ik en wees naar de huizen.
'Yes.'
Het hoofd van de wachtpost kwam erbij en joeg de jongens weg. Ik vroeg hem hoe lang het ging duren. De soldaat keek moeilijk en heel belangrijk. Ik begreep dat dit niet alleen een kwestie van toestemming vragen was van de Israëlische zijde. Ik gooide het over een andere boeg.
'Sta je hier al de hele dag?' vroeg ik de man.
De soldaat knikte. 'Het is zwaar hier. We staan de hele dag in de brandende zon. We krijgen geen enkele informatie en moeten het maar uitzoeken. Waar kom je vandaan?'
'Uit Amsterdam, in Nederland. Daar is het niet zo warm als hier,' zei ik. 'Waarschijnlijk regent het.'
'Regen,' zei de man, 'dat zouden we hier goed kunnen gebruiken.'
'Ik zal wat sturen als ik thuis ben.'
Er verscheen een flauwe glimlach om zijn mond. Op dat moment kwam er een helikopter overvliegen en iedereen keek angstig omhoog. Hier was het in

tegenstelling tot in Nederland niet leuk om helikopters te zien. Zodra ze stilhangen konden er raketten uit afgevoerd worden. De helikopter vloog gelukkig over en iedereen ontspande.

Na een half uur kregen we toestemming van het hoofd van de wacht om door te rijden. We reden stapvoets richting de grens om het Israëlische leger niet bang te maken. Overal lagen brokstukken asfalt en bergen zand. Toen we eenmaal bij de poort kwamen reden we langs de tank. Sannam kneep in mijn arm.

'Ik weet niet of ik dit overleef,' fluisterde ze. Er gebeurde niets. Eindelijk bereikten we de corridor. We laadden de bagage uit en begonnen de halve kilometer door de metalen gang af te leggen. Het leek alsof we de laatste overlevenden waren in een vreemde science fiction film. Toen we aan het eind van de metalen tunnel kwamen bleek de poort gesloten.

'Niet schreeuwen,' zei Sannam. 'Dan laten ze ons er nooit door.'

Na vijftien minuten hoorden we een luide stem door de luidsprekers schallen: 'Ga terug. Ga in de rij staan tegen de muur. Kom één voor één naar voren. Leg je bagage neer.'

We volgden precies op wat er gezegd werd. Na enige tijd werd het ijzeren hek elektronisch geopend.

Ik keek in het gezicht van soldaat 'Michael Jackson.'

'Zo, dus jij zit hierachter?' zei ik. Hij herkende Sannam en mij.

'Ja, vond je het een goede show?'

Sannam keek hem boos aan. 'Ik was bang.'

'Daar is het voor bedoeld. Anders is het niet echt.'

Hij liet ons zijn kleine betonnen cabine zien waarin hij uitzicht had over de corridor.

'Dit is mijn huis.'

'Gezellig,' zei ik.

'Zullen we ruilen?'

'Mwaahh, ik moet terug naar Amsterdam.'

De soldaat vertelde dat-ie entertainer was in Eilat. 'Zonder dit kostuum ben ik echt heel aardig,' verzekerde hij Sannam. We praatten over muziek, reizen, de hitte, terwijl zijn collega's de bagage doorzochten.

'Pas op voor de zon op je hoofd,' waarschuwde hij me.

'Kan ik je helm lenen?' vroeg ik hem.

'Natuurlijk.' We lachten en namen afscheid.

'Vergeet niet naar Eilat te gaan. Het is prachtig daar.'

We keken nog een keer om en zwaaiden. Twee checkpoints en een half uur later verlieten we Gaza. Aan de andere kant stond Omar, de jonge chauffeur met zijn hippe zonnebril ons op te wachten.
'Zo, was het leuk?' vroeg hij.

In Tel Aviv nam ik afscheid van Sannam. Ze ging een vriend opzoeken die ze vijf jaar lang niet gezien had. We omhelsden elkaar en beloofden te mailen. Omar bracht me verder richting Jeruzalem.
'Wat doe je het weekend?' vroeg Omar langs zijn neus weg terwijl ik terug reed in de taxi.
'Ik ben van plan Jeruzalem te gaan bekijken. Ik heb nog steeds de oude stad niet gezien.'
'Ik kan je brengen als je wilt. Morgen heb ik vrij.'
Ik keek hem aan.
'Graag.'
'Vond je haar leuk?'
'Wie?
'Sannam!'
'Ja, ze is een mooie vrouw.'
'Ik wil veel vrouwen,' ging hij verder, 'en veel geld.'
"Hoezo, heb je teveel hormonen?' lachte ik.
'Ja. Ik wil veel vrouwen hebben.'
'Kan dat?' vraag ik.
'Ja, als je genoeg geld hebt.'
'Maar kun je niet gewoon met een vrouw naar bed zonder haar te trouwen?' opperde ik voorzichtig.
Zijn gezicht betrok.
'Gevaarlijk,' zei hij. 'Heel gevaarlijk.'
'Maar heb je het wel eens gedaan?'
Hij lachte breeduit en zette de radio harder. 'Hier, luister, mijn lievelingsmuziek'. De Arabische muziek schalde door de auto en ik verstond één Engelse zin in het lied: *'Majnun, I love you.'*

's Avonds in het appartement bekeek ik het nieuws: Een Palestijnse jongen van negen jaar was neergeschoten. Zijn bebloede ogen staarden me aan voordat het witte kleed over zijn kleine lichaam werd getrokken. Ik dacht aan de jongens die ik zag bij de checkpoint en aan mijn eigen dochter van negen en op dat moment hield ik het niet meer. Ik begon te huilen, van woede, van verdriet en machteloosheid. Hoe heeft het zover kunnen komen? Hoe kan een heel volk worden vastgehouden als dieren in een kooi?

De volgende dag kwam Omar me ophalen bij het appartement in de buitenwijk van Oost Jeruzalem. We reden door de stad en opeens doemden de oude muren van Jeruzalem op, imposant en statig. Bij de Damascuspoort parkeerde Omar zijn witte taxi en we liepen door de oude poort het Arabische gedeelte in.

'De stad is gebouwd in een vierkant en verdeeld in vier gebieden: het Arabische gedeelte, het joodse gedeelte, het Armeense gedeelte en het Christelijke gedeelte. Ik kom alleen in het Arabische deel,' vertelde Omar. 'Mijn broer heeft hier een winkel. We zullen koffie bij hem drinken.'

Zodra we de stadspoort door waren kwamen we in een labyrint van straten en steegjes terecht. Het leek alsof ik in het paleis van duizend en één nacht was beland: overal waren Perzische kleden, kleine winkeltjes, snuisterijen, schalen en kruiken, lampen en kaarsen. De tijd had hier stilgestaan. Omar ging me voor en alras zaten we bij zijn broer in de winkel tussen de koperen schalen, serviezen, kleden en kussens in. Omar stelde me voor aan zijn broer en ging zelf een boodschap doen. De broer nodigde me uit zijn koopwaar te bekijken en langzaam, heel langzaam, begon ik de missie van deze tocht te begrijpen, die toch wel erg voor de hand lag: Het was de bedoeling dat ik wat kocht. Er was sinds jaren geen toerist meer te bekennen in de oude stad en iedere gelegenheid werd aangegrepen om iets te kunnen verkopen. Ik besefte me dat ik met open ogen in de verkoopval was gelokt en zat wat zuur mijn koffie op te drinken.

'Kijk, deze schaal, is-ie niet mooi? Dit vind je nooit meer. Jij bent een vriend van Omar, dus zoek maar iets uit.'

'Hoeveel kost-ie?' vroeg ik als echte Nederlander.

'Het gaat niet om de prijs,' zei de broer, 'Het gaat erom wat je wil. Het is een geschenk. Jij krijgt dit van mij. Over de prijs hebben we het later, Vind je het mooi?'

'Ja, het is prachtig,' zei ik schaapachtig.

'Nou, dan,' zei de broer. 'Straks heb je spijt dat je niets meegenomen hebt uit Jeruzalem.'

'Je moest eens weten,' dacht ik, 'hoeveel spijt ik heb dat ik hier in terecht ben gekomen,' en ik vertelde hem dat ik geen geld had voor souvenirs, maar dat ik zijn aanbod erg waardeerde.

'Je hebt het over geld,' zei hij. 'Daar gaat het niet om. Het is een geschenk, van ons. Vanuit ons hart, je krijgt het omdat je een vriend bent. Er is drie maanden met de hand aan gewerkt. Denk er eens aan hoe mooi dit zou staan in je huis. Ik zie dat je het wilt.'

Hij had gelijk. De schaal was prachtig en zou zeer goed passen in mijn woonkamer, maar de hele truc van het verkopen lag me niet en bovendien had ik werkelijk niet veel geld.

'OK, ik weet het goed gemaakt,' zei hij. 'Je krijgt deze schaal voor 300 euro. Dat is te geef, maar omdat je een vriend van Omar bent geef ik hem bijna cadeau.'

Ik schrok van de prijs. 300 euro, dat was ver boven mijn budget, maar terwijl ik van buiten nog weigerde in alle toonaarden begon ik van binnen toch te twijfelen. Het was een mooie schaal, maar ja, die prijs.

'Hoeveel heb je bij je?' vroeg hij.

'Wat bedoel je?' vroeg ik.

'Hoeveel geld?'

'Niet zo veel,' zei ik. 'Zo'n 100 euro.'

'Oei, dat is niet veel voor zo'n schaal. En aan shekkels?'

'Ook 100.'

Hij keek bedenkelijk. 'Ik maak een uitzondering, voor deze keer,' zei hij met een gezicht alsof hij er spijt van zou gaan krijgen. 'Geef me de honderd euro en de 100 shekkels en we hebben het er niet meer over.'

Ik weet niet of ik hem het geld gaf om weg te komen uit de wurggreep van deze verkoper of om de schaal te kopen, maar een paar minuten later liep ik met de schaal onder de arm de kleine steegjes van de stad in. Omar kwam me tegemoet:

'En wat heb je ervoor betaald?' grijnsde hij.

'100 euro en 100 shekkel,' zei ik. Hij floot tussen zijn tanden en keek me bewonderend aan.

'Wow, jij bent een goede onderhandelaar.' Ik wist inmiddels niet meer of ik hem moest geloven of dat dit bij de aftersales hoort. Hij trakteerde me op een broodje falafel en vertelde me over het leven in de stad. Hoe hij vroeger altijd in de winkel van zijn vader en grootvader kwam. Hoe de wereld veranderd was na de Intifada en hele delen van de stad niet meer toegankelijk waren voor Palestijnen. Alleen de moskee bezocht hij nog regelmatig, vertelde hij. 'Je weet wel, bij de gouden koepel. Het is de meest heilige plek van de stad. Eigenlijk de meest heilige plek van het hele land, en daarom is hij zo fel omstreden. Voor de Joden is het de plek van de tempel van Salomo. Alleen de muren staan er nog van overeind. Nu bidden de Joden aan de buitenkant van de tempel, tegen de klaagmuur. Wij bidden altijd in de Al Aqsa moskee die naast de gouden koepel staat. De koepel is er ooit neergezet door Omar.'

'En wat gebeurt er in de gouden koepel?'

'Daar? Oh, daar komen alleen de vrouwen. Volgens de legende ligt daar de steen waarop Mohammed opsteeg om in het aangezicht van Allah te komen. Maar voor de Joden is het de rots waarop Jahwe de wereld heeft gesticht en Adam heeft geschapen. In de tempel van Salomo stond de Ark van het Verbond boven op de steen. Het is het Heilige der Heilige, zowel voor de Joden als voor de Moslims. Daarom is de plek zo omstreden.'

'Waar is die koepel eigenlijk?' vroeg ik.

'Die kant op,' wees Omar, 'richting de zevende poort.'

Terwijl hij het zei stikte ik bijna in mijn broodje falafel en begon te hoesten. Hij sloeg me op de rug.

'De zevende poort?' vroeg ik toen ik was bijgekomen.

'Ja,' zei hij. 'De stad heeft zeven poorten. De koepel ligt bij de zevende poort. Maar je kunt er niet in. Je bent geen Moslim.'

Het duizelde me.

Hoe was het mogelijk? Bestond de zevende poort dan echt? Waarom was ik hier als ik er niet in mocht? Wat moest ik doen? 'Sophia, help!' schreeuwde ik van binnen. 'Ik heb tijd nodig om dit allemaal te plaatsen,' dacht ik en ik vertelde Omar dat ik graag nog wat alleen door de stad wilde slenteren.

'Prima,' zei hij en hij legde me uit hoe ik met een taxi thuis kon komen. We namen afscheid en hij verdween in de drukke mensenmassa van de stad.

Daar zat ik, met koperen schaal, broodje falafel, omgeven door Moslims, in een onbekende stad en de aanwijzing van de zevende poort. Het ging me moeilijk af om tot rust te komen in deze wirwar van winkels, kleedjes en wandelende kaftans. Ik pakte mijn schaal en begon kriskras door de stad te lopen. Zeven poorten, de zevende poort is bij de koepel. Al mijmerend liep ik steeg in, steeg uit, trap op, trap af, totdat ik opeens een aantal Moslims haastig voorbij zag lopen. Ze gingen waarschijnlijk naar de tempel om te bidden, besefte ik me en ik liep achter hen aan.

Aan het eind van de steeg zag ik een zwaarbewaakte poort met soldaten aan weerszijden. 'Hier is het', dacht ik. Het was de entree tot het terrein van de tempel. Overal waren prikkeldraad en machinegeweren. De Moslims liepen door de poort.

'Ik hoor hierbij,' dacht ik en verplaatste mijn gedachten naar de soldaten. Ze waren iemand aan het ondervragen en letten een kort moment niet op de poort. Ik hield mijn adem in en twee seconden later was ik aan de andere kant op de Tempelberg. Op het terrein van de tempel wist ik niet goed welke kant ik op moest; de Moslims liepen niet naar de gouden koepel, maar naar een ander gebouw. Ik liep wat aarzelend achter ze aan. Ik wilde niet naar de El Aqsa moskee maar naar de koepel van Omar. Omar... Opeens begreep ik de ironie van de taxichauffeur die eveneens Omar heette en me de weg had gewezen naar de koepel. Maar terwijl ik stilstond en grijnsde over deze toevalligheid werd ik gesnapt. Een imam had mijn plan doorzien en kwam naar me toe.

'Bent u Moslim?' vroeg hij me vriendelijk.

'Nou, niet echt, maar ik kom wel om te bidden,' probeerde ik nog enigszins stuntelig uit te brengen.

'U hoort hier niet te zijn. Deze moskee is alleen voor Moslims. Het spijt me. Ik moet u terugbrengen.'

Ik liep met de man mee en keek schuin naar de gouden koepel die aan mijn rechterhand lag. Dát was de plek, maar hoe kwam ik daar in godsnaam?

Ik werd teruggebracht naar de entree tot het tempelterrein en de Israëlische soldaten keken me verbaasd aan.

'Hoe bent u hierin gekomen?' vroegen ze me boos.

'Door deze ingang,' zei ik en ik trok mijn meest onschuldige toeristengezicht. Ik vertelde ze niet dat ik met gedachtenkracht hun aandacht had afgeleid.

'Kan ik niet naar de koepel?' vroeg ik in de hoop dat ze me een hint gaven.

'Nee, dat kan niet. Dit is alleen voor Moslims.' De soldaat liet er geen enkele twijfel over bestaan. Hij hief zijn geweer op. Ik besefte dat er geen manier was om hier binnen te komen en liep wat bedremmeld terug.

Ik stond een tijdje stil om te bedenken wat ik moest doen. *De poort opent zich alleen van binnenuit,* had Sophia gezegd in de droom, 'Maar hoe kom ik daar?'

Een gesluierde vrouw sloeg mij vanaf een afstand gade.

'Heb je hulp nodig?'

'Ik ? Nee,' zei ik.

'Wilde je de rotstempel bezoeken?' vroeg ze.

Ze maande me dichterbij. 'Ik weet een weg,' fluisterde ze. 'Kom.'

'Ho, wacht even,' dacht ik, 'Waar gaat dit heen?' Toen zag ik dat er een beeldje van de Grote Moedergodin om haar hals hing.

'Ik ben Hannah,' stelde ze zich voor en ze deed haar sluier af. 'Wellicht kan ik je helpen. Twee weten meer dan één.'

'Kom,' zei ze, en ze liep de stad in. 'We gaan eerst wat lunchen.'

'Hoe wist je dat ik in de rotstempel wilde zijn?' vroeg ik haar tijdens de lunch.

'jij bent niet de enige die hier aan het werk is.'

'Hoe bedoel je?'

Ze keek even om zich heen en zei: 'De tempel is een heilige plek van de Grote Moedergodin. Alleen een man en een vrouw samen kunnen de plek weer inwijden. Volgens de oude Soemerische traditie is het de zevende poort.' Mijn mond zakte open van verbazing.

'Hoe weet jij van de zevende poort?' vroeg ik haar.

'Toen ik je bij de ingang van de tempel zag wist ik dat jij degene was die me ging helpen om de zevende poort te vinden.'
Ik moet een vreemd gezicht hebben getrokken, want ze keek me lachend aan.
'Begrijp je het nog steeds niet? Het is allemaal deel van het grote plan. Ik wist dat ik iemand ging ontmoeten, alleen wist ik niet dat jij het was. Maar toen ik je hier bij de ingang van de moskee zag wist ik het. De godin heeft zo haar manieren om dingen te regelen. Nu is het aan ons om de volgende stappen te vinden in het spel. Je wil me toch niet vertellen dat je niet weet hoe het werkt?'
'Jawel, maar... ik weet het niet. Ik blijf het vreemd vinden. Soms lijkt alles zo heldere en op andere momenten kan ik haast niet geloven dat ik hier zit, midden in Jeruzalem. Het lijkt wel of de magie steeds sterker wordt.' Ik vertelde haar van het laatste avondmaal met de twaalf mannen en twaalf vrouwen in Gaza, de bommen die onderwijl vielen, Omar die me naar hier had gebracht, me beduvelde met zijn broer die me een grote koperen schaal aansmeerde, en me uiteindelijk op het spoor van de zevende poort zette. 'Ik volg het soms allemaal niet meer. Het is zoveel.'
'Dat komt omdat je steeds dichter bij de laatste poort bent gekomen. De synchroniciteit neemt toe.'
Ik vertelde haar van mijn zoektocht naar de zeven poorten, de oude Franse tekst van Jean de Jerusalem die tante Sophie me had gegeven, en de jaren van begeleiding en ontmoetingen om de poorten te vinden.
Hannah vertelde op haar beurt haar hele verhaal. Haar poorten lagen op andere bestemmingen, maar de gelijkenissen in ons verhaal waren treffend. Ook zij was door allerlei stadia van transformatie heengegaan, met de nodige klappen en blessures. Ze was van joodse afkomst en had het grootste deel van haar leven op Sicilië gewoond. Ze was kunstenares en maakte beeldjes van de godin als sieraden. Toen haar man in Damascus werd gestationeerd voor zijn werk werd ze op het spoor gezet van de zevende poort.
'De zevende poort is het symbool van het Christusbewustzijn, dat op dit moment in de geschiedenis collectief indaalt. Volgens de Maya-kalender evolueren we toe naar een keerpunt. Alles gaat steeds sneller. Het is als de geboorte van een kind. We zitten in de negende maand en de persweeën zijn begonnen voor de nieuwe tijd. Het hoort allemaal bij het plan. In deze tijd zijn er steeds meer mensen die wakker worden en in een nieuwe staat van bewustzijn komen.'
'Hoe wist je dat de zevende poort hier was?'
'Dat is algemeen bekend. De muur van de oude stad heeft zeven poorten en de zevende poort ligt bij de gouden koepel, tegenover de Olijfberg.'
'Oh.'

Hannah wuifde naar de ober en vroeg de rekening.

'Maar is er geen andere plek om naar de poort te komen? Ik bedoel, we kunnen toch vanaf de buitenkant de poort opzoeken?' vroeg ik.

'Het is gevaarlijk aan de andere kant. De muur wordt bewaakt door Israëlische soldaten en ik was te bang om er alleen heen te gaan. Ik lijk te Arabisch en bovendien ben ik een vrouw.'

Ze pakte haar tas en stond op.

'Kunnen we niet samen gaan?' vroeg ik.

'Precies. Dat is het plan. Ga je nog mee?' Ze keek me vragend aan.

'Vooruit,' dacht ik en ik gaf me gewonnen. 'Er is geen weg terug, dus laat ik het pad maar volgen. De godin heeft ons lot in handen.'

Een half uur later wandelde ik samen met deze joodse vrouw die ik nog maar net kende de stad uit. We volgden de buitenmuur naar de zuidkant waar de zevende poort moest liggen. De zon begon langzaam te dalen en wierp een gouden gloed op de hoge muren van de oude stad. 'Het is een wonder om hier te lopen', besefte ik me, net zoals het een wonder is om Hannah ontmoet te hebben en samen op zoek te gaan naar de zevende poort. Zouden andere mensen ooit begrijpen dat er een andere werkelijkheid achter de gewone werkelijkheid ligt, dat alles een spel is, dat er een plan is dat zich met ongelooflijke gratie en precisie ontrolt, waaraan wij allen deelnemen?'

Hannah pakt mijn arm vast. 'Vanaf hier begint het bewaakte gebied', fluisterde ze. Ik keek naar de soldaten die in verschillende uitzichttorens de muur bewaakten.

'Gewoon doorlopen', zei ik. 'We doen alsof er niets aan de hand is.'

We liepen langs de wachtpost en namen een paadje dat naar de Olijfberg leidde. Recht voor ons stond een grote kerk tegen de wand van de heuvel aangebouwd. Daarnaast lag een groot kerkhof.

'Weet je welke kerk dat is?' vroeg ik.

'Nee, hij ziet er mooi uit. Vandaar moeten we de zevende poort kunnen zien liggen.'

We besloten erheen te lopen en kwamen langs verschillende wachtposten. Toen we de kerk bereikt hadden daalde de zon achter de heuvels en de lucht kleurde rood.

'Kijk, daar is de poort', wees Hannah.

Ik keek naar de muur en haalde vragend mijn schouders op. Ik zag wel een soort uitbouw van de muur met een dak erboven, maar geen poort.

'Sorry, ik mis iets, ik zie geen poort.'

'Die is er ook niet. Hij is namelijk ooit dichtgemetseld. Het verhaal gaat dat als ooit de Messias voor de tweede keer verschijnt de poort weer open gaat. Tot die tijd blijft-ie gesloten.'

'Maar wat doen we dan in Godsnaam hier?' vroeg ik haar.

'Ik dacht dat jij misschien wist wat we hier zouden moeten doen', zei ze vertwijfeld.

'Nee, ik loop niet door poorten die dichtgemetseld zijn en ik ben ook geen Messias.'

Achter ons uit de kerk kwam een priester de deur uit lopen. Hij keek naar de stad en haalde zijn schouders op. Ik kreeg een ingeving.

'Is de kerk nog open?' vroeg ik hem.

'Eigenlijk niet. Het is sluitingstijd, maar ik wacht nog op een groepje mensen die zouden komen, dus als je wilt mag je wel naar binnen.'

'Kom', zei ik tegen Hannah en ik pakte haar hand. 'We gaan de kerk in.'

Door de grote bronzen poort betraden we de verlaten kerk. Het was de Kerk van Alle Naties. De sfeer en de stilte was overweldigend en ik ging voorin op een stoel zitten om te bidden. Voor me zag ik een rots uit de grond steken waarop het altaar stond. Daarachter een Christus figuur met uitgestrekte handen. Ik dacht na over de woorden van Sophia: *de poort opent zich alleen van binnenuit.*

'Maar ik begrijp het niet', antwoordde ik. 'De poort zit dicht.'

De zevende poort zit dicht zolang je denkt dat hij dichtzit.

Maar hoe kan een poort opengaan die dichtgemetseld is?

'Je begrijpt het niet. Jij bent de poort.'

'Wacht even, zo dadelijk zegt u dat ik de Messias ben.'

'Dat klopt, maar jij niet alleen, velen met jou, iedereen is de poort.'

De stem in me werd luider en helderder en ik voelde elk woord als een druppel in een stille vijver vallen, tot op de bodem van mijn ziel. Ik hoorde Christus zelf spreken.

'De zevende poort ligt in jezelf. Ga met mij en je zult de poort naar het Christus-bewustzijn worden, net zoals ik was, zoals ik ben en altijd zal zijn. Daarom ben ik aan het kruis gestorven, om in jou te leven. Kun je begrijpen dat wij niet verschillend van elkaar zijn? Dat de geest die jou geschapen heeft dezelfde geest is die mij heeft gemaakt en die ons schiep opdat wij eens de waarheid zullen kennen; dat wij niet gescheiden zijn maar dat wij één zijn. Als in een langdurige droom dacht je dat je van God gescheiden was maar het wordt nu tijd om uit die droom te ontwaken. Ga met mij mee in het heldere daglicht van je goddelijke tegenwoordigheid. Wees de Christus. Wees zoals ik.'

Ik zuchtte. Het was allemaal zo veel om te bevatten, maar de woorden klonken als balsem voor mijn ziel. Nog nooit had ik me zo veilig en geborgen gevoeld en zo vertrouwd met wat ik hoorde. Ja, dacht ik. Ik ben klaar. Ik begrijp er niets van, ik voel me volledig onbekwaam, maar ik ben bereid.

'Geloof in jezelf.'

'Waarom?'

'Om de zevende poort door te gaan.'

'Maar hoe? Ik begrijp de bedoeling hier niet van.'

Terwijl ik worstelde met mijn twijfels werd me een hand toegestoken en begon mijn bewustzijn zich los te maken van mijn lichaam. Ik splitste als het ware in tweeën; mijn fysieke lichaam zat nog steeds op de stoel in de Kerk van alle Naties, maar mijn lichtlichaam wandelde rustig door de kerk naar buiten. Ik wist dat Hannah in de kerk zat om mijn fysieke lichaam te beschermen. In deze andere bewustzijnstoestand was er geen angst, geen zorgen, geen vragen. Ik begreep wat me te doen stond. Ik wandelde naar de zevende poort die toegang gaf tot de Tempelberg met de Fundatiesteen, de steen waarop God zijn schepping was begonnen. De poort stond wijd open en alles baadde in het licht. Ik liep verder de gouden koepel in en zag de rots voor me. Naast de rots was een kleine trap naar beneden en ik daalde af, tot onder de Fundatiesteen. De trap ging steeds verder naar beneden. Terwijl ik doorliep naar beneden ontving ik met mijn lichtlichaam informatie op: hier was ooit een krachtige aardepoort neergezet, maar in de loop van de eeuwen was hij vernietigd en beschadigd. Van hieruit liep een rechtstreekse verbinding naar Sirius, de planeet van de Hathors, maar door de vernietiging van de poort was de verbinding verbroken. Er ontbraken bepaalde codes waardoor het hele energetisch veld rond de aarde uit balans was. De drie grote mannelijke godsdiensten probeerden de macht te krijgen over de poort, maar door de onderlinge strijd raakten ze steeds meer hun kracht kwijt. Alleen door het vrouwelijke, de graal, te eren zou de poort hersteld kunnen worden. Het ging erom de tempel van de godin opnieuw in ere te herstellen.

Boven me, om de rots heen, zag ik vele islamitische vrouwen bidden. Zij waren de bewaaksters van de poort. Mannen kwamen hier niet of nauwelijks. Die gingen naar de El Aqsa moskee aan de andere kant van het terrein. Dit was een vrouwenplek. Steeds dieper daalde ik af de aarde in totdat ik op een gegeven moment niet verder kon. Hier leek de dichtheid het grootst te zijn, alsof vele dode zielen hier gekluisterd waren aan de aarde, en niet terug konden naar het licht. Ik hoorde groot rumoer, jammerend geklaag van dolende zielen en de kreten van eeuwen geleden. Ik vroeg ze waarom ze daar waren en het gegil en de woede bereikten een hoogtepunt.

170

'*Ga, ga naar het licht,*' zei ik.
'Maar we kunnen er niet uit. We zijn verdoemd.'
'*Dan ga ik jullie voor.*'
'Dat is tegen de Wet.'
'*Ik ben de Wet,*' zei ik en ik begon weer omhoog te lopen. Enkelen schaarden zich achter me en langzaamaan kwam de hele groep in beweging. Duizenden zielen, een heel leger steeg achter me omhoog, totdat we bij de steen kwamen met de koepel boven ons.

'*Ga, en wees vrij. De tijd is gekomen om de poort te openen. Datgene wat ooit verwoest is, zal hersteld worden.*' Als een zware wolk van geesten bewogen de zielen langs me omhoog en ik zag ze met een zucht van verlichting door de koepel naar het licht stijgen. Vlak daarachteraan begon in het binnenste van de aarde een straal wit licht naar boven te bewegen. Als een onderaardse fontein spoot het licht omhoog en straalde door de rots heen. Het licht werd gebroken in de rots en vormde een figuur boven de Fundatiesteen. Het licht kreeg kleur, vorm en werd langzaam een bol. Ik zag water en aarde, vuur en lucht, en de elementen leken zich te vermengen in een alchemistisch proces. Uit de eerste elementen ontstonden beelden van licht en donker, zeeën en continenten, bomen en planten, en als laatste verschenen er dieren en mensen. Na verloop van tijd hing een levende blauwdruk van de planeet aarde als een groot hologram midden in de gouden koepel, alsof de koepel er als een perfect passende vorm omheen was gebouwd. '*Bescherm de aarde, en bescherm haar bewoners. Herstel de tempel en draag haar in je hart. Je hebt het ontbrekende stuk van de poort op zijn plek gebracht, maar er zal nog veel werk verzet moeten worden om de harmonie te herstellen. Het veld moet langzaamaan weer in evenwicht worden gebracht. Keer terug waar je vandaan bent gekomen en wees gezegend.*' Ik zag de vrouwen rondom de rots tot me knikken en begreep dat de poort in veilige handen was. Ik keerde terug naar de Kerk van alle Naties waar Hannah zat en verbond me weer met mijn lichaam.
'*Kijk omhoog,*' gebood de stem zacht.
Ik deed mijn ogen open en keek recht boven me op het plafond. Daar, in het midden, zag ik het symbool wat al die jaren bij me was gebleven sinds ik het manuscript in handen had gekregen: de heilige graal. Het symbool van mijn lange zoektocht van de afgelopen drieëntwintig jaren en tevens het symbool van tweeduizend jaar Christendom.
Ik herinnerde me de woorden van het manuscript van Jean de Jeruzalem:
Wanneer er duizend jaar verstreken zijn, na de eerste duizend jaar, zal de mens op zoek gaan naar de graal, het vrouwelijke principe dat hem heelheid en verbondenheid zal brengen na de periode van duisternis en afgescheidenheid.

Hij zal de stem in zijn binnenste horen en volgen. De zevende poort die gesloten is zal opnieuw geopend worden, en de stralen van het licht zullen de aarde omhullen.

Terwijl ik me de woorden uit het manuscript probeerde te herinneren begreep ik opeens de schoonheid van de situatie: hier zat ik, in de 'Kerk van alle Naties' op de Olijfberg, de plek waar Jezus bijeenkwam met zijn discipelen op de avond voor hij werd verraden en gekruisigd. Ook hij stond op een kruispunt in de tijd, waarop allerlei stromingen en godsdiensten elkaar in de haren vlogen en het tijd was voor een nieuw inzicht. Ook hij zocht naar de graal, de verbinding tussen de mensen, om een nieuwe eenheid te creëren, die tegelijkertijd ieder individu respecteerde.

Dit keer staan we op een moment van transformatie waar de hele wereld bij betrokken is. Als we niet uitstijgen boven onze ideeën van naties, godsdiensten, partijen en rassen kunnen we de volgende fase van de mensheid niet binnengaan.

We zijn allemaal kinderen van God. Jezus was geen lid van een kerk, noch Mohammed, of Boeddha. Als er een religie bestaat, is het een religie van alle mensen. Het goddelijke is niet beperkt tot een of ander kerkgenootschap. Het zijn allemaal takken aan dezelfde boom. De religies van alle naties zullen mensen helpen om tot het uiteindelijke inzicht te komen: dat iedereen de deur is en de sleutel in handen heeft om God te ontmoeten.

'Snap je nu waarom ik je hierheen heb geleid?' klonk de stem in de stilte.

'De mensheid heeft een nieuw geloof nodig; een geloof in zichzelf. Alle kerken en godsdiensten hebben geleid tot dit punt in de geschiedenis. Ze hebben hun functie en hun tijd gehad. Als de mensheid door wil naar de volgende fase van evolutie zal ze een nieuwe geloof nodig hebben, een geloof waarin alle naties, alle godsdiensten, alle rassen en alle geloven verenigd zijn. Niet door een nieuwe kerk te stichten, maar door alle andere samen te smelten. Alle wegen zijn wegen naar God. Geen enkele weg is minder belangrijk dan een andere. Elke weg heeft zijn functie, en allemaal samen vormen ze het nieuwe geloof in de kracht en de goddelijkheid van de mens. Jullie zijn waarlijk God gelijk, het enige is dat jullie dat zelf nog moeten beseffen.

Het nieuwe geloof is geen geloof van angst of geboden, maar een kerk van liefde en bemoediging. Het is een kerk van geloof in elkaar, geloof in de mens, een geloof in de liefde tussen man en vrouw zoals je dat ervaarde met Lily.

Het nieuwe geloof eert de natuur en moeder aarde, zoals de sjamanen haar eren en haar om hulp vragen bij genezing en inwijdingsrituelen.

Het nieuwe geloof is een geloof in het lichaam als tempel van de ziel, geen onderdrukking van haar, wat louter jullie eigen minderwaardigheidsgevoel uitdrukte. Het is een viering van schoonheid, sensualiteit en verbinding van wie jullie zijn.

Het nieuwe geloof eert alle goden omdat ze uitdrukking geven aan alle aspecten van mens-zijn. Bezoek elkaars tempels en kerken. Leer van elkaars geloof en goden. Verbindt je met alle aspecten van het mens-zijn en zie in iedere cultuur een nieuwe waarde van jezelf verborgen, als een schat in vermomming, een ander deel van jezelf.

Het wordt tijd dat jullie de deuren van je hart open zetten en jezelf werkelijk gaan zien zoals jullie zijn; allemaal familie van hetzelfde ras. Alle mannen zijn jullie broeders, alle vrouwen jullie zusters. Alle kinderen zijn jullie kinderen en alle ouderen zijn jullie ouderen. Dat is het nieuwe geloof.

Maar bovenal, geloof in jezelf. Dat is wat jullie bovenaan mogen zetten; jullie zijn de helden die de weg hebben afgelegd om hier aan te komen in de geschiedenis, op de drempel naar een nieuwe tijd, een nieuw bewustzijn van mens-zijn. Neem de stap en heb de moed om verder te gaan dan de mens ooit gegaan is. Gooi je oude beperkingen weg en leer van elkaar.

Omarm elkaar als verloren zonen en dochters van één en dezelfde familie. Dat is de Kerk van alle Naties. Dat is waar de graal voor staat; de verbinding tussen God en jezelf en daarmee met alle mensen om je heen. Jullie droomden dat jullie gescheiden waren van God, maar het moment is gekomen om wakker te worden uit die droom. Jullie zijn in de constante aanwezigheid van God en niemand kan dat van je afnemen.

'Maar wat moet ik daarmee doen?' vroeg ik. 'Het lijkt hopeloos de verkeerde kant op te gaan. De crisis wordt steeds groter, de mensen worden egoïstischer en sluiten zich op in hun eigen denkbeelden en dat hele beeld van Jean de Jerusalem is verre van realistisch.'

'Wees je bewust van de grote scheppingskracht die je hebt, juist in deze tijd van transformatie. Denk niet dat alles verloren is. Alles zal veranderen, maar niet verdwijnen. Nu worden de zaden gelegd voor de nieuwe tijd. Leer voorbij de wereld van de uiterlijkheden te kijken en kijk met je hart. Zie dat er een volgende wereld is waar jullie nu de grondstenen voor leggen, de fundamenten. Breng de boodschap van Jean de Jerusalem naar buiten en geef de mensen hoop. Dat is het enige wat ze nodig hebben in de komende jaren. Weet dat er een nieuwe ochtend komt na de jaren van duisternis en verwarring. De zon komt al op achter de horizon, en de dageraad is reeds begonnen, terwijl jullie het donkerst van de nacht betreden. Heb vertrouwen. Kijk voorbij de zeven moeilijke jaren. Bereid je voor. Innerlijk. Maak jezelf klaar om de grote

stormen aan te kunnen. Niet uit angst, maar uit liefde voor wat daarna gaat komen. Dit is de tijd van de creatie, waarin jullie zullen bepalen hoe de wereld er na deze wereld uit zal zien.'

Een uur later liepen Hannah en ik de kerk weer uit. De groep die de priester verwachtte was nooit gekomen. Wellicht hoorde het allemaal bij het plan. Het was inmiddels donker aan het worden en we liepen langs de muur terug naar de ingang van de oude stad, terwijl we onze ervaringen uitwisselden.
Ik hoorde haar verhaal aan en verwonderde me over het mysterie van het leven en de tijd waarin we geboren zijn.
'Kan het zijn dat we dit dromen?' vroeg ik. 'Dat dit allemaal niet waar is?'
'Waar ben je bang voor?' vroeg Hannah.
'Dat ik voor gek wordt versleten.'
'Dat is al met zoveel mensen voor jou gebeurd, en zal ongetwijfeld nog vaker gebeuren. Vroeger werd je aan het kruis gehangen, of op de brandstapel gegooid.'
'En nu?' vroeg ik.
'Dat is helemaal niet belangrijk. Het gaat erom dat je doet wat je te doen hebt. Het wordt tijd dat je de kennis van de zeven poorten naar buiten brengt. Vertel van het manuscript van Jean de Jeruzalem en van de zeven poorten. Geef de mensen een visie, een hoop op de toekomst. Dat is ons anker voor de tijd die gaat komen. Daardoor kan de crisis een mogelijkheid worden om verder te groeien en kan de mensheid van de derde naar de vierde wereld overgaan. Het is nog niet te laat.'
We keken hoe aan de horizon de laatste stralen zonlicht onder gingen en de lichtjes van Jerusalem overal aangingen. We stonden voor een van de oude poorten van de heilige stad. 'Kom,' zei ik en we liepen door de poort.

DE TIJD KEERT WEER

'Rennen!' riep ik tegen mijn dochter toen we uit de bus sprongen. We renden langs de kade naar de boot, waar net de laatste passagiers de loopplank opliepen. Hijgend kwamen we aan. Alles had die morgen tegengezeten en we hadden de laatste bus op het nippertje weten te halen. Niet veel later scheerden we over de schuimkoppen van de Golfo dei Poeti, de Baai van de Dichters. Hier waren ooit de Engelse dichters Byron en Shelley neergestreken, betoverd door de schoonheid van de Italiaanse kust. Ik was samen met Raya een week op vakantie in Ligurië, de palmenrivièra van Italië. Ze was inmiddels een mooie jonge vrouw van zestien jaar. De boot bracht ons naar Porto Venere, een parel van een vissersdorpje, stijl geplakt tegen de rotsen aan het uiteinde van de baai. Ik kon me voorstellen dat dichters uit vroeger tijden hier hun hart ophaalden; de oranje daken van het stadje, het azuurblauw van de lucht, het turquoise van de zee en de witte schuimkoppen die op de grijze rotsen neersloegen vormden een kleurrijk palet dat alle verbeelding te boven ging. Als toefje op de taart lag op de uiterste rotspunt een klein kerkje, hoog boven de rotsen en het gebeuk van de golven.

Niet veel later zaten we in een restaurant 'Pasta di Mare' te eten: verse kokkels, mosselen, venusschelpen en andere zeevruchten, met een fles Pellegrino en een glas rode wijn uit de heuvels van Toscane. Opeens ging me een licht op en ik riep de ober. 'Porto Venere', vroeg ik. 'Kunt u me zeggen wat de naam van dit stadje betekent?'
'Naturalmente; Venere is Venus, the goddess of beauty,' zei hij met een sterk italiaans accent. 'She came out of the sea and brought art, beauty and sensuality to our land. You know the Venus of Botticelli? This is where she came ashore. Porto Venere is the harbor of Venus.' De man straalde van trots.

Ik was verbaasd door de woorden van de ober. David had zich na zijn 'Indiase periode', zoals hij het noemde, verdiept in de geschiedenis van de Maya-kalender. Hij was erachter gekomen dat de Maya-indianen een grote betekenis hechtten aan de stand van de planeet Venus. Toen ik hem niet lang voor onze vakantie belde, vertelde hij me opgewonden wat hij ontdekt had: 'Het gaat volgens mij niet zozeer om 21 december 2012, Ton,' antwoordde hij, 'maar om 6 juni 2012. Er vindt dan een Venus Transit plaats: Venus beweegt voor de zon langs. De Maya's noemden het begin van de 2012-kalender, zo'n 5000 jaar geleden, 'De Geboorte van Venus', snap je?'
'Niet helemaal.'

'De Geboorte van Venus: Dat betekent dat het einde van de kalender wordt ingeluid door de Venus Transit. Het is als het ware de wekker, de ster aan het firmament die het volgende tijdperk inluidt... Het bijzondere is dat de zon, de maan, Venus en de Plejaden op dat moment op één rechte lijn staan met Hunab-Ku.'
'Hunab-Ku?' vroeg ik.
'Hunab-Ku is het middelpunt van ons melkwegstelsel, de bron van alles. Venus is Quetzalcoatl, de Gevederde Slang. In één van hun manuscripten, de Dresden Codex, zijn er zes hele pagina's gewijd aan de baan van Venus en aan de Venus Transits.'
'Wacht even, wie is Quetzalcoatl?'
'Voor de Maya's was Venus de incarnatie van Quetzalcoatl, de god die de beschaving aan de Maya-indianen had gebracht. De Indianen wachtten al eeuwen op zijn terugkeer. En dat is op 6 juni! Dat is het begin, Ton... Dit is waar we naartoe gewerkt hebben!'
Ik had hem nog nooit zo opgetogen gehoord. Sinds ik zijn verhaal had gehoord had Venus me niet meer losgelaten. En nu kwam de ober ons vertellen dat we in de stad van Venus waren...

We bedankten de man, namen nog een overheerlijke cappuccino, en rekenden af. Niet veel later zaten we aan de kade van het haventje en rondom ons speelden een groepje kinderen. Raya was het laatste deel van Harry Potter aan het lezen en ik stemde me af op mijn gids zoals ik geleerd had te doen.

De Venus van Botticelli verbeeldt een sterrenconstellatie waarop de Godin van de Liefde uit zee herrijst en een nieuwe tijd aankondigt. Het is het signaal dat het tijdperk van de Verlichting zal beginnen. Tijdens de Renaissance was het in esoterische kringen welbekend dat schoonheid, bezieling en liefde zouden terugkeren in de samenleving na een lange periode van onderdrukking, oorlog en duisternis.
Venus is de morgen- en de avond ster. Tweeduizend jaar geleden, in de tijd van Jezus, kondigde ze het Vissentijdperk aan. In deze tijd is ze de aankondiger van het Watermantijdperk, dat oprijst uit de grote oceaan van de tijd. De Venus Transit is het begin van een poort in de tijd. Tussen 6 juni 2012 en 21 december 2012, het einde van de Maya-kalender is er een opening in het raamwerk van de tijd. Het is als een vulva van de tijd die zich opent zodat het nieuwe Christuskind in de wereld geboren kan worden. Jouw taak is het om alle lichtwerkers samen te brengen en te verbinden om deze heilige ruimte open te houden en om de energie van zwangerschap en geboorte te dragen. Jullie zijn

Ik keek naar Raya die nog steeds verdiept was in haar boek. Ze was even oud als ik toen ik met David door de Pyreneeën trok en tante Sophie had gevonden. Hoewel ze wel iets wist van mijn werk was er veel wat ik haar nog nooit verteld had. Dat kon pas later, als ze zelf de roep van de Godin had gehoord. Ze leek met haar lange roodblonde haren de belichaming te zijn van een moderne Venus. Ze was intelligent en ontwikkelde zich stap voor stap als een jonge leider van de Nieuwe tijd, zoals zoveel jongeren. Een nieuwe generatie kondigde zich aan. Waar wij de strijd met het oude systeem waren aangegaan, was voor hun de taak weggelegd om het nieuwe vorm en gestalte te geven. Het zou niet lang meer duren of de stem van de grootmoeders was er niet meer. Sophia was twee jaar daarvoor overleden, eenzaam in haar huisje in Zuid Frankrijk. Ik was naar haar graf gegaan en had beloofd haar werk voort te zetten. Wij waren de generatie die de jongeren moest vertellen over het verleden, over de Godin, over datgene dat de wereld draaiende houdt en over het belang om de tekenen te lezen, zodat je de weg naar binnen kon vinden. In die vakantiedagen was het leven echter nog ontspannen en simpel. Eten, slapen, door de stad slenteren en cappuccino drinken. Er zou een tijd komen dat dat anders zou worden; dat alles van ons gevraagd werd om te doen wat we moesten doen. Maar op dat moment genoten we van ons samenzijn en de schoonheid van de Italiaanse kust, zoals de dichters en filosofen lang geleden voor ons.

's Avonds liepen we onder de prachtige sterrenhemel een rondje door de stad, luisterden naar de Italiaanse gesprekken om ons heen en genoten van de mysterieuze sfeer van de donkere steegjes en binnenplaatsen. 'La dolce far niente...' De zoete zachtheid van nietsdoen. Terwijl ik naar boven keek, zag ik Venus dicht bij de horizon staan en feller flonkeren dan alle andere sterren. In de Westerse geschiedenis was Venus keer op keer afgebeeld als een wulpse vrouw die uit de golven herrees. Ze stond op een grote schelp en had haar handen voor haar borsten en vulva. Ze was het symbool voor vrouwelijkheid, sexualiteit en intimiteit. Het schilderij van Botticelli, La Nascita di Venere – de Geboorte van Venus - was het boegbeeld geworden van de renaissance, tezamen met de 'Mens van Vitruvius' van Leonardo Da Vinci en de 'David' van Michelangelo. Na eeuwen van dogmatische afbeeldingen van heiligen stond de mens in al zijn naaktheid en schoonheid weer centraal. Blijkbaar verkondigde hun werk bij uitstek de komst van een nieuwe tijd, een wedergeboorte, waarin kunst, vrijheid, liefde en schoonheid opnieuw centraal stonden. De kerk was er allerminst blij mee geweest en er volgde een lange strijd tussen de conservatieve kerk in Rome en de vrijheidsdenkers en kunstenaars uit Florence.

'Hé pap!' riep Raya en ik keek op uit mijn overpeinzingen. 'Dit is echt iets voor jou. Kijk hier... Hier staat het.' Ze wees met haar vinger naar een grote Venusschelp, met daaronder een bordje dat nauwelijks leesbaar was. 'Casa Natale di Simonetta Vespucci, la donna di Venere.'
'Verdomd!' riep ik uit. 'Hoe is het mogelijk!' Ik keek naar het bordje met de naam. Hier was blijkbaar Simonetta geboren, 'La Bella Simonetta', de jonge vrouw die model had gestaan voor het schilderij van de Venus van Botticelli. Simonetta was de muze Botticelli en was op vele van zijn schilderijen te zien. Ze was de verpersoonlijking van het Renaissance-ideaal van de vrouw; slank, intelligent en onaards mooi. Ze was echter op haar drieëntwintigste aan tuberculose gestorven, tot groot verdriet van heel Florence. Sandro bleef haar echter schilderen en aan het eind van zijn leven wilde hij begraven worden aan haar voeten. Daar ligt hij nog steeds.
'Wat betekent het, pap?'
'Hier is de vrouw geboren die model stond voor de Venus van Botticelli, je weet wel, die vrouw met die schelp.'
'Zie je wel, ik weet wel wat je bezighoudt...' zei ze lachend. 'Maar waar gaat dat schilderij eigenlijk over?'
'Dat is een lang verhaal, schat. Een heel lang verhaal,' zei ik en we liepen gearmd verder door de donkere straten van Porto Venere, 'maar dat vertel ik je nog wel een keer...'

EINDE

LEES OOK DEEL II EN DEEL III VAN DE GRAAL TRILOGIE:

Deel II
Het Labyrint van de Tijd

Deel III
De Meesters van Shambhala

Bijlage

De Voorspelling van Jean de Jerusalem, 1096

Wanneer er duizend jaar verstreken zijn na de eerste duizend jaar,
zullen de mensen eindelijk hun ogen openen
Ze zullen niet langer opgesloten zitten in hun hoofden en steden
Ze zullen contact hebben met elkaar en elkaar begrijpen
van de ene kant van de aarde tot de andere
Ze zullen het zichzelf verwijten als de één de ander kwaad doet.
De mensen zullen één groot uniek lichaam vormen
waarvan eenieder een heel klein deeltje zal zijn
En samen zullen ze het hart vormen
En er zal een taal zijn die door iedereen wordt gesproken
en zo zal uiteindelijk de wezenlijke Mens geboren worden.

Wanneer er duizend jaar verstreken zijn na de eerste duizend jaar
zal de mens het luchtruim veroverd hebben
Hij zal sterren creëren in de grote, donkere blauwe zee
en hij zal op zijn stralende schip uitvaren
als een nieuwe Ulysses, metgezel van de zon, op zijn hemelse Odyssee.
Maar hij zal ook opperleenheer van het water zijn
Hij zal grote nautische steden bouwen
die zullen leven van de oogst van de zee
Hij zal zo in iedere streek van het grote aardvlak wonen
en niets zal hem verboden zijn.

Wanneer er duizend jaar verstreken zijn na de eerste duizend jaar
zullen de mensen tussen de vogels door kunnen duiken
Hun lichamen zullen nieuw worden en ze zullen als vissen zijn
en sommigen zullen hoog vliegen, hoger dan de vogels
net als een steen die niet valt.
Ze zullen met elkaar communiceren
want hun geest zal zo immens open staan
dat ze alle boodschappen kunnen ontvangen

en ze zullen delen in elkaars dromen
en ze zullen net zo lang leven als de oudste mensen
waarvan gesproken wordt in de oude heilige Schriften.

Wanneer er duizend jaar verstreken zijn na de eerste duizend jaar
zal de man niet langer de enige leenheer zijn
want de vrouw zal de scepter grijpen
Ze zal de grote heerseres van de toekomstige tijd zijn
En wat zij zal denken zal ze de man opleggen
Ze zal de moeder zijn van het millennium na de duizend jaar.
Ze zal de zwoele zachtzinnigheid van een moeder verspreiden
na de dagen van de duivel
Ze zal de schoonheid zijn na de lelijkheid van de barbaarse tijden
De duizend jaar die volgt op deze duizend jaar zal zich ontpoppen als een
onbekommerde tijd
Men zal liefhebben en met elkaar delen
Men zal dromen en men zal de dromen werkelijkheid doen worden.

Wanneer er duizend jaar verstreken zijn na de eerste duizend jaar
zullen de wegen van de ene kant van de aarde en de hemel
naar de andere kant lopen
De wouden zullen opnieuw bebost zijn
en de woestijnen zullen geïrrigeerd worden
Al het water zal weer zuiver worden
De aarde zal als een tuin zijn
waarin de mens waakt over alles wat leeft
Hij zal alles wat hij vervuild heeft opruimen
De hele aarde zal hij als zijn woonplek beschouwen
en wijselijk zal hij aan de dagen van morgen denken.

Wanneer er duizend jaar verstreken zijn na de eerste duizend jaar
Zal men de hele wereld kennen als zijn eigen lichaam
Men zal een ziekte behandelen voordat ze zich zal openbaren
Iedereen zal genezer zijn zowel voor zichzelf als voor anderen
Men zal begrepen hebben dat men moet helpen om de vrede te bewaren
En de mens zal na de tijden van geslotenheid en gierigheid
zijn hart openen en zijn beurs voor de minst draagkrachtigen
Hij zal zichzelf beschouwen als een ridder van de mensheid
en zo zal uiteindelijk een nieuwe tijd beginnen.

Wanneer er duizend jaar verstreken zijn na de eerste duizend jaar
zal de mens geleerd hebben om te geven en te delen
de dagen van bittere eenzaamheid zullen vervlogen zijn
Men zal opnieuw in de geest geloven
en de barbaren zullen burgerrechten verworven hebben
maar dat zal geschieden na de oorlogen en de brandhaarden
die zullen oprijzen uit de geblakerde resten van de torens van Babel
En men zal een ijzeren hand nodig hebben om de chaos te herordenen
zodat de mens de goede weg hervindt.

Wanneer er duizend jaar verstreken zijn na de eerste duizend jaar
zal de mens weten dat alles wat leeft bezield is
en dat het wezens zijn die ze te respecteren hebben
Hij zal nieuwe steden gebouwd hebben
in de hemel, op aarde en in de zee
Hij zal zich herinneren wat hij nodig heeft en hij zal herkennen wie hij is
Hij zal niet langer angst hebben voor zijn eigen dood
want hij zal in zijn leven meerdere levens ervaren
En het Licht, dat hij zal zijn, zal nooit gedoofd worden.

Wanneer er duizend jaren verstreken zijn, na de eerste duizend jaar
zal de mens opnieuw op zoek gaan naar de graal,
het vrouwelijke principe dat hem heelheid en verbondenheid zal brengen na de
periode van duisternis en afgescheidenheid
Hij zal de stem in zijn binnenste horen en volgen
De zevende poort die gesloten is zal opnieuw geopend worden, en de stralen
van het licht zullen de aarde omhullen.
De zevende poort kan slechts geopend worden door hem die door de zes
poorten is gegaan en het gezicht van de duivel heeft aanschouwd.
Wie de zevende poort opent, zal drie keer sterven en opnieuw geboren worden.
Zo zij het.

Nawoord

Sophia is niet één persoon. Voor de logica van het verhaal heb ik er één persoon van gemaakt, maar in werkelijkheid is ze de combinatie van een aantal wijze vrouwen die ik op mijn pad ben tegengekomen. Hun echte namen zijn Lonnie Helgeson, Albertine Battenberg d'Avalon, Karin Kraaykamp, Brunie Theunissen, Helena van Drunen, Caroline van Huffelen en Loylou van Hardenbroek. Zij zijn de grootmoeders, de inwijders geweest op mijn weg. Ik ben hun oneindig dank verschuldigd voor de rol die ze op mijn levensreis hebben gespeeld.
Hetzelfde geldt voor David. Hij is in het verhaal de samensmelting van mijn oudere broer Coen en enkele dierbare vrienden: Jan, Raymond, Onno, Niels en Gert. Voor de helderheid van het verhaal heb ik gekozen om ze als één en dezelfde persoon op te voeren. Zij zijn allen mijn broers in de ware zin van het woord.

OVER DE AUTEUR

Ton van der Kroon reist zijn hele leven naar heilige plaatsen op aarde, op zoek naar de spirituele tradities van de mensheid. Hij verwerkt veel van zijn reiservaringen in zijn boeken, waarvan er inmiddels tien zijn verschenen. De reeks *Heel de wereld*: *De Zevende Poort*, *Het Labyrint van de Tijd*, *De Meesters van Shambhala* en *Het Vijfde Element*, beschrijven zijn eigen zoektocht, maar tevens de grote transformatie die momenteel in de wereld plaatsvindt. Hij is de voortrekker van het mannenwerk in Nederland en werd bekend door de bestseller *De Terugkeer van de Koning, het boek voor mannen over liefde, lust en leiderschap*, dat inmiddels in zes talen is vertaald, waaronder Arabisch en Hebreeuws. Hij gaf zeven jaar traumahealing in de Gazastrook en organiseert Healing Conferenties over de hele wereld.

WEBSITE

Voor meer informatie over boeken, reizen, workshops en lichtwerk, kijk op de website: www.tonvanderkroon.com.

CHANNELINGEN

OP www.tonvanderkroon.com vind je alle channelingen per plaats, per land en per continent aangegeven op een wereldkaart.

COVERS

De coverfoto's voor de serie *Heel de Wereld* zijn van Sebastian Holzhuber. Hij werkt met nieuwe rituelen, waarin deelnemers hun eigen archetypische kanten ontdekken. Dat legt hij vervolgens vast in foto's. Zijn oeuvre bestaat uit vele honderden werken die hij in de afgelopen 40 jaar maakte. Voor meer informatie over zijn werk, ga naar: www.sebastianholzhuber.com
Alle covers zijn opgemaakt door Sandra van Elewout. Meer informatie over haar werk vindt je op:
www.sandravanelewout.kunstinzicht.nl

Je krijgt HEEL DE WERELD cadeau!

Vroeger, toen ik voor het eerst mijn boeken uitgaf via een uitgever, kreeg ik als schrijver 10% van de opbrengt. Dat was zo'n twee gulden per boek, later twee euro. Toen ik het ooit aan lezers vertelde, schrokken ze. 'Krijg je maar zo weinig!?' was de meest gehoorde reactie. Helaas, de boekenmarkt zit zo in elkaar. De meeste kosten gaan naar de boekwinkel (40%) en de distributeur (30%). De drukkosten betreffen zo'n 10%. Er blijft 20% over voor de uitgever en de schrijver, die dat onderling verdelen. Geen vetpot dus.

Omdat het vinden van een uitgever steeds moeilijker werd om mijn boeken uit te geven, koos ik ervoor om voortaan uit te geven via internet uitgeverij Brave New Books die de boeken verkoopt via Bol.com. Ik krijg nu ongeveer € 3 voor een boek van € 20. Hier gaan de meeste kosten dus naar Bol en Brave New Books. Het blijft helaas schipperen...

WAT NU?
We hebben daarom een heel ander plan bedacht voor deze serie Heel de Wereld. We bieden de boeken gratis aan! Nu ja, gratis; tegen kostprijs. Je kunt de boeken via BOL.COM of AMAZON kopen voor de kostprijs. Het boek wordt on demand geprint en binnen drie dagen bij je afgeleverd.

Mijn vraag aan jou is: Mocht je mijn werk waarderen, maak dan een gift over. We hebben een stichting opgericht – Tree of Life Foundation – die zorgt voor het beheer, de verspreiding en de vertaling van al mijn boeken en channelingen. Met jouw hulp kan ik verder schrijven en mijn werk in de wereld brengen. De grootte van de gift mag je helemaal zelf bepalen. Ieder bedrag is van harte welkom en wordt ten zeerste gewaardeerd.

MAAK EEN DONATIE OVER OP STICHTING TREE OF LIFE:
Rekening Stichting Tree of Life, Nederland
Triodosbank NL67 TRIO 0338 9423 43
BICcode: TRIONL2U

Wil je weten welke projecten er voor de komende tijd op het progamma staan? Kijk dan op de website:

WWW.TREEOFLIFE.SUPPORT

DE ZEVENDE POORT
Zeven poorten, zeven inwijdingen

Als de schrijver een oud manuscript in handen krijgt, dat hem vraagt op zoek te gaan naar de zeven poorten van bewustzijn, begint een lange en onvoorstelbare reis, die meer dan dertig jaar in beslag neemt. Een reis langs vele heilige plaatsen op aarde, van Glastonbury tot Jeruzalem en van Siberië tot India. Naast een persoonlijk reisverslag geeft dit opmerkelijke boek een boodschap voor de mensheid in deze tijd.

> *Heel erg indrukwekkend en prachtig boek. Wat een innerlijke rijkdom! Ik hoop dat er nog veel van dit soort boeken uit zijn pen stromen.*

> *Dit boek heeft me tot in het diepste van mijn hart geraakt! Ik werd meerdere malen tot tranen toe bewogen en las het boek aan één stuk door uit. Het leest heel vlot en is geschreven in een gemakkelijk begrijpbare taal. Hierdoor is het een zeer toegankelijk boek! De energie waarin het boek is geschreven, resoneert zeer sterk met je eigen belevingen.*

> *Het is een prachtig boek dat je een heel andere kijk op het leven op aarde meegeeft. Het behoort tot de top van mooiste boeken die ik ooit heb gelezen! Ik raad dit boek aan iedereen aan die zoekt naar meer in het leven.*

> *De zevende poort is een boek dat ik graag cadeau geef. Het is vlot en aantrekkelijk geschreven, het verhaal neemt je mee op reis en heeft een diepere onderlaag. Voor mij is het een inspiratiebron geweest in de dans om op een andere manier mijn schaduwkanten te beleven. Het is een van de weinige boeken dat na jaren geleden gelezen te hebben nog steeds inspireert. Ik raad het iedereen aan.*

HET LABYRINT VAN DE TIJD
Om te weten hoe je verder kunt, moet je terug naar het begin

Als de auteur een conferentie in Jericho wil organiseren, komt hij in aanraking met de mystieke Arabier Ibrahim. Deze ontmoeting leidt tot een zoektocht naar de esoterische kennis door de eeuwen heen. Het brengt de auteur bij de katharen in de elfde eeuw, bij de Essenen rond het jaar nul, bij de Egyptische farao Echnaton en zijn vrouw Nefertiti in Egypte en bij Salomo en de koningin van Sheba in Ethiopië. Alle gebeurtenissen in de geschiedenis vormen een verborgen patroon in de tijd. Een onthullend boek, deels reisverhaal, deels historische roman, waarin de auteur ons aan de hand van een aantal levensverhalen de esoterische geschiedenis van de mensheid toont.

➤ *De reis door de tijd is met zo'n gemak en eenvoud geschreven dat het boek je boeit van de eerste tot de laatste letter. De reis vertelt ook onze eigen reis naar ontwikkeling.*

➤ *Echt een prachtig boek! Heel afwisselend door de verschillende verhaallijnen, daardoor ook zelfs spannend. En het gegeven vond ik zeer boeiend. Ik heb het in één ruk uitgelezen.*

➤ *Wat kan deze man schrijven, echt waanzinnig! Ik verwachtte een beetje een theoretisch boek, gezien de onderwerpen, maar het is smullen: het hemelse wordt naar het menselijke gehaald, zeer toegankelijk en dichtbij.*

➤ *Zo pakkend en menselijk geschreven, een verhaal waarin allerlei tijdslijnen door elkaar heen geweven zijn. Ik heb hem driemaal gelezen. Ik kan het aanbevelen aan eenieder die op zoek is naar dat wat het meest nabij is... je Zelf.*

➤ *Een waardevol boek voor deze tijd. Een boek vol wijsheid, herkenbaar, grappig bij momenten. Het raakt je ziel aan en geeft je inzicht. Ik heb ervan genoten en raad het iedereen aan die op zoek is naar antwoorden, over deze tijd of over zichzelf.*

DE MEESTERS VAN SHAMBHALA

De grootste overwinning is overgave

'Ik ben bang voor deze hele reis,' fluistert Sandra. `Waar zijn we aan begonnen? Straks kunnen we China niet in. Dan is alle moeite voor niets geweest. We weten niet eens of iemand ons opwacht bij de grens. En onze chauffeur vertrouw ik ook niet.' Ze legt haar hoofd gelaten tegen mijn borst. Ik luister naar de windstoten en het gekraak van de tent. Een van de houten spanten van de yurt schiet los. We zitten op een hoogvlakte van bijna 4000 meter hoogte op de grens van Kirgizië en China. Ondanks de storm val ik slaap en krijg een onrustige droom, waarin een kleine maar stevige Chinese man verschijnt, die in een keurig net pak gekleed is: onberispelijk, westers en met een felgekleurde stropdas. Hij kijkt me doordringend aan. 'Ik heb je geroepen,' zegt hij. 'Wie bent u?' vraag ik. 'Dat doet er niet toe. Ik heb uw hulp nodig.' 'Dan wil ik weten wie u bent. Anders geen hulp,' pareer ik. 'Ik ben Hu, president van China.'

➤ *Het is een prachtig boek! Sommige passages raken me heel diep, op heel diepe lagen. Bij het lezen van het boek voelde ik me in contact komen met een andere dimensie, het raakt iets aan van wat we in wezen zijn. Heel mooi! Een boek dat ik regelmatig nog eens zal vastnemen om het te herlezen en opnieuw te laten binnenkomen.*

➤ *Dit boek behoort samen met de Zevende poort tot mijn favorieten. Een aanrader voor iedereen die de weg van de ziel bewandelt of wil bewandelen.*

➤ *Dit boek heb ik in één adem uitgelezen. Terwijl ik het boek lees gebeurt er van alles. Opeens komen er allerlei dingen naar boven en lijken er verbanden te ontstaan. Dingen die op de een of andere manier triviaal lijken, maar toch ook weer belangrijk. Geen idee hoe het allemaal in elkaar steekt en wat ik er mee kan, maar interessant is het zeker! Alles lijkt samen te hangen en het gevoel komt op dat ik hier ben om iets groots te gaan doen, maar geen idee wat. Het lijkt grootheidswaanzin, maar toch ook weer niet. Het boek is een absolute aanrader.*

BOEK DER LIEFDE
Het verborgen evangelie van Maria Magdalena

Ik begreep de leringen van Jezus maar al te goed en wijdde hem in in een ander aspect van goddelijkheid: de weg van de intimiteit en de sensualiteit. Naast het leren staat het genieten. Beide moeten aanwezig zijn om een volledig mens te worden ...

De spirituele roman *Boek der Liefde* beschrijft de zoektocht van de elfde-eeuwse monnik Antonius naar het boek dat in de officiële kerkelijke leer ontbrak: het boek van de onvoorwaardelijke liefde tussen mensen. Dit is de weg van Maria Magdalena: het pad dat levensgevaarlijk is, omdat het 'ketters' is en door de kerk verguisd.

De gnostische literatuur beschrijft Maria Magdalena als de 'Apostel der Apostelen' en de discipel die Jezus op zijn mond kuste. Zij is niet de bekeerde hoer, die de Katholieke Kerk telkens als boetvaardig kuis heeft afgebeeld. Het verhaal van Jezus is altijd maar half verteld.

> ➤ *Intrigerend en meeslepend boek. Even doorzetten in het begin, maar dan word je helemaal meegevoerd in het verhaal.*

> ➤ *Als mensen mij vragen; Welk boek heb jij gelezen wat ik ook zou moeten lezen? Is steevast mijn antwoord: 'Het Boek der Liefde', van Ton van der Kroon. Vanaf de eerste bladzijde nam dit boek mij in de greep. Gaf het mij inzichten over mijn eigen tekortkomingen. Nadat ik het boek uit had is 'Onvoorwaardelijke liefde' voor mij in een andere dimensie gekomen. Een intrigerend, spannend en meeslepend boek dat mijn inziens iedereen gelezen moet hebben.*

DE MYSTIEKE ROOS
Een inwijding in liefde I

In een tijd waarin veel mensen worstelen met relaties, waarin man-vrouwrollen steeds minder helder lijken te zijn, biedt *De Mystieke Roos* een nieuw perspectief: een inwijdingsweg waarin liefde, lust en spiritualiteit opnieuw met elkaar verbonden worden. Ton van der Kroon, auteur van *De Terugkeer van de Koning; het boek voor mannen over liefde, lust en leiderschap* toont ons op een persoonlijke en prettig leesbare manier hoe de gevoelens voor onze geliefde ons in contact kunnen brengen met kosmische liefde en vice versa: hoe onze liefde voor het goddelijke kan leiden tot meer vreugde en vervulling in onze intieme relaties. *De Mystieke Roos* laat ons zien dat zowel de pijn als het plezier van relaties ons bij een dieper begrip van onszelf brengen.

> ➤ *Van der Kroon geeft liefdevol weer, vaak met behulp van de inhoud en uitleg van bekende films, de diverse wegen en inwijdingen die een mens gaat als die zich eenmaal op het pad van de liefde heeft begeven. Het is een krachtig boek met oefeningen die je makkelijk thuis kan doen. Echt een aanrader voor man en vrouw!*

HEILIGE RELATIES, HEILIGE SEXUALITEIT

Een inwijding in liefde II

De liefde is de rode draad in het labyrint van relaties en seksualiteit. Maar hoe vaak raken we haar niet kwijt en verdwalen we in het doolhof van emoties, oordelen, karmische patronen of oude pijn? Durf je opnieuw op zoek te gaan en je open te stellen om je te laten leiden door je hart? Opnieuw het risico nemen om gekwetst te worden, of ten diepste geliefd te worden? Durf je de sprong in het onbekende te wagen? Met of zonder je partner? Want het is in ons alleen-zijn dat we pas werkelijk samen kunnen zijn. Ieder mens heeft haar of zijn eigen unieke pad te bewandelen en soms zijn we gezegend om een partner op dit pad te vinden die met ons meewandelt, ons uitdaagt, ons liefheeft en ons vraagt om het hoogste in onszelf te verwezenlijken: de ontmoeting met de innerlijke Geliefde.

> ➤ *'Aan het begin van dit Watermantijdperk wordt de deur naar universele liefde weer opengezet. Dat betekent dat er een grote bevrijding en verlossing kan plaatsvinden. Veel geliefden zijn daarvoor als het ware pioniers; uitverkorenen om samen een heilige relatie vorm te geven en de poort te openen van het heilige hart. Achter het gewone hart ligt het mystieke hart. Zodra je je eigen emoties - je boosheid en verdriet, je onvermogen en hulpeloosheid - onder ogen durft te zien, kom je uit bij een mystieke liefde. Als die liefde de wereld in kan stromen, beïnvloedt dat de geschiedenis van de mensheid. Zo draag je bij aan een veld van transformatie van donker naar licht en belichamen jullie de energieën van Jezus en Maria Magdalena, die samen het voorbeeld van een heilige relatie vormden. Doordat beiden hun eigen kracht en hun eigen pijn droegen, openden ze een poort naar een enorm grote liefde. In feite worden deze energieën van universele mannelijkheid en vrouwelijkheid weer terug op aarde gebracht door vele liefdesstellen. Dat betekent dat de Christuskracht zich opnieuw aan het manifesteren is, zowel in mannen als in vrouwen.'*

DE TERUGKEER VAN DE
KONING

Het boek voor mannen over liefde, lust en leiderschap

In tijden van chaos en verandering is het niet zozeer de wetenschap of de techniek, noch de politiek of de kerk die ons kan redden, maar veeleer de creatieve kracht van mythen en verhalen. Verhalen die ons vertellen over onze diepste wensen en angsten en die ons herinneren aan wie we in werkelijkheid zijn. *De Terugkeer van de Koning* is gebaseerd op koningsverhalen uit de westerse mythologie en cultuur, die inzicht geven in het roerige proces waar we – individueel en collectief – op dit moment doorheen gaan. Het is een boek geschreven voor mannen, maar evengoed voor vrouwen die nieuwsgierig zijn naar de ziel van de man.

> *Ton van der Kroon is er in geslaagd een beeld te schetsen van de man van de toekomst. Een must voor mannen, een verademing voor vrouwen.*

> *Een intrigerend werk van een van de meest ervaren trainers in het mannenwerk.*

> *Een grote vreugde om te lezen.*

> *Ton van der Kroon kwam en overwon met zijn boek De Terugkeer van de Koning.*

> *Een echt cadeauboek voor de man van wie je houdt.*

> *Het boek leest als een spannend reisverslag.*

> *Ton van der Kroons droom leidde tot een bijzonder boek. Mannelijke leerkrachten, jongerenwerkers, hulpverleners, directeuren, consultants, belastingadviseurs, advocaten en ministers (kortom alle mannen) kunnen – letterlijk – hun hart ophalen met dit boek door de herkenbaarheid ervan. Een inspiratiestoot en kennisverdieping – aan de hand van archetypen, praktische voorbeelden, bekende films en verhalen en mythen – om je eigen mannelijke identiteit neer te kunnen zetten in je leven. Puik werk!*

> *Dit boek geeft prachtig beeldmateriaal en briljante analyses voor een vernieuwde Westerse man! Symbolisch wordt de oude man begraven en een nieuwe Westerse man geboren! De koning is dood! Leve de koning! Hij keert terug! Reken maar! Op een heel andere manier dan we denken!*

> *Prachtig en inspirerend boek. Een must voor moderne mannen... en vrouwen! Soms iets te kort door de bocht associërend en hij verliest tegen het einde de focus een beetje. Maar eindelijk een schrijver die spiritualiteit en persoonlijke groei vanuit een Westers perspectief benadert. Verfrissend new age denken dus. Een aanrader!*

> *Prachtig boek dat richting en kaders meegeeft voor de ontwikkeling van je persoonlijkheid toegespitst voor de man. Op basis van archetypes word je meegenomen in de verschillende facetten van je persoonlijkheid en de relaties tussen deze archetypes. Hierin komen heel mooi de krachtige en de verzorgende/gevoelige kant van de man samen. Het boek legt de nadruk op het volledig ontwikkelen van je persoonlijkheid, zoveel mogelijk kunnen zijn wie je bent, in plaats van de 'perfecte' man te willen zijn. Een enorme aanrader!*

LICHTWERKERS GEVRAAGD!:
De meesters spreken

Een boek vol met doorgegeven boodschappen, die de auteur gedurende zijn reizen en workshops ontving. Inspiratie en bezieling op iedere pagina. Sla het boek open en krijg antwoord op je vraag.

> *De wereld helen begint met jezelf helen. Maar het eindigt daar niet. Als je eigen beker overstroomt, kan het levenswater met velen gedeeld worden, waardoor vele zielen, landen en volken geheeld kunnen worden. Onderschat de kracht van de ziel niet, de kracht van liefde en kracht van healing. Het is de grootste kracht die er is. Door je eigen wil over te geven in de handen van God of het Goddelijke, door dienstbaar te zijn aan het goddelijke plan van liefde, word je een baken van hoop, een anker van liefde, een kracht van verandering. Ben je bereid?*

WWW.TONVANDERKROON.COM